Dino Buzzati
Le notti difficili

Introduzione
di Domenico Porzio

Arnoldo
Mondadori
Editore

© 1971 Arnoldo Mondadori Editore S.p.A., Milano
6 edizioni Scrittori italiani e stranieri
I edizione Oscar Mondadori febbraio 1979
IX ristampa Oscar Scrittori del Novecento agosto 1994

Introduzione

La raccolta di elzeviri e racconti *Le notti difficili*, edita nel settembre del 1971 e scelta dall'autore in un vasto materiale parzialmente inedito e in gran parte già ospitato da "Il Corriere della Sera" e da riviste, fu l'ultimo libro pubblicato da Dino Buzzati vivente. Il male che da tempo l'affliggeva e della cui irrimediabilità era cosciente, lo obbligò in quel dicembre ad entrare in una clinica milanese. Qui venne sottoposto ad un intervento chirurgico: "una operazione non risolutiva, purtroppo – scrisse a Geno Pampaloni ringraziandolo per la recensione al volume – a causa di una subdola, misteriosa e rara malattia il cui ultimo caso sicuramente accertato risale alla seconda dinastia dei Gorgonidi". In quella clinica trascorse il Natale del 1971 e morì il 28 gennaio del 1972. Postumo, nell'ottobre seguente, uscì (curato dallo scrivente) il volume *Cronache terrestri*, un'ampia antologia delle sue pagine più strettamente giornalistiche, ma non meno significative per la definizione di uno scrittore il quale dichiarò più volte che "giornalismo e letteratura narrativa sono per me la stessa identica cosa. È nel rapporto fantasia-cronaca che si trova di sicuro il meccanismo base delle cose decenti che io ho eventualmente scritto". (Esaminando l'esemplare qualità delle due vocazioni, Eugenio Montale aveva acutamente precisato che in Buzzati la narrativa era "lo stesso guanto, ma rovesciato".)

Le notti difficili è un libro largamente rappresentativo delle tematiche buzzatiane e, come sempre ("Io dico le cose e i sentimenti che provo") di intensa tonalità autobiografica: egli, infatti, "non perse mai l'istinto di trasformare in favola anche i fatti dei quali era lui stesso il protagonista". (G. Piovene)

L'iterazione dei motivi, la costante trasposizione del male, appena velato e con un minimo di scarto, nell'allegorico, la ricorrente e sempre delusa aspettativa epifanica delle sue pagine, quel loro insistente oscillare tra un realismo di cronaca ed un realismo favoloso, sono, in Dino Buzzati, ben altro che una connotazione ripetitiva: formano la sostanza del suo sistema narrativo, agiscono come strumenti insostituibili per rielaborare l'approccio alle domande ultimative e, insieme, per approfondire la presa, in chiave fantastica, della realtà. Una presa che egli di proposito accelerava sul piano del verosimile, con un linguaggio sempre più preoccupato di ribaltare l'immaginario nel gioco e nella precisione: "Il fantastico – dichiarò a Yves Panafieu (*Dino Buzzati: un autoritratto*, Mondadori 1973) va raccontato nella maniera più semplice e pratica: va banalizzato, va reso burocratico; il mio fantastico è un gioco, o forse uno sport... mi serve per scherzare e prendere un po' dal di fuori e dall'alto molte cose della vita pratica... il fantastico deve sboccare su una forma di realtà".

La realtà di Dino Buzzati è quella dell'uomo: quella della sua enigmatica condanna e dei suoi labirintici dintorni. Iniziò ad interrogarla con esitante batticuore fin dal giovanile *Bàrnabo delle montagne* (1933), la precisò nella splendida e spietata allegoria de *Il deserto dei Tartari* per ribadirla, poi, in ogni successivo romanzo, favola e commedia. È lo stesso filo rosso che lega, ora più nascosto ora più evidente, le pagine di *Le notti difficili* e che riaffiora qui, palese e scoperto, nel racconto "Che accadrà il 12 ottobre?": "L'uomo è una imprevista anomalia verificatasi nel corso del processo evolutivo della vita, non il risultato a cui l'evoluzione doveva necessariamente portare. È mai concepibile, infatti, che l'officina della natura mettesse determinatamente in circolazione un animale nello stesso tempo debole, intelligentissimo e mortale, cioè inevitabilmente infelice? Fu una specie di sbaglio, un caso quasi inverosimile...". Ed il repertorio narrativo insiste nella ossessionata, disperata confutazione di tale inverosimile casualità.

Il catalogo dei luoghi deputati all'insorgere della sua particolare tensione immaginativa (le categorie narrative di Buzzati) si ripete ne *Le notti difficili* di necessità: con un maggiore, forse più disinvolto, rigore nella riduzione del linguaggio alla calcolata quotidianità, rischiando talvolta la frantumazione del racconto in brevi apologhi, in tronchi lacerti descrittivi, in sospese sciabolate di dialogo ("Progressioni", "Mosaico"). Riappaiono, dunque, con più immediata combustione i temi di sempre: l'inquietudine delle attese, il precipite rotolare del tempo, la muta bellezza delle montagne, gli incubi notturni, la atterrente indifferenza del destino, l'illusione della spavalda giovinezza, lo spavento che scaturisce da una minima ed ammonitrice smagliatura nella norma, la vanità delle glorie e delle ambizioni mondane, la precarietà dell'amore, i mostri improvvisi, la solitudine irrimediabile, l'inganno della medicina, la magia racchiusa nell'ovvio, la straziata pietà per gli indifesi, i vecchi, gli animali, la condanna della stupidità massificata ed il ricorrente, sconsolato appello alla fantasia liberatrice: "Galoppa, fuggi, galoppa superstite fantasia. Avido di sterminarti, il mondo civile ti incalza alle calcagna, mai più ti darà pace". Più insistente e con una fredda percussione autobiografica (Buzzati da un paio di anni conosceva il verdetto clinico che lo riguardava) è il brivido – ad occhi asciutti – degli "avvisi di partenza", è l'allegoria delle "chiamate" senza discriminazione, la registrazione "da incalcolabili lontananze... del lungo lamentoso fischio di treno; il quale è segno fatale". Questa segnaletica funebre, nel libro che egli sapeva essere il suo ultimo messaggio pubblico, poteva anche più dilagare. Nella primavera e nell'estate del 1971, periodo durante il quale Buzzati sceglieva il materiale per *Le notti difficili* e ne correggeva le bozze, egli gremiva il suo diario quotidiano (praticamente ancora tutto inedito) di variazioni sul tema degli avvisi; la vicenda personale gli suggeriva, giorno dopo giorno, continue metafore sulla atroce "cognizione", affidate a limpide parabole (reggimenti in partenza, inaspettati messaggeri, inderogabili squilli di fanfare, misteriosi biglietti di precetto) con l'intenzione di esorcizzare la morte trasferendola in una regola di dignità e di ubbidienza: "La morte – scrisse Guido Piovene, commentando alcune pagine di questo diario – diventava così un atto da inserire in un codice di disciplina universale, da cui niente di ciò che vive può esentarsi". L'ordine, emanato improvvisamente dall'invisibile torre sulla quale gorgoglia la clessidra di Dio, non ammette disertori.

La novità più evidente di *Le notti difficili* va raccolta nella constatazione che in questa replica finale tutti i temi del repertorio buzzatiano si ripresentano in una partitura la quale accentua i toni – non però insoliti nello scrittore – dell'ironia, in ogni gradazione: dall'umorismo all'autoironia, dallo scherzo fino al sarcasmo requisitorio, crudele ed apocalittico. Confessando nei dialoghi con Yves Panafieu che il "fantastico" gli serviva per scherzare, egli aveva anche aggiunto che tra i suoi maestri, accanto a Edgard Poe c'era stato Oscar Wilde; che "il mio umorismo è di tipo inglese"; che "la pagina più riuscita è quella che insieme diverte e commuove"; e che "nelle scuole ci dovrebbe essere innanzitutto una cattedra di scherzo".

Il candore dell'uomo Buzzati era una preordinata e quotidiana difesa; in realtà dietro lo schermo della sua ingenuità (di comportamento, di scrittura, di pittura) stavano in allarme gli aculei di un umorismo pronto al rigetto satirico e sferzante di tutto ciò che con supponenza entrava nell'impietoso radar della sua razionalità o offuscava l'ordine del suo codice morale: la pietà, anche incondizionata, egli la riservava solo ai vecchi e ai cani. Riconsiderato attraverso la griglia dell'ironia, con una rilettura di tutte le sue pagine a partire dal *Deserto dei Tartari*, si scopre in Buzzati dietro la surrealtà della immaginazione, oltre il ribaltamento fantastico delle cronache, al di là della tensione onirica delle diabologie, la vocazione mai dubitante di un "moralista per parabole" il quale ha tuttavia della morale un concetto disancorato dalle ideologie, provocatorio e paradossale; un moralista pronto a crocifiggere la volgarità di ogni rinascente luogo comune, le improvvisate verità trionfanti, i sillogismi egoistici, le empietà correnti, illuminato, nella sua predicazione "per exempla" narrativi, dalla consapevolezza della vanità di ogni gesto umano e della immodificabile infelicità dell'"intelligentissimo e mortale" signore del pianeta. È da questo arroccamento che derivava quella trasparenza di stile (nella vita, oltre che nella letteratura) e quella semplicità che ben poco hanno a che fare con il candore e che, sulla distanza, solidificano nella memoria le sue pagine. Il collante dell'ironia, della satira e dell'autoironia, trasferisce le sue fiabe simboliche in una dimensione più alta di impegno e di rischio e dona una efficacia più intensa, e più felicemente ambigua sul piano letterario, al suo profetismo. Ironico ne *Il deserto dei Tartari*, autoironico in *Un amore*, satirico e moralista ne *Il colombre*, nell'aforistico catalogo di *Siamo spiacenti di...*, nelle dissacranti didascalie ai quadri della serie *I miracoli di Val Morel*, nei fumetti di *Poema a fumetti*, non è meno esplicito nelle pagine in cui pare esclusivamente fulminato dalla contemplazione esterrefatta della bellezza di un paesaggio montano o dalla pietà verso un segnale di pena e di assoluto dolore.

Anche *Le notti difficili* è un catalogo, anche più serrato, di ironie e di satire. Il racconto "Il babau" che apre la raccolta è sollecitato dallo sdegno contro il razionalismo che in nome dell'igiene mentale distrugge "quell'impalpabile sostanza che volgarmente si chiama favola o illusione". Scopertamente satirici sono "La confessione", "L'equivalenza", cui segue, atroce, la "Lettura noiosa" dell'indifferente uxoricida ("Nei romanzi si sostiene che esiste il rimorso, sapessi invece che pace, che tranquillità, che silenzio"). Lo stesso registro sostiene la girandola delle false identità di "Alias in via Sesostri", registro che tocca un culmine nella rivoluzione contro la morte di "Contestazione globale". L'umorismo cede al sarcasmo specialmente negli apologhi rapidi e brevi, come ne "Il capo": ..."Si crede importante. È importante. È importantissimo. Dice cose importanti. Ha amici importanti. Fa solo telefonate importanti. Anche i suoi scherzi in famiglia sono molto importanti. Si crede indispensabile. È indispensabile. I funerali seguiranno domani alle ore 14.30, partendo dall'abitazione dell'estinto". Il "patito sociale" che per eccesso di filantropia è "costretto ad odiare intensamente", il condannato al quale la morte viene somministrata con delicatezza ("Delicatezza"), il paziente obbligato a morire solo per non offuscare il buon nome del celebre medico incorso in un errore di diagnosi ("Il buon nome"), il monaco Floriano convinto ad oscenamente peccare per poter avere concreti motivi di afflizione spirituale ("L'eremita"), i cari nipotini che preparano per il venerando e ormai inutile nonno una pietanza avvelenata ("La polpetta"), i capitoletti di "Le delizie moderne" e di "Progressioni" e la stessa conclusiva fiaba de "La moglie con le ali", sono conferme, per personaggi o simboli, della costante sollecitazione ironico-satirica di Buzzati e della inscindibilità del moralista dal favolatore. C'è, forse, da chiedersi da quale intuizione segreta, da quale scoperta di verità nascosta, oltre il crinale della terrena vanità umana, lo scrittore abbia ricevuto quel trasalimento e quella cristallina forza requisitoria contro la banalità e la stupidità dell'affanno, del peccato, dell'omissione, della cattiveria. Da quale specchio di fede, cioè, egli, vuoto di Dio, avesse attinto quella immagine di ferma dignità cui si attenne congedandosi dagli amici e dai lettori e firmando l'estremo messaggio de *Le notti difficili*. Probabilmente dalla misteriosa bellezza del creato che, fin dall'infanzia, gli parlò col profilo incontaminato delle sue montagne: "...le montagne di vetro (scriveva nel diario, 1 dicembre 1971), pure, supreme, dove mai più; cari miraggi di quand'ero ragazzino rimaste intatte ad aspettarmi e adesso è tardi, adesso non faccio più in tempo". Probabilmente dal suo interrogante perché sull'enigmatico destino dell'errabonda zattera dei continenti e dei mari. "Perché? – scrive nel rivelatore "Plenilunio" di questo libro – Perché questa bellezza senza rimedio, struggente trasfigurazione del mondo, poesia allo stato puro? Perché? Da dove viene? Dal silenzio? Dall'immobilità corporale delle cose?... Dal fremito impercettibile della luce lunare sul prato, sulle piante, sui muri, sulla campagna intorno? Dalla sterminata pace?... Finalmente ho capito?... Ma che cosa vogliono dire? Spiegarmi la stupidità della vita e delle nostre paure?". Nell'ultima pagina del suo diario di Belluno, pochi giorni prima di entrare in clinica, seduto al sole in un angolo del cimitero, davanti alla tomba della madre, annota: "Io ho ricevuto l'ordine e devo partire". In una precedente pagina si legge questo inizio (ironico?) di un "Addio" in versi: "Dio che non esisti ti prego / che almeno su questa grande nave / che mi porta via / le cabine siano... siano ben aerate"... / "Ma se non esiste, perché lo preghi?" / "Non esiste fintantoché io non ci credo / finché continuo a vivere come viviamo tutti / desiderando, desiderando / ma se io lo chiamo"... / "Troppo tardi..." / "Per la forza terribile / dell'anima mia, forse vile, trascurabile in sé / però anima nella piena portata del termine, / se lo chiamo verrà".

Domenico Porzio

Bibliografia

OPERE DI DINO BUZZATI

Narrativa, poesia e varie

Bàrnabo delle montagne, romanzo, Treves-Treccani-Tuminelli, Milano-Roma 1933

Il segreto del Bosco Vecchio, romanzo, ivi, 1935

Il deserto dei Tartari, romanzo, Rizzoli, Milano 1940; poi Mondadori, Milano 1945

I sette messaggeri, racconti, Mondadori, Milano 1942

La famosa invasione degli orsi in Sicilia (libro per bambini, illustrato a colori dall'Autore), Rizzoli, Milano 1945; poi Martello, Milano 1963

Il libro delle pipe (libretto umoristico in collaborazione con Eppe Ramazzotti), Antonioli, Milano 1945

Paura alla Scala, racconti, Mondadori, Milano 1949

In quel preciso momento, note, appunti e racconti brevi, Neri Pozza, Vicenza 1950; poi Mondadori, Milano 1963

Il crollo della Baliverna, racconti, Mondadori, Milano 1957

Sessanta racconti (contiene i racconti delle raccolte precedenti e altri inediti o dispersi), ivi, 1958

Esperimento di magìa, diciotto racconti, Rebellato, Padova 1958

Il grande ritratto, romanzo, Mondadori, Milano 1960

Egregio Signore, siamo spiacenti di... (con disegni di Siné), Elmo, Milano 1960

Un amore, romanzo, Mondadori, Milano 1963

Il capitano Pic e altre poesie, Neri Pozza, Vicenza 1965

Presentazione del volume di fotografie *Milano*, Alfieri, Milano 1965

Tre colpi alla porta, poema satirico, in « Il caffè », n. 5, 1965
Il colombre, racconti, Mondadori, Milano 1966
Presentazione in versi del volume *L'opera completa di Bosch*, Rizzoli, Milano 1966
Due poemetti, poesie, Neri Pozza, Vicenza 1967
La boutique del mistero, racconti, Mondadori, Milano 1968
Poema a fumetti, Mondadori, Milano 1969
I miracoli di Val Morel, raccolta di ex voto immaginari, Garzanti, Milano 1971
Le notti difficili, racconti, Mondadori, Milano 1971
Cronache terrestri, Mondadori, Milano 1973
Romanzi e racconti (a cura di Giuliano Gramigna), Mondadori Milano 1975
I misteri d'Italia, Mondadori, Milano 1978
Dino Buzzati al Giro d'Italia, Mondadori, Milano 1978
Le poesie, Neri Pozza, Vicenza 1982
180 racconti, Mondadori, Milano 1982

Teatro

Piccola passeggiata (atto unico rappresentato a Milano, 1942), Roma 1942
La rivolta contro i poveri (atto unico rappresentato a Milano, 1946), I Quaderni di « Film », Milano 1947
Un caso clinico (due tempi rappresentati a Milano, Piccolo Teatro, 1953; a Berlino, 1954; a Parigi, 1955, e altrove), Mondadori, Milano 1953
Drammatica fine di un musicista (atto unico rappresentato a Milano, 1955
Sola in casa (atto unico rappresentato a Milano, 1958)
Un verme al ministero (tre atti rappresentati a Milano, 1960), « Il dramma », n. 283, Torino, aprile 1960
Il mantello (atto unico rappresentato a Milano 1960), « Il dramma », n. 285, Torino, giugno 1960
L'uomo che andrà in America (due tempi rappresentati a Napoli, 1962), « Il dramma », n. 309, Torino, giugno 1962
La colonna infame (due tempi rappresentati a Milano, 1962), « Il dramma », n. 315, Torino, dicembre 1962
L'orologio (monologo rappresentato a Milano, 1962)

La famosa invasione degli orsi in Sicilia (due tempi, a cura di Gianni Colla, rappresentati a Milano, 1965)
La fine del borghese (atto unico rappresentato a Milano 1960)

Studi e guide su Buzzati

M.B. Mignone, *Anormalità e angoscia nella narrativa di Dino Buzzati*, Ravenna, Longo 1981

N. Bonifazi, *Dino Buzzati e la catastrofe*, in *Teoria del "fantastico" e il racconto "fantastico" in Italia: Tarchetti-Pirandello-Buzzati*, Ravenna, Longo 1982

A. Arslan, *Invito alla lettura di Buzzati*, Milano, Mursia 1988

C. Toscani, *Guida alla lettura di Buzzati*, Milano, Mondadori 1988

Le notti difficili

Il Babau

L'ingegnere Roberto Paudi, assistente alla direzione della COMPRAX e assessore all'urbanistica, andò sulle furie quando una sera sorprese la bambinaia Ester che, per placare un capriccio del piccolo Franco, gli diceva: « Guarda che se non fai il bravo, questa notte arriverà il Babau ».

Era intollerabile, secondo lui, che per educare i bambini si ricorresse ancora a stolte superstizioni che potevano creare nell'acerba psiche dei penosi complessi. Fece una predica alla ragazza che se ne andò piangendo e lui stesso mise in letto il figliolo il quale ben presto si quietò.

La notte medesima il Babau, lievitando a mezz'aria come era suo costume, si presentò nella camera dove l'ingegnere Paudi dormiva da solo, procurandogli qualche minuto di orgasmo.

Il Babau, come è noto, assumeva, a seconda dei paesi e delle costumanze locali, forme diverse. In quella città, da immemorabile tempo aveva le sembianze di un gigantesco animale di colore nerastro, la cui sagoma stava tra l'ippopotamo e il tapiro. Orribile a prima vista. Ma a ben osservarlo con occhi spassionati, si notava, per la piega benigna della bocca e il luccichio quasi affettuoso delle pupille, relativamente minuscole, una espressione tutt'altro che malvagia.

Si intende che, in circostanze di una certa gravità, sapeva incutere trepidazione, e anche paura. Ma di solito eseguiva le sue incombenze con discrezione. Avvicinatosi al lettuccio del bambino da redarguire, non lo svegliava nemmeno, limitandosi a penetrare nei suoi sogni dove lasciava, questo sì, una traccia imperitura. Si sa bene infatti che pure i sogni degli infanti piccolissimi hanno una capienza illimitata e accolgono senza sforzo anche bestioni mastodontici come il Babau, i quali possono compiervi tutte le evoluzioni del caso in piena libertà.

Naturalmente, presentandosi all'ingegnere Paudi, l'antica creatura non aveva una faccia troppo bonaria, adottando anzi la fisonomia, si intende ingigantita, del professore Gallurio, da due mesi nominato commissario straordinario della COMPRAX, società che stava navigando in difficili acque. E questo professore Gallurio, uomo severissimo se non addirittura intrattabile, era appunto la bestia nera del Paudi, la cui eminente posizione nella ditta poteva, in tale regime commissariale, correre notevoli rischi.

Il Paudi, risvegliatosi in un sudario di gelida traspirazione, fece in tempo a scorgere il visitatore che se la filava attraverso il muro (la finestra non sarebbe bastata a tanta mole) mostrandogli la monumentale cupola del suo posteriore.

Si guardò bene il Paudi, il mattino successivo, dallo scusarsi con la povera Ester. L'avere constatato di persona che il Babau esisteva davvero accresceva anzi, insieme al suo sdegno, la ferma determinazione di fare tutto il possibile per togliere di mezzo il tipo.

Nei giorni successivi, in tono scherzoso come è naturale, egli andò tastando il terreno con la moglie, gli amici e i collaboratori. E rimase stupito nell'apprendere che l'esistenza del Babau era generalmente data per scontata, quale classico evento della natura, come la pioggia, il terremoto e l'arcobaleno. Soltanto il dottor Gemonio, dell'ufficio legale, sembrò cadere dalle nuvole: sì, da piccolo aveva sentito parlare vagamente della cosa, ma poi si era ben persuaso ch'era un'ebete favola senza costrutto.

Quasi intuisse la sua aspra avversione, il Babau da allora prese a frequentare con notevole assiduità l'ingegnere, sempre con la sgradevole maschera del professore Gallurio, facendogli le boccacce, tirandolo per i piedi, scuotendogli il letto, e una notte giunse al punto da accucciarglisi sul petto, che per poco non lo soffocava.

Non c'è quindi da meravigliarsi se il Paudi, alla successiva riunione del Consiglio comunale, ne parlasse a qualche collega: si poteva consentire, in una metropoli che si vantava di essere all'avanguardia, il perpetuarsi di un simile sconcio, degno del medioevo? Non era il caso di provvedere finalmente, con mezzi risolutivi?

Furono dapprima fuggevoli *pour-parler* di corridoio, scambi informali di vedute. In breve, il prestigio di cui godeva l'ingegnere Paudi gli diede via libera. Non passarono due mesi che il problema veniva portato in Consiglio comunale. Va da sé che, a scanso di ridicolo, l'ordine del giorno non faceva parola del Babau ma al comma 5 accennava soltanto a "Un deplorevole fattore di disturbo per la quiete notturna della città".

Contrariamente a quanto il Paudi si aspettava, non solo l'argomento fu preso da tutti in seria considerazione ma la sua tesi, che poteva apparire ovvia, incontrò vivaci opposizioni. Si levarono voci a difendere una pittoresca quanto inoffensiva tradizione che si perdeva nella notte dei tempi, a sottolineare la complessiva innocuità del mostro notturno, tra l'altro del tutto silenzioso, a rilevare i benefici educativi di quella presenza. Ci fu chi parlò addirittura di un "attentato al patrimonio culturale della città" qualora si fosse ricorsi a misure repressive; e l'oratore si ebbe una salva di applausi.

D'altro canto, nella questione di merito, prevalsero alla fine gli irresistibili argomenti di cui troppo spesso si fa forte il cosiddetto progresso per smantellare le ultime rocche del mistero. Si accusò il Babau di lasciare una malsana impronta negli animi infantili, di suscitare talora incubi contrari ai principi della corretta pedagogia. Furono messi sul tappeto anche motivi di igiene: sì, è vero, il mastodonte notturno non insudiciava la città né spargeva escrementi di alcun genere, ma chi poteva garantire non fosse portatore di germi e virus? Né si sapeva nulla di positivo circa il suo credo politico: come escludere che le sue suggestioni, in apparenza così elementari se non rozze, nascondessero insidie sovversive?

Il dibattito, a cui i giornalisti non erano stati ammessi data la delicatezza del tema, terminò alle due dopo mezzanotte. La proposta Paudi venne approvata con una esile maggioranza di cinque voti. In quanto alla sua applicazione pratica, si nominò una apposita commissione di esperti, di cui il Paudi stesso fu presidente.

Infatti: proclamare l'ostracismo al Babau era una cosa, un'altra il riuscire a eliminarlo. Chiaro che non si poteva fare assegnamento sulla sua disciplina civica, tanto più che era dubbio se fosse in grado di capire la lingua. Né era pensabile di catturarlo e di assegnarlo allo zoo municipale: quale gabbia avrebbe trattenuto un animale, se era animale, capace di volare attraverso i muri? Anche il veleno era da scartare: mai il Babau era stato visto nell'atto di mangiare o di bere. Il lanciafiamme allora? Una piccola bomba al napalm? Il rischio per la cittadinanza era eccessivo.

La soluzione, insomma, se non impossibile, si presentava assai problematica. E già il Paudi si sentiva sfuggire di mano il desiderato successo, quando gli si profilò un dubbio: sì, la composizione chimica e la struttura fisica del Babau erano ignote ma, come è di molte creature registrate nell'anagrafe delle leggende, non poteva per caso essere molto più debole e vulnerabile di quanto si supponesse? Chi lo sa, forse bastava una semplice pallottola tirata nel punto giusto, e giustizia era fatta.

Le forze di pubblica sicurezza, dopo la delibera del Consiglio comunale controfirmata dal sindaco, non potevano che collaborare. Fu istituita, in seno alla Squadra mobile, una pattuglia speciale, dotata di automezzi veloci radiocollegati. La cosa fu semplice. Unica circostanza strana: una certa riluttanza, da parte di sottufficiali ed agenti, a partecipare alla battuta; era paura? era il timore oscuro di violare una porta proibita? o semplicemente un nostalgico attaccamento a certi esagitati ricordi di infanzia?

L'incontro avvenne in una notte gelida di plenilunio. La pattuglia, appostata in un angolo scuro di piazza Cinquecento, avvistò il vagabondo che navigava placido a circa trenta metri di altezza, simile a dirigibile giovanetto. Gli agenti, il mitra puntato, avanzarono. Intorno, non un'anima viva. Il breve crepitio delle raffiche si ripercosse, d'eco in eco, molto lontano.

Fu una scena bizzarra. Lentamente il Babau si girò su se stesso senza un sussulto e, zampe all'aria, calò fino a posarsi sulla neve. Dove giacque supino, immobile per sempre. La luce della luna si rifletteva sul ventre enorme e teso, lucido come guttaperca.

« Una cosa che preferirei non rivedere una seconda volta » disse poi l'appuntato Onofrio Cottafavi. Una chiazza di sangue si allargò, incredibilmente, di sotto alla vittima, nera alla luce lunare.

Furono chiamati subito per telefono quelli della Sardigna per lo sgombero del relitto. Non arrivarono in tempo. In quei pochi minuti il gigantesco coso, come fanno i palloncini bucati, si rattrappì a vista d'occhio, si ridusse a una povera larva, divenne un vermettino nero sul bianco della neve, infine anche il vermettino sparì, dissolvendosi nel nulla. Rimase soltanto la turpe chiazza di sangue che prima dell'alba gli idranti dei netturbini cancellarono.

Si disse che in cielo, mentre la creatura moriva, risplendesse non una luna, ma due. Si raccontò che per tutta la città uccelli notturni e cani si lamentassero lungamente. Si sparse voce che molte donne, vecchie e bambine, ridestate da un oscuro richiamo, uscissero dalle case, inginocchiandosi e pregando intorno all'infelice. Tutto ciò non è storicamente provato.

Di fatto, la luna proseguì senza scosse il suo viaggio prescritto dall'astronomia, le ore passarono regolarmente ad una ad una, e tutti i bambini del mondo continuarono a dormire placidi, senza immaginare che il buffo amico-nemico se n'era andato per sempre.

Era molto più delicato e tenero di quanto si credesse. Era fatto di quell'impalpabile sostanza che volgarmente si chiama favola o illusione: anche se vero.

Galoppa, fuggi, galoppa, superstite fantasia. Avido di sterminarti, il mondo civile ti incalza alle calcagna, mai più ti darà pace.

Solitudini

La parete

Non era ancora giorno quando partimmo, il vecchio Stratzinger, guida alpina e ottimo amico, mio fratello Adriano e io, per fare la parete sud-est della Ota Muragl nelle Alpi Oniriche.

Come è caratteristico di quel gruppo, si tratta di una gigantesca muraglia mista di ghiaccio, roccia, sabbia, terra, vegetazione e infissi artificiali.

Quando uscimmo dal rifugio piovigginava, e compatti filoni di nubi rivestivano completamente le montagne. Confesso che me ne rallegrai perché anche il più accanito alpinista si rallegra, in un primo momento, se il tempo gli impedisce di sfidare il pericolo, salvo poi a piangere lacrime amare per l'occasione perduta.

Senonché Stratzinger disse: « Fortunati, siamo, oggi sarà una bellissima giornata ». E immediatamente le fasce di nubi si dissolsero, restò soltanto un argenteo velo di neve pulviscola dietro al quale si spalancarono il cielo violetto e la potente parete della Ota Muragl, già inondata di sole.

Ci legammo in cordata e si attaccò un erto canalone di ghiaccio vivo nel quale però i ramponi entravano come fosse burro.

Ai lati, sulle due precipitose quinte di roccia che chiudevano il canalone, finestre e porte si aprivano e chiudevano, le donne di casa dandosi un gran daffare per pulire, lucidare, mettere ordine. Ci vedevano benissimo, naturalmente, vicini come eravamo, ma sembrava che non se ne interessassero affatto.

Tutta la parete, del resto, era popolata da gente che scriveva in piccoli uffici, leggeva, lavorava, ma per lo più si affollava a far chiacchiere nei caffè sistemati sulle cenge e in certe caverne.

A un certo punto ci trovammo alle prese con un pericolosissimo muro fatto di pietroni tenuti insieme da erbacce e radici. Tutto mollava. Stratzinger propose di tornare. Noi due fratelli insistendo, lui disse che allora era meglio slegarsi. Tanto, se uno cadeva, gli altri due, non potendosi in alcun modo affrancare, lo avrebbero seguito fatalmente nella catastrofe.

Poco dopo Stratzinger e mio fratello disparvero dietro un costolone. Io mi trovai aggrappato a un macigno che, trattenuto solo da filamenti vegetali, dondolava in modo pauroso. A tre metri di distanza, in una cavità della parete, un folto gruppo stava prendendo l'aperitivo.

Prima che il macigno si staccasse trascinandomi nel baratro, con un balzo disperato riuscii ad afferrare un telaio metallico che sporgeva a mensola dalle rocce, forse allo scopo di sostenere una tenda.

« Agile, però, per la sua età! » commentò sorridendo un giovanotto affacciato all'apertura della grotta.

Aggrappato con le mani al telaio di ferro, il corpo penzolante nel vuoto, cercavo con le estreme forze di issarmi. Il macigno, sotto di me, stava ancora rimbombando nelle viscere profonde della voragine.

Purtroppo, sotto il peso, il telaio accennò a piegarsi, cedendo. Era chiaro che stava per rompersi. Non sarebbe costato niente, a quelli là dell'aperitivo, tendermi una mano e salvarmi. Ma oramai non si occupavano più di me.

Mentre cominciavo a precipitare, nel silenzio sacro della montagna, li potei udire distintamente che discorrevano del Vietnam, del campionato di calcio, del Cantagiro.

La confessione

La signora Laurapaola era in lett⁻ indisposta, una cosa da niente, questione di tre quattro giorni aveva detto il medico.

Da tempo soffriva di questi noiosi malesseri, ma i familiari quasi la prendevano in giro sostenendo che era una fissata, anche il medico diceva che non doveva in alcun modo preoccuparsi.

Nel pomeriggio, mentre stava sonnecchiando, la cameriera le annunciò padre Quarzo, del vicino convento dei minori francescani, presso il quale Laurapaola andava solitamente a confessarsi. Come mai era venuto?

« Buongiorno, cara figliola » fece padre Quarzo entrando. « Passavo di qua, stavo facendo un giro per i miei poveri bambini focomelici, pensavo di bussare anche alla sua porta. E mi dicono che lei.. Ma sono cose da fare? Su, su, da brava, la voglio sana e svelta come al solito. Una signora moderna e attiva come lei! Ma a proposito... come mai non c'è più quella simpatica vecchietta che mi apriva sempre la porta? »

« Non me ne parli, padre » fece Laurapaola. « Troppo vecchia, non capiva più niente, non combinava più niente, l'ho dovuta licenziare. »

« E da quanti anni era con lei? »

« Chi lo sa, da quando sono nata l'ho sempre vista in casa. E credo che lei ci fosse già da parecchi anni. »

« L'ha licenziata? »

« Come si fa? Per forza, caro padre. Non è mica un ricovero per vecchi, questa casa... »

« Capisco, capisco » fece padre Quarzo. « Ma mi racconti, figliola, cosa abbiamo fatto questa estate? »

Laurapaola cominciò allora a raccontare le cose dell'estate, il viaggio in Spagna, le corride, il matrimonio della cognatina di Arezzo, poi la crociera in barca, giù fino a Cipro e all'Anatolia.

« Una simpatica compagnia, immagino... »

« Sicuro, caro padre. In otto eravamo, non le dico che giornate, che allegria, che sole, non mi sono mai divertita tanto. »

« Suo marito, così, si è finalmente concesso un po' di riposo, vero? »

« Ah, no. Mio marito il mare non lo può vedere. E poi aveva tanto da fare, non so più che congressi in Francia e in Svezia. »

« E i bambini? »

« Oh, i miei piccoli! Sono rimasti nel loro collegio in Svizzera, un vero paradiso, sapesse, per loro lassù è vacanza tutto l'anno. »

Parlava parlava, la nuova villa a Porto Ercole, le lezioni di yoga ("Anche spiritualmente, padre, ci si sente trasformati, sa?"), la prossima partenza per Saas Fee, l'ultima asta di quadri, parlava parlava, si era fatta tutta accesa in volto.

Padre Quarzo ascoltava. Seduto, se ne stava ritto come una statua. Non sorrideva più.

« Figliola, » disse alla fine « lei ha parlato abbastanza, non vorrei si stancasse » si alzò lungo lungo. « Ora le darò l'assoluzione. »

« Come? »

« Non la vuole, figlia mia? »

« Oh no, padre... Grazie anzi... Ma non capisco... »

« *In nomine Patris et Filii* » cominciò padre Quarzo, il volto severo. E anche lei congiunse le mani.

Così Laurapaola seppe che le toccava morire.

L'autostrada

Viaggiavo da solo, alle due circa di un pomeriggio di luglio, sull'autostrada del Sole, nel tratto fra Parma e Fidenza.

Era l'ora torpida e greve della sonnolenza e dei miraggi. Poche macchine si incontravano.

A un tratto vidi distrattamente, che procedeva in senso opposto sull'altra corsia, una grande vettura di colore bianco, a bordo della quale sembrava non ci fosse nessuno.

Pensai di avere travisto o che in quel momento il guidatore si fosse chinato, così da risultare invisibile.

Ma un brivido mi corse su per la schiena: una "spider" grigia metallizzata e riconobbi chiaramente la marca – mi superò passandomi rasente: a bordo non c'era anima viva.

Due, tre, cinque altre macchine, che incontrai subito dopo, erano ugualmente vuote: auto fantasma che procedevano regolarmente e nei sorpassi accendevano il lampeggiatore, come è prescritto.

L'impressione fu paralizzante. Che mi avesse preso un malore? Che fossi colto da allucinazioni? Col batticuore rallentai, fermandomi sulla corsia esterna, all'estremo ciglio. E discesi frastornato. In quell'istante passò una multipla carica sul tetto di bagagli, compresa una carrozzina da neonato. Una intera famigliola, probabilmente, che andava in villeggiatura. Ma la famiglia, dentro, non c'era.

Che cosa era successo? Quale incantesimo di solitudine si era prodotto per cui, nella contrada, le persone, pur esistendo, scomparivano? In quel momento udii da un gruppo d'alberi, alquanto discosto, un canto fisso di cicale.

Mi guardai intorno. Non si vedeva una casa. La campagna dormiva assopita nel sole. Sotto di me, appena di là dalla rete metallica di separazione, un fiumiciattolo asciutto, parallelo all'autostrada. Sulla riva opposta un breve lembo di prato chiuso da cespugli.

Mentre, smarrito, consideravo l'assurda situazione, qualcosa si mosse di là dal fiumicello. Guardai. Dai cespugli era uscito un cane nero, di mediana statura, che, incerto nel passo, arrancava verso il fosso.

Ebbi un lampo. Ma quello era Moro, il mio cane, che avevo lasciato due giorni prima nella casa di campagna, vecchio e malazzato!

Era quasi ridicolo, eppure chiamai: Moro! Moro! Chiaro che non poteva essere lui, lontano oltre duecento chilometri in linea d'aria.

Tuttavia il cane per un istante mi guardò e mi parve che muovesse la coda.

Moro! Moro! chiamai ancora. Ma lui non rispondeva più. Tremolando, cominciò a girare su se stesso come fanno appunto i cani prima di accucciarsi. Si accucciò infatti, crollando, quasi le ultime forze lo avessero lasciato.

Povera bestia, pensai. Era venuto, come fanno le bestie, a morire in solitudine e io gli avevo guastato questo estremo conforto.

Si accucciò regolarmente, quindi con due tre nevrotiche contrazioni si stese su un fianco, le gambe irrigidite. Cercò ancora di alzare il muso con un tenero mugolio, lo lasciò ricadere, restò immobile.

Alle mie spalle un tof tof di motociclette. Erano due agenti della polizia stradale.

« Meglio non fermarsi qui, signore » disse uno. « Ci sono le apposite piazzole. O le serve qualcosa? »

« No, niente, grazie » balbettai, riscuotendomi.

Passò una coupé, ruggendo, al volante stava in maniche di camicia un tipo grosso e sanguigno. Passò una seicento, guidata da una signora anziana. Tutto era tornato normale?

Guardai allora il prato, di là dal fiumicello. Era quieto e deserto, del cane non esisteva più traccia.

(Poi seppi che in quell'ora precisa Moro era andato a morire, solo soletto, sulla riva del Piave, più di duecento chilometri lontano.)

Il sepolcro di Attila

Dopo vent'anni, trent'anni, quarant'anni di ricerche, finalmente Giovanni Tassol ha scoperto, nel cuore della Selva Nord, il leggendario sepolcro di Attila, è la grande vittoria della sua vita.

Ne aveva sentito parlare per la prima volta, ragazzo, dal professore di quarta ginnasio Giorgio Nicara (che non c'è più), e la sera stessa aveva dichiarato a suo padre (che non c'è più) la sua intenzione di fare l'archeologo esploratore.

Anche il più intimo suo compagno di scuola Enrico Ermogene (che non c'è più) aveva concepito la medesima passione e insieme erano andati dal famoso geografo Azzolina (che non c'è più) a chiedergli se per caso conservasse qualche antica carta geografica della Selva Nord, e l'Azzolina (che non c'è più) gliene aveva fatta vedere una, ma era sbagliata.

Poi c'erano stati gli anni intensi di studi, finché il professore Sullavita (che non c'è più) lo aveva nominato suo assistente, incaricandolo, insieme all'altro neolaureato Nicola De Merzi (che non c'è più) di una prima puntata lungo il presunto tracciato della Via Olobrona che anticamente attraversava da un capo all'altro la temuta Selva settentrionale.

Erano i begli anni della gioventù quando gli amici si riunivano ogni sabato nel salotto della signora Mimì Dominguez (che non c'è più), centro della vita culturale e artistica. E proprio qui aveva conosciuto la deliziosa Annetta Fossadoro, che doveva diventare sua sposa (anche lei non c'è più).

La spedizione gli avrebbe dovuto aprire la via alla cattedra, senonché il collega Sergio Basottoli, già suo grande amico, gli fece le scarpe (anche lui non c'è più), e in un certo senso Tassol dovette ricominciare da capo. Un periodo difficile, funestato anche da un processo a Luca, suo figlio primogenito (che non c'è più) per oltraggio a sua maestà.

Le vicissitudini accademiche, alleviate dal costante generoso appoggio del magnifico rettore professore Tullio Brosada (che non c'è più), ebbero termine con la caduta della monarchia. Dopodiché, divenuto cattedratico, egli organizzò la prima vera spedizione per la ricerca del sepolcro di Attila, affiancandosi due valorosi giovani studiosi, Max Serantini e Gianfranco Sibili (che non ci sono più).

Contemporaneamente, altre spedizioni vennero intraprese dal peruviano Salvador Lasa, dal marchese Alfred Sofregon e dall'apolide Giusto De Fonseca (che non ci sono più). Una lunga epopea costata molte lacrime e sangue, ma adesso Giovanni Tassol ha piantato la bandiera nazionale sui ruderi del favoloso monumento; e verso di lui già naviga, a bordo di tre elicotteri, una *équipe* della televisione con tutta l'attrezzatura necessaria.

Nell'accampamento accanto al rudere, nel cuore profondo della selva, hanno acceso i fuochi della sera. Seduto su una pietra, Tassol si guarda intorno. Non vede che abeti, abeti, abeti, fittissimi, neri. Pensa a coloro che lo hanno aiutato alla vittoria, il caro Ennio De Tibertis, sovrintendente all'amministrazione forestale, così comprensivo (non c'è più), la infaticabile segretaria del suo istituto Grazia Marasca (che non c'è più), il devotissimo autista Armando (che non c'è più), il pilota Arduino Malinoschi che gli fece sorvolare molte volte la zona, e scoprire il sepolcro (anche lui non c'è più).

Il Capo dello Stato gli ha fatto pervenire un caloroso radio gratulatorio. I giovani assistenti, i tecnici, i lavoranti si preparano a festeggiarlo là sul posto, con mezzi di fortuna. C'è allegria.

Seduto su una pietra, si guarda intorno. Alberi, alberi, alberi. Nient'altro. È solo.

Il registratore

Le aveva detto (a bassissima voce) l'aveva supplicata sta zitta ti prego, il registratore sta registrando dalla radio non far rumore lo sai che ci tengo, sta registrando *Re Arturo* di Purcell, bellissimo, puro. Ma lei dispettosa menefreghista carogna su e giù con i tacchi secchi per il solo gusto di farlo imbestialire e poi si schiariva la voce e poi tossiva (apposta) e poi ridacchiava da sola e accendeva il fiammifero in modo da ottenere il massimo rumore e poi ancora a passi risentiti su e giù proterva, e intanto Purcell Mozart Bach Palestrina i puri e divini cantavano inutilmente, lei miserabile pulce pidocchio angustia della vita, così non era possibile durare.

E adesso, dopo tanto tempo, egli fa andare il vecchio tormentato nastro, torna il maestro, il sommo, torna Purcell Bach Mozart Palestrina.

Lei non c'è più, se ne è andata, lo ha lasciato, ha preferito lasciarlo, lui non sa neppure vagamente dove sia andata a finire.

Ecco Purcell Mozart Bach Palestrina suonano suonano stupidissimi maledetti nauseabondi.

Quel ticchettìo su e giù, quei tacchi, quelle risatine (la seconda specialmente), quel raschio in gola, la tosse. Questa sì, musica divina.

Lui ascolta. Sotto la luce della lampada, seduto, ascolta. Pietrificato sulla vecchia sfondata poltrona, egli ascolta. Senza muovere menomamente alcuna delle sue membra, siede ascoltando: quei rumori, quei versi, quella tosse, quei suoni adorati, supremi. Che non esistono più, non esisteranno mai più.

I giorni perduti

Qualche giorno dopo aver preso possesso della sontuosa villa, Ernst Kazirra, rincasando, avvistò da lontano un uomo che con una cassa sulle spalle usciva da una porticina secondaria del muro di cinta, e caricava la cassa su di un camion.

Non fece in tempo a raggiungerlo prima che fosse partito. Allora lo inseguì in auto. E il camion fece una lunga strada, fino all'estrema periferia della città, fermandosi sul ciglio di un vallone.

Kazirra scese dall'auto e andò a vedere. Lo sconosciuto scaricò la cassa dal camion e, fatti pochi passi, la scaraventò nel botro; che era ingombro di migliaia e migliaia di altre casse uguali.

Si avvicinò all'uomo e gli chiese: « Ti ho visto portar fuori quella cassa dal mio parco. Cosa c'era dentro? E cosa sono tutte queste casse? ».

Quello lo guardò e sorrise: « Ne ho ancora sul camion, da buttare. Non sai? Sono i giorni ».

« Che giorni? »

« I giorni tuoi. »

« I miei giorni? »

« I tuoi giorni perduti. I giorni che hai perso. Li aspettavi, vero? Sono venuti. Che ne hai fatto? Guardali, intatti, ancora gonfi. E adesso... »

Kazirra guardò. Formavano un mucchio immenso. Scese giù per la scarpata e ne aprì uno.

C'era dentro una strada d'autunno, e in fondo Graziella la sua fidanzata che se n'andava per sempre. E lui neppure la chiamava.

Ne aprì un secondo. C'era una camera d'ospedale, e sul letto suo fratello Giosuè che stava male e lo aspettava. Ma lui era in giro per affari.

Ne aprì un terzo. Al cancelletto della vecchia misera casa stava Duk il fedele mastino che lo attendeva da due anni, ridotto pelle e ossa. E lui non si sognava di tornare.

Si sentì prendere da una certa cosa qui, alla bocca dello stomaco. Lo scaricatore stava diritto sul ciglio del vallone, immobile come un giustiziere.

« Signore! » gridò Kazirra. « Mi ascolti. Lasci che mi porti via almeno questi tre giorni. La supplico. Almeno questi tre. Io sono ricco. Le darò tutto quello che vuole. »

Lo scaricatore fece un gesto con la destra, come per indicare un punto irraggiungibile, come per dire che era troppo tardi e che nessun rimedio era più possibile. Poi svanì nell'aria, e all'istante scomparve anche il gigantesco cumulo delle casse misteriose. E l'ombra della notte scendeva.

Equivalenza

A un certo punto il famoso clinico, nella camera del malato, fece un minuscolo cenno alla moglie del malato e con un dolce sorriso si avviò alla porta. La signora intuì.

Come furono nel corridoio, il clinico assunse un volto di assoluta circostanza, profondamente umano e comprensivo. Si schiarì la voce:

« Signora, » disse « è mio imprescindibile dovere, ahimè, farle presente... suo marito... »

« È grave? »

« Signora, » disse lui « purtroppo... la situazione è tale... Conviene rendersi conto che... »

« No, non mi dica!... Lei vuol intendere che... »

« Affatto, signora... Non bisogna, non bisogna assolutamente precipitare le cose... ma diciamo... diciamo.. entro tre mesi... sì, sì, possiamo dire tre mesi... »

« Condannato? »

« Limiti alla Provvidenza non ci sono, cara signora. Ma per quello che la nostra povera scienza può dirci... le ripeto... tre mesi al massimo... tre mesi... »

Un groppo violentissimo la colse. Parve accartocciarsi su se stessa. Si nascose la faccia tra le mani. Selvaggi singhiozzi la scuotevano: « Dio, Dio, il mio povero Giulio! ».

Quand'ecco il luminare, che stava al capezzale del malato, con un minuscolo ammicco invitò la moglie del degente a uscire. E lei capì.

Una volta usciti, il medico chiuse lentamente la porta della camera. Poi si rivolse alla donna con la voce vellutata delle grandi occasioni:

« Signora, » disse « per un medico questi sono compiti estremamente ingrati. Tuttavia devo essere franco... suo marito... »

« Sta molto male? »

« Signora, » fece l'altro abbassando ancor più il tono « è motivo per me di profondo disagio... ma è pure indispensabile che lei... »

« Allora, mi sembra di dover capire... »

« Intendiamoci: sarebbe assolutamente fuori luogo anticipare gli eventi... Ci rimane, suppongo, un certo respiro... ecco... un anno... un anno almeno... »

« Inguaribile, dunque? »

« Non c'è nulla di impossibile, signora, neanche i miracoli. Ma per quello che la scienza mi consente di capire... direi proprio un anno... »

La poveretta ebbe un sussulto, piegò la testa, si coperse gli occhi con le mani scoppiando in un pianto disperato: « Oh, povero il mio cocco! ».

Ma ci fu un momento che gli sguardi del grande clinico e quelli della moglie del malato si incontrarono. E lei capì che l'uomo la invitava a uscire.

Lasciarono così il malato solo. Di fuori, dopo avere chiuso la porta, il professore, con accento grave e insieme denso di partecipazione affettiva, mormorò:

« Triste, mi creda, è per un medico assolvere certi indesiderabili doveri... Ecco, signora, sono costretto a farle sapere che... suo marito... »

« È in pericolo? »

Rispose il dotto terapeuta:

« Una menzogna in questi casi, signora, sarebbe una cattiva azione... non posso nasconderle che... »

« Professore, professore, mi parli pure con il cuore in mano, mi dica tutto... »

« Qui bisogna intenderci, signora... guai a mettere il carro davanti ai buoi... Non è imminente... non posso neppure essere preciso... però come minimo... ancora una tregua di tre anni... »

« Così, non c'è più niente da sperare? »

« Sarebbe leggerezza da parte mia offrirle inutili illusioni... malauguratamente la situazione è chiara... entro tre anni... »

La sciagurata non seppe dominarsi. Mandò un penoso gemito, quindi si sciolse in lacrime gridando:

« Ah, mio marito... il mio povero marito! »

Senonché nella camera dell'infermo si fece un silenzio. E allora, quasi per trasmissione telepatica, la moglie seppe che il celebre medico desiderava uscire dalla stanza insieme con lei.

Uscirono infatti. E quando fu certo che il malato non poteva udirlo, il patologo, chinatosi verso la signora, le sussurrò in un orecchio:

« Ahimè, signora, è questo per me un momento assai penoso... Non posso fare a meno d'avvertirla... suo marito... »

« Non ci sono più speranze? »

« Signora, » disse l'uomo « sarebbe sciocco e disonesto se io con eufemismi tentassi di... »

« Povera me... e dire che mi ero illusa... povera me! »

« Eh no, signora, proprio perché io non intendo tacerle nulla, non voglio neppure che adesso lei faccia tragedie premature... Vedo avvicinarsi sì il termine fatale... ma non prima... non prima di vent'anni... »

« Dannato senza remissione? »

« In un certo senso sì... Non posso dissimularle, signora, l'amara verità... al massimo vent'anni... più di venti anni non posso garantire... »

Fu più forte di lei. Per non cadere dovette appoggiarsi a una parete, singhiozzando. E mugolava: « No, no, non posso crederci, il mio povero Giulio! ».

Tossicchiò allora con diplomazia il dottore guardando in un certo modo la moglie del cliente, che stava a lui di fronte, di là del letto: era evidentemente un invito a uscire con lui.

Appena nel vestibolo, la signora afferrò per un braccio il famoso oracolo, chiedendogli, apprensiva: « E allora? ».

Al che lui rispose con voce da giudizio universale: « Allora è mio dovere essere franco... Signora, suo marito... ».

« Mi devo rassegnare? »

Fece il medico:

« Le do la mia parola che se appena si prospettasse una vaga possibilità... ma invece... »

« Mio Dio, è terribile... mio Dio! »

« La capisco, signora... e mi creda partecipe al suo dolore... D'altra parte non si tratta di una forma galoppante. Penso che, a compiersi, la funesta parabola impiegherà... impiegherà circa cinquant'anni. »

« Come? Non c'è più scampo? »

« No, signora, no... e glielo dico col cuore stretto, mi creda... C'è un margine, ma non più di cinquant'anni... »

Ci fu una pausa. Poi il grido straziante di lei, come

se un carbone acceso le fosse penetrato nelle viscere:

« Uhhhh! uhhhh!... No e poi no!... il mio uomo!... il mio tesoro benedetto! »

All'improvviso si riscosse. Guardò fissa il luminare negli occhi. Gli strinse un polso.

« Professore, dico, ma allora... Ho saputo da lei una cosa terribile. Ma, dico, tra cinquant'anni, dico... mezzo secolo... tra cinquant'anni anch'io... anche lei... In fondo, allora è una condanna di tutti, no? »

« Proprio così, signora. Tra cinquant'anni noi tutti saremo sotto terra, per lo meno è probabile. Ma c'è una differenza, la differenza che ci salva, noi due, e invece condanna suo marito... Per noi due, almeno che si sappia, nulla ancora è stabilito... Noi possiamo vivere ancora, in beata stoltezza forse, come quando avevamo dieci anni dodici anni. Noi potremo morire tra un'ora, tra dieci giorni, tra un mese, non ha importanza, è un'altra cosa. Lui no. Per lui la sentenza esiste già. La morte, in sé, non è poi una cosa così orribile, forse. Tutti la avremo. Guai però se sappiamo, fosse anche tra un secolo, due secoli, il tempo preciso che verrà. »

Lo scoglio

Un amico siciliano mi aveva detto che molti anni fa, nell'isola di Lipari, un vecchio signore si era trasformato in uno scoglio.

La cosa non mi aveva esageratamente stupito, dato l'aspetto di quelle rupi marine.

In breve, la storia che l'amico mi aveva raccontato, di terza o quarta mano, era questa:

Viveva nel secolo scorso, a Messina, un signore che possedeva una piccola flottiglia di barche da pesca. Suo figlio unico, ancora giovinetto, fu preso dall'amore del mare e spesso usciva con i pescherecci del padre, il quale ne era insieme orgoglioso e preoccupato. Ma una notte, a ridosso dell'isola di Lipari, poche decine di metri dalla costiera occidentale, un colpo di mare travolse il ragazzo che non fu più ritrovato.

Da quel giorno il padre, impazzito dal dolore, si trasferì a Lipari e ogni giorno, mare permettendo, andava con una barchetta sul posto dove il figlio aveva trovato la morte, qui trattenendosi per ore. E invocava ad alta voce il ragazzo e gli faceva discorsi interminabili.

Parecchi anni passarono così. Il padre, rimasto vedovo, era ormai vecchio, e soltanto nelle giornate di grande bonaccia poteva assecondare il suo vizio dissennato. Finché una sera egli fu atteso invano di ritorno. Si andò sul posto, non si trovò che la barchetta, vuota, la quale oscillava al placido respiro delle acque.

Ma, con sommo stupore, proprio in quel punto, i pescatori, che conoscevano quella costa meglio della loro casa, notarono che era spuntato dalle acque uno scoglio che prima non esisteva.

Si pensò quindi che finalmente il dolore senza rimedio avesse pietrificato il vecchio. E da allora – mi raccontava l'amico – di notte anche i giovani più fieri non osano avventurarsi nei pressi e girano al largo. Ma da lontano, specialmente nei periodi di grande luna, si odono le invocazioni, i singhiozzi, le grida e i gemiti del padre disperato.

Mi diceva anche, l'amico, che verso sud, quello scoglio ha le fattezze di un uomo vecchio e scarno. E che appunto nelle alte ore notturne la bocca si apre e chiude parlando, e pure gli occhi si aprono per lacrimare. Ma guai a colui che osasse, con sguardi indiscreti, violare la solitaria afflizione. Un pescatore che si arrischiò a farlo perdette, nel giro di pochi mesi, tutti e quattro i suoi figli.

La favola, in un certo senso, era molto bella. E quest'anno, tornato per diporto nelle Eolie, chiesi più precise informazioni.

Le leggende però fioriscono e si espandono quanto più viaggiano lontano per il mondo. Se si va a cercarne il costrutto nel luogo d'origine, di solito non si trovano che brandelli di nebbia.

A Lipari alcuni pescatori conoscevano, tra i molti picchi, piccoli e grandi, emergenti dal mare, lo scoglio denominato "U vecchiu signore" ma non sapevano dire niente di più. La lacrimevole storia dell'armatore impazzito per la morte del figlio nessuno la conosceva. Tranne un signore anziano, di notevole dignità esteriore, che tentai di avvicinare a un caffè.

Avrà avuto sessant'anni, era massiccio, sbarbato alla perfezione, indossava una camicia immacolata con le maniche corte e mi ricordava l'attore che impersonò il capo della "onorata società" nel film "Il mafioso" con Alberto Sordi.

« Mi perdoni » gli dissi. « Lei è qui di Lipari? »

« Proprio così » rispose con lentezza. « Ma qui d'inverno non vivo. Potrei sapere...? »

« Ecco, vorrei chiederle soltanto una informazione, di carattere diremo così folcloristico. »

« Dica, dica... »

« Lei ha mai sentito la storia di un signore di Messina che tanti anni fa si è trasformato in uno scoglio? »

« Udimmo, udimmo da piccoli » furono le sue testuali parole « tante bizzarre cose... » e qui fece un sorriso tra il diplomatico e il diffidente. « Ma gli anni passano... gli anni passano... »

« Per caso lei sa come si chiamava? E quando è successo il fatto? »

« Il fatto, se si può dire fatto, risale al 1870 per lo meno, ma potrebbe anche essere anteriore, o addirittura non essere mai avvenuto... »

« Perché? Lei non ci crede? »

« Non mi faccia dire, la prego, cose che io non... » guardò l'orologio a polso. « Ma tardi è, mi scusi... » Se ne andò salutato con ossequio da tutti gli avventori del caffè.

Sulla banchina del porticciolo, il giorno dopo, chiesi a due ragazzetti dove potessi trovare una barca con fuoribordo per fare il giro dell'isola. Il mare giaceva immoto senza palpito di onde, non occorreva gran bastimento per simile spedizione.

I ragazzi schizzarono via e dopo neanche cinque minuti erano di ritorno col più strambo barcaiolo che avessi mai incontrato.

Era alto, scheletrico, intensamente pallido e gli si sarebbero dati per lo meno novanta anni se il volto, affilatissimo, avesse avuto una sola ruga. Anche per il singolare cappello di paglia a tesa orizzontale larghissima ricordava certe meridiane apparizioni dei tropici cariche di fatalità, balenanti dalle pagine di Conrad. Ma ciò che più colpiva era la sua totale "assenza" quale è dei fantasmi, i quali ignorano tutto quello che avviene intorno.

Notai che le scarne braccia terminavano in mani morbosamente nocchiute che si muovevano con fatica, a rivelare lunghi travagli di artrosi. Anche il passo era stento e alquanto tremulo. Se il mare non fosse stato così rassicurante, mai avrei accettato un accompagnatore tanto problematico.

« Lo sai » chiesi per prima cosa « dove è lo scoglio del Vecchio Signore? »

Lui abbassò un poco la testa forse in segno di assenso e senza più guardarmi si diresse a un guscio miserabile ormeggiato con un moncone di spago pochi metri più in là. Per salirvi fece un inceppato saltino, che si ripercosse in tutto il filiforme corpo con spasimo doloroso. Io lo seguii. L'uomo, che disse di chiamarsi Crescenzo, con facilità insospettata mise subito in azione uno sdrucito motorino della dimensione di una macchina fotografica. E si partì, noi due, con ritmico borbottio.

Io gli sedevo di fronte. Immobile, con una mano sul comando del fuoribordo, egli mi guardava in volto, però non mi vedeva, tale almeno era la mia sgradevole impressione.

Intanto si era varcato il molo e la barchetta si avviava verso il passaggio tra Lipari e Vulcano. Oltrepassato il paese, la natura si faceva subito selvaggia e le rive si drizzavano in dirupati anfratti di forme insolite e sinistre.

Quanto diverse le architetture delle Eolie dai solenni, romantici e così umani scenari della Costiera amalfitana, per esempio, o di Ischia, o di Capri. Anche qui pareti a picco, guglie e precipizi. Ma conformi alle fantasie dell'uomo: fondali da melodrammi verdiani, antri e strapiombi coronati di verde, insieme asperrimi e soavi, propizi alle vertigini d'amore. Mentre laggiù le muraglie e i picchi si contorcono, nudi e bruciati, in pose di angoscia e delirio, sempre rammemorando l'inferno che di sotto cova col suo fuoco.

Molti scultori d'oggi farebbero bene a rinsanguare la loro gracile ispirazione costeggiando le Eolie. Dove la natura ha moltiplicato inesauribili invenzioni di mostri, giganti, ragni accartocciati, ciclopici organi dalle canne sbilenche, contorte sirene, ruderi crollanti, mascheroni dilaniati, combusti altari, granitiche saette, nefande piaghe suppurate, gnomi e orchi in castigo, perfide cittadelle, sconsacrate cattedrali. E così crea in brevissimi spazi solitudini profonde, e in ogni angolo addensa ciò che è la sua suprema bellezza, cioè il mistero.

« È quello il Vecchio Signore? » chiesi a Crescenzo, come si fu circa a metà della costa occidentale dell'isola Lo avevo riconosciuto subito.

Lui si voltò a guardare, poi fece cenno di sì

Addossato a una drammatica muraglia, per cui facilmente può sfuggire, lo scoglio non era alto più di una quindicina di metri. La forma era tozza e tondeggiante, senza aculei o spine. Verso sud, cioè verso di noi che ci avvicinavamo, presentava una lieve concavità tormentata da un groviglio di orribili protuberanze gialle e violacee che si incurvavano in giù come cera in procinto di fusione. Il sole illuminandola quasi a picco, le ombre disegnavano un volto lontanamente umano, la faccia di un corrucciato despota che si disfaceva nella morte. Dalle due presunte cavità orbitali scendevano, ormai cristallizzati, abbietti scoli di colore purpureo. E alla base, là dove le tenere onde, urtando, segnavano una minima striscia di schiuma, si apriva una minuscola caverna.

Quando si fu molto vicini, benché il mare fosse morto, si udì tuttavia là dentro, nel pertugio nero, il rigurgito dell'onda, che dava suono di singhiozzo.

Pregai Crescenzo di spegnere il motorino. Con stento egli sistemò sugli scalmi i due remi, che servivano a non scarrocciare.

Ora nel grande silenzio, nel grande sole, il singulto dell'acqua nel botro si scandiva più dolente e cavernoso.

« È vero » chiesi « che questo è un vecchio signore di Messina trasformato in pietra? »

« Dicono, dicono » egli mormorò, afono.

« È vero che di notte chiama suo figlio morto e gli parla? »

« Dicono, dicono » rispose.

« È vero che venire qui di notte porta disgrazia? »

Mi guardò inespressivo, come se non avesse capito. Sotto la assurda tesa del cappello, il volto senza età aveva la trasparenza delle meduse morte. Poi disse:

« Anche io. Anch'io sono di pietra. Da venticinque anni » e mi fissava dondolando adagio la testa.

« Anche tu, un figlio...? »

Il fantasma fece cenno di sì.

« Giovanni, si chiamava » disse. « Sottocapo di Marina. Matapan. »

Nessuno crederà

Ricevetti in settembre questa lettera:

"Caro Buzzati, ti ricordi ancora di Bruno Bisia, tuo compagno di classe in quarta e quinta ginnasio? Penso di no, dopo tanti anni. Ora mi faccio vivo con te per un motivo preciso. Vedo che ti stai occupando, come giornalista, di personaggi, episodi, ambienti misteriosi e strani. Ebbene, sono sicuro che il posto dove io lavoro, la Morgenhaus, nei Grigioni, ti potrebbe offrire materiale di eccezionale interesse.

"Forse ne avrai sentito parlare, benché si sia sempre cercato di tenere la cosa segreta. Si tratta di una specie di ritiro, o clinica, per i malati senza speranza, con intenti filantropici; tanto che vi sono ricoverate anche persone senza un soldo. I capitali vengono soprattutto dagli Stati Uniti, dal Messico e dalla Svizzera. Lo scopo è di assicurare a quegli infelici una fine senza sofferenze, soprattutto morali. In che modo? Vorrei che tu venissi a constatarlo, ne rimarresti affascinato, e sbalordito.

"Per lettera non ti posso dire di più. Se accetterai il mio consiglio, scrivimi, io ne sarei felice. Verrei a prenderti alla stazione di Klaris per proseguire insieme in macchina. Ti avverto onestamente che la Morgenhaus non potrai visitarla internamente, la presenza anche

32

momentanea di estranei è assolutamente proibita. Ma non è l'organizzazione interna della casa che può interessarti. Altro, e ben più meraviglioso, è il motivo di questa lettera."

Mi ricordavo vagamente di Bisia, un ragazzo allora abbastanza insignificante. E avevo sentito parlare della Morgenhaus come di una favolosa clinica di avanguardia creata a combattere il male del secolo. Di tanto in tanto giornali e riviste ne avevano parlato, ma sempre in termini vaghi. Si diceva che in un certo modo lassù la malattia maledetta perdeva ogni crudeltà, diventava un pensiero sopportabile. Ma come? Era un inedito procedimento di eutanasia? Un miracolo di suggestione collettiva? Una iniziazione religiosa?

L'occasione, in ogni modo, era giornalisticamente stimolante. Dopo qualche giorno risposi a Bisia dicendogli che ero pronto a venire.

Quando lo rividi, alla stazione di Klaris, egli mi apparì ben diverso dai lontani ricordi. Era diventato un uomo alto e potente di membra, con una corta barba rosso-grigia che gli contornava la cordiale faccia. Mi sembrò molto più giovane di me. Ritrovammo subito la confidenza. L'automobile, dopo aver percorso una decina di chilometri sulla strada per Kameden, prese una diramazione, più stretta ma ben asfaltata, che si inoltrò in una valle angusta. Erano le cinque di un limpido pomeriggio.

Via via che si saliva, i casolari, le coltivazioni, i segni di presenza umana si facevano più rari. A una svolta, lo sguardo spaziò fino in fondo alla valle, che risultò chiusa da un ripido muraglione di foresta alto un trecento metri. Su per questo erto pendio, la macchina si inerpicò a stretti tornanti in mezzo agli abeti. Non si incontrò anima viva.

Come si raggiunse il ciglione sommitale, apparve uno stupendo scenario. Le montagne si aprivano a cerchio intorno a una conca di praterie e di foreste. E sulla sommità di un colle, a ridosso di una curiosa rupe a forma di monaco accovacciato, risplendeva una sorta di reggia.

Ora mi è impossibile descrivere come meriterebbe quella architettura, di gusto ultramoderno, tuttavia estremamente movimentata e fantasiosa, così da esprimere in modo intenso la serenità, il benessere, il lusso, la felicità umana. Sopra le torri, da alti pennoni, gloriose bandiere sventolavano lentamente.

Ma, a un centinaio di metri dal ciglio dell'altopiano, una cancellata bianca si stendeva da un lato all'altro della stretta, chiudendo ogni passaggio. Nel mezzo, dinanzi ad essa, in corrispondenza dell'ingresso, sorgeva una villa, piccola ma elegante.

« È una specie di corpo di guardia » spiegò Bisia « e nello stesso tempo foresteria. Tu dormirai qui, è molto meglio. E stasera ti terrò compagnia. »

Entrammo nella villa, accolti da un maggiordomo. Mi diedero un appartamentino sontuosamente arredato, sembrava di essere in casa di miliardari. Nel silenzio, un lontano suono di pianoforte. Ma il segreto? Il fatto straordinario? Il motivo per cui l'amico mi aveva portato lassù?

Bisia me lo spiegò mentre già calavano sull'incantevole eremo le ombre della sera. Si uscì dalla villa, lui fece aprire una porticina della cancellata ed entrammo nel regno proibito. Dinanzi a noi gobbe di prato raso si accavallavano in progressione dolcemente, fino a sbocciare nel portentoso palazzo. Ai piedi del quale mi parve di scorgere qualche figura umana vestita di bianco che si muoveva con lentezza.

« Perché la morte fa paura? » disse Bisia. « Perché è la cosa più temuta al mondo? La risposta è semplice: perché chi muore se ne va, ma gli altri restano. Se tutto il prossimo ci accompagnasse nell'aldilà, alla morte ci si rassegnerebbe facilmente. Se una catastrofe distruggesse di colpo l'intero genere umano, la morte non ci procurerebbe più un gran dolore. Ora, tu immagina che un uomo condannato da un male incurabile venga trasportato nel futuro, si ritrovi portato avanti di qualche secolo o millennio. I suoi cari, i suoi amici, i compagni di lavoro, tutti quelli che, giovani e sani, adesso lo vedono languire, e lo commiserano con quell'atroce senso di superiorità, saranno ossa e cenere. Anche i figli, anche i nipoti, i pronipoti. Mi capisci? In questa condizione, all'ammalato non importerebbe più niente di morire. Dirai che si fa leva su di un sentimento basso e meschino. Sarà. Ma questo è l'uomo. »

« E tutto questo, cosa c'entra? »

« Bravo, questo è appunto il metodo Morgenhaus. I nostri ospiti, i nostri ammalati, qui muoiono quasi volentieri. Qui si trovano trasportati in un lontanissimo futuro: mogli, mariti, fratelli, figli, nipoti non esistono più da immemorabile tempo. I superstiti sono loro, qui; e perciò aspettano la morte senza angoscia. »

Lo guardavo attentamente, sembrava che parlasse sul serio.

« In che modo li trasferite nel futuro? Con la magia? Con la fantascienza? Con gli stupefacenti? Oppure li ipnotizzate? Oppure è tutto uno scherzo? »

« Ascolta » continuò Bisia procedendo flemmatico su per i prati. « Nella trama del tempo esistono qua e là delle specie di fessure, delle brecce. È una cosa piuttosto astrusa, bisognerebbe che ci fosse un fisico a spiegartela e probabilmente non capiresti lo stesso, come in fondo non ho capito neppure io. Bene, una di quelle rarissime smagliature si è determinata qui, dove siamo, in questo recondito angolo delle Alpi. Sopra di noi c'è come un buco che ci mette in comunicazione col futuro. »

« Che futuro? »

« Ciò che avverrà fra centinaia e centinaia di anni. L'epoca precisa non la possiamo conoscere. In questa valle la dimensione tempo si è rotta, per così dire, ha subito una frattura, l'oggi di noi viene a contatto con l'oggi dell'umanità dell'anno 2500, dell'anno 3000, chissà. »

Era chiaro che stava parlando un matto. Con pazienza cercai di obiettare: « Ma, dico, i vostri malati riceveranno pur notizie da casa. Leggeranno i giornali, vedranno la televisione. Come possono illudersi? »

« Completo isolamento, questo sì. Loro non se ne meravigliano, perché dovrebbero meravigliarsene se sono convinti di vivere nel duemila, nel tremila? »

« Ma li avete persuasi come? Questa frattura del tempo, come dici tu, come si rivela? »

« O bella! Si sono persuasi da soli, semplicemente tenendo aperti gli occhi. Per quello che hanno visto e continuano a vedere quasi ogni giorno. »

« Dischi volanti, alle volte? »

Gli ultimi raggi abbandonarono le vette circostanti, rapide scendevano le ombre, a circa mezzo chilometro da noi le vetrate del palagio si accesero di romantiche luci. La voce di Bisia assunse un tono solenne:

« Di notte, qualche rara volta anche di giorno, ma specialmente di notte, dalla Morgenhaus noi li vediamo passare... »

« Chi? »

« I nostri remoti discendenti, no? Altro che dischi volanti. Anche tu li vedrai. »

Perché discutere ancora? Era chiaro che non c'era nulla da fare: un caso evidente di quieta follia. E capii finalmente che la Morgenhaus non era che una clinica di lusso per malati di mente, che il povero Bisia era uno di questi; e siccome non faceva male a una mosca, qualche volta lo lasciavano uscire.

Ero a disagio. « Senti » gli dissi « io ho freddo. Vorrei rientrare. E tu non fare complimenti, se devi tornare alla clinica. »

« No, no. Ti accompagno, ci mancherebbe altro. Pranzeremo insieme, ho già dato disposizioni. Stasera sono libero dal servizio. »

Fu una pena, il resto di quella sera, con una sequela di sproloqui bislacchi sul tempo e il non tempo, a cui dovevo rispondere sì sì, è una scoperta meravigliosa, ne farò un articolo formidabile. Finché, verso le dieci e mezzo, io protestando sonno, egli mi lasciò e con un sospiro di sollievo mi chiusi in camera. Ora si trattava di trovare un'auto per il ritorno.

Whisky e ghiaccio erano preparati su un tavolino. Ne bevvi un paio di bicchieri. Poi scesi dabbasso a cercare qualcuno che mi cercasse una macchina per l'indomani.

Scale e sale erano illuminate ma non incontrai anima viva. Chiamai, nessuno rispose. Stavo per aprire la porta (forse avrei trovato fuori un cameriere o un guardiano) quando un brontolio di timbro profondo cominciò a vibrare nell'aria. Suono strano, come un cupo rotolare ripercosso da arcani echi di caverne. Da dove veniva?

Uscii all'aperto. Le luci, là fuori, erano spente, anche le vetrate della Morgenhaus, laggiù, tutte buie. Nel cielo sereno era tuttavia diffuso un velo sottile di caligine come succede in montagna.

Però, come levai gli occhi al cielo, il cuore ebbe un

tonfo. Di là dal sottilissimo sipario di bruma che non nascondeva del tutto le stelle, vidi avanzare, dalla catena montagnosa incombente alla mia destra, tre aeroplani. Dovevano essere immensi, data la loro estrema lontananza. Avevano un colore grigio, senza lumi di sorta, ma parevano emanare da tutto il loro corpo una sommessa luce.

Mi ripresi: che stupido ero: tre aerei qualsiasi. Che importava se erano così lunghi e le ali così piccole in proporzione? Di modelli nuovi se ne inventano a getto continuo.

In formazione a triangolo, attraversarono il cielo visibile, scomparendo dietro le opposte montagne.

Ma adesso, che cosa accadeva? Nel cielo avanzava una formazione geometrica di incredibili vascelli rettangolari con gli angoli smussati, simili a tozzi camion, pure grigi e fosforescenti. Anch'essi davano una sensazione di sovrumana altitudine e risultavano perciò giganteschi. A un certo punto l'intera cupola del cielo ne fu disseminata. Si spostavano con apparente lentezza, grevi e misteriosi.

Saranno stati per lo meno cinquecento. Finché l'ultima fila disparve dietro le nere creste e il cielo ritornò vuoto.

No, non era finita. Ora immaginate due interminabili treni sospesi nel cielo coi vagoni non di uguale larghezza e qualcuno perfino messo a sghimbescio: apocalittici bruchi appesantiti da geometrici rigonfi qua e là. Le loro teste erano scomparse dietro le opposte montagne e ora io vedevo come due favolosi archi a protuberanze irregolari che ruotavano sopra la valle a centomila metri d'altezza. Era l'abisso del futuro spalancato ai nostri sguardi e ne veniva un sentimento grandissimo che è forse impossibile dire. Che cos'erano? La migrazione di un popolo? Una deportazione? Un'armata che andava alla guerra? Una fatalità cupa trascinava quello schieramento di mostri, ottusi e invincibili.

Ci volle almeno un quarto d'ora perché i due spaventosi treni cessassero di sfilare. Era uno spettacolo, non so dire perché, tutt'altro che esaltante. Anzi, minaccioso e spettrale, come se fosse un'orda straniera che portava la sventura: i tartari, i rinoceronti del nero cosmo, orribilmente diversi da tutto ciò che noi di solito immaginiamo per i prossimi felici millenni. Grigi, disumani, aridi, massacranti, malati, sinistri.

Era un sogno? O era vero? Mai lo potrò raccontare, mai lo potrò scrivere, nessuno mi crederà.

Lettera noiosa

Non so neppure io, Elena cara, come abbia potuto stare così a lungo senza scriverti, senza farmi viva in alcun modo. Ma il tempo passa così veloce, e l'inverno mi aveva messo addosso un'uggia tale. Finalmente l'ho ammazzato. Breve, ci è voluto che passassero ben cinque mesi dall'ultimo nostro incontro, e che battesse alle porte, finalmente, la benedetta primavera, qui in campagna così radiosa, così confortatrice, perché io prendessi la penna in mano e mi rimettessi a chiacchierare con la mia cara Elenuccia. Ti giuro che non ne potevo più.

Come vorrei che tu ora fossi qui accanto a me, tu che hai una sensibilità tanto vicina alla mia, che sai ascoltare le piccole misteriose voci della natura e delle vecchie case, che come me sai cogliere i minuscoli incanti della vita domestica, per altri piatta e meschina. Credimi, sbarazzarsi di un marito simile è stata una grande consolazione.

È sera, gli alberi e i prati stanno per chiudersi nel sonno. Non so neppure io come abbia fatto a resistere tanti anni. Una pace meravigliosa si stende intorno alla mia casa (per fortuna la strada è lontana) e un sentimento di sicurezza, di bontà, di appagamento, come dire, di intimità profonda placa il mio animo. E poi il "professore" non mi tormenta più, non si lamenta più, non impartisce più lezioni.

In questo momento non si vede, perché è già buio, ma di giorno, seduta qui, al mio scrittoio, scorgo i nuovi germogli della spiridina rampicante che spunta dal davanzale. Che verde tenero, amoroso, struggente. È la vita stessa, è – ma non dirmi poi che sono matta – la speranza incarnata. Di notte, dormendo, mandava sempre un fischiolino dal naso, era una cosa spaventosa. E poi mi tradiva. Sistematicamente.

Ma lo sai che la primavera fa scricchiolare le assi dei mobili antichi, delle preistoriche palafitte? Anche con la figlia del casellante, mi tradiva, qua sotto, appena fuori del bosco, sulla strada ferrata. Ma lo sai che la primavera fa scattare anche dentro di me, non so propriamente in che parte di me, certo nel profondo dei nervi e dei sensi, fa scattare delle specie di molle, rimaste, chissà come, compresse lungo tempo. Zic, zic, ho la sensazione che tanti saltamartini microscopici annidati nelle più recondite parti del mio corpo all'improvviso facciano un balzo. Sensazioni minime, appena percettibili, eppure così provocatrici e soavi. Anche tu? Dimmi: anche tu, Elena cara? È stato semplice, sai. Dormiva col suo solito fischiolino. Avevo trovato uno spillone, chissà, forse di mia nonna, di quelli che servivano a fissare i cappelli in testa. Un bello spillone.

Queste sono per me, forse, le giornate più buone dell'anno. Ho calcolato bene il punto. Lui continuava col suo fischiolino. Ho spinto dentro con tutta la mia forza. Come nel burro. Stamattina, uscita in giardino, ho avuto una deliziosa sorpresa: la gwadinna tropicale, sai quella che mi aveva portata da Zanzibar il dottor Genck, e che pensavo fosse morta, nello spazio di una notte ave-

41

va messo fuori un fiore, ma che dico un fiore? una specie di fiamma, di torcia, di eruzione incandescente. Lui ha soltanto aperto gli occhi. Non si è mosso. Ha sussurrato « Devi ch... » forse voleva dire "Devi chiamare il medico". Non ha capito che ero stata io. Con quel "ch..." è schiattato come un palloncino con poco gas. È una piccola pianta, la gwadinna, te la ricordi? un gingillino, uno scherzo, eppure teneva nascosta in sé, nelle sue riposte fibre, tanta carica di vita. Che cosa meravigliosa, la natura. Io non cesso di stupirmi. Inesauribile miniera di bellezza, di generosità, di sapienza, di genio artistico.

E sai la cosa più straordinaria? Le farfalle valkirie, quelle a strisce celesti e lilla, quel capolavoro del creato, le più belle, le più delicate, le più *liberty*, le più femminili, che poi volano in quella maniera speciale, te le ricordi?, quasi ancheggiando, bene, tu magari non lo crederai, ma tutte, dico tutte, erano addosso al prorompente fiore della gwadinna, profumatissimo, il quale ne sembrava compiaciuto. Che tonfo quando l'ho tirato giù dal letto. Mica potevo sollevarlo, pesante e grosso com'era. E poi altri tonfi quando l'ho trascinato giù per le scale. Ogni gradino un tonfo. Un lavoro bellissimo. Lui sempre più brutto, invece, con i baffi penzoloni.

Ah, un'altra bella novità. Mirandola, la mia siamese, ha messo al mondo sei micini che più belli non si potrebbero immaginare. L'incontro col fusto di casa Soffiati ha dato i suoi frutti. Perfetti, ti dico. Il veterinario che ha assistito al parto, quel simpatico di Scorlesi, lo conosci anche tu, no? era esterrefatto. Neonati, diceva, e già con le orecchie prepostilate! Già da adesso, diceva, potrebbero vincere i concorsi. L'ho portato fino alla botola che precipita giù nella fogna. "Sciac", ho sentito, quando è arrivato in fondo.

Nel tedio dell'inverno, che qui in campagna forse si fa sentire ancora più che da voi in città dove avete tante luci, tanto movimento, tante belle occasioni, tante (ahimè) telefonate, sai che ho letto una quantità di libri? Tu riderai. E concluderai che sono diventata una bacucca, una baciapile, una pinzochera. Ridi, ridi. Mi sono appassionata ai vecchi Vangeli. Tante volte mi aveva spiegato come la nostra fogna comunichi con una corrente sotterranea che si perde chissà dove, la casa sorge su un terreno carsico, tutto traforato da cunicoli e caverne. Naturalmente i Vangeli da ragazza me li avevano fatti leggere come libro di testo, perciò li avevo odiosi. Adesso, invece: tutte le sere, proprio tutte, prima di chiudere gli occhi, apro a caso il piccolo volume. Che pagine divine! Ho denunciato la scomparsa alla polizia il mattino dopo. Ho detto che dal pomeriggio precedente non ne sapevo niente. Ogni volta è una iniezione di fede, di serenità, di bene. Tanto che penso di far rimettere in sesto la chiesetta qui, di famiglia, ormai piuttosto *delabrée*. Chissà che non se ne terrà conto un giorno, quando sarò condotta dagli angeli (o dai diavoli?) dinanzi al trono di Dio!

Ma, a proposito, prima di lasciarti – forse sono stata un po' noiosa, vero? – devo spiegarti quel *poncho* peruviano che ti era tanto piaciuto. Era tornato verso l'una di notte, giurerei che veniva dalla figlia del casellante. La polizia lo sta cercando in quei paraggi, io stessa ho lasciato intuire qualche cosa. Dunque senti: Occorrono due etti circa di lana *shetland* grigia (o beige), più novanta grammi della stessa lana nera (o tabacco), più mezzo etto della stessa lana bianca (o panna) e i ferri numero 3. Si lavora in due parti calando una maglia per parte ad ogni ferro dritto. Comunque, mai lo troveranno qui sotto. Mi aveva spiegato molto bene, il professore defunto, le risorse dei terreni carsici. Per la prima parte: con la lana grigia avviare 262 maglie e lavorare per dieci ferri a punto legaccio, quindi sempre con la lana grigia, lavorare 16 ferri a maglia rasata. Nei romanzi si sostiene che esiste il rimorso, sapessi invece che pace, che tranquillità, che silenzio. Ventisettesimo ferro: * una maglia con la lana bianca, tre maglie con la lana grigia *; ripetere da * a * fino alla fine del ferro terminando con una maglia in lana bianca. Ventottesimo ferro: * tre maglie con la lana bianca, una maglia con la lana grigia *, ripetere da * a * fino alla fine del ferro, terminando con tre maglie in lana bianca. Impossibile che lo trovino, assolutamente. Dal ventinovesimo al trentaduesimo ferro, in lana bianca. Trentatreesimo e trentaquattresimo, in lana grigia. Dal trentacinquesimo al trentottesimo, in lana nera. Trentanovesimo e quarantesimo, in lana grigia. Quarantunesimo e quarantaduesimo, in lana bianca. E non ti verrà mica in mente di parlarne in giro, spero, anche se sei la figlia di un magistrato. Si hanno così 226 maglie sul ferro. Quarantatreesimo e quarantaquattresimo ferro, in lana nera. Quarantacinquesimo...

L'influsso degli astri

Di passaggio a Milano per un viaggio all'estero, l'amico Gustavo Ceriello, avendo saputo che la domenica successiva sarei dovuto andare a Masta, dove lui abita, per far vedere un mio quadro al grande collezionista Fossombroni, volle assolutamente darmi la chiave della sua casa, dove ero già stato ospite, affinché vi passassi la notte.

A Masta vado sempre volentieri. A parte lo splendore della città, la gente è cordiale e gentile come da nessuna altra parte ho trovato.

Arrivai in aereo a Masta il sabato sera. Trovai, come mi aveva detto Ceriello, l'appartamento in ordine perfetto. È un vasto superattico in un quartiere residenziale costruito recentemente su una piccola collina della periferia; di lassù si gode la vista di tutta la immensa città.

Prima di coricarmi, mi divertii, nello studio di Ceriello, a sfogliare alcuni antichi libri di astrologia. Come si sa, Masta è per eccellenza la capitale dell'astrologia, che vi si coltiva con un impegno e una serietà altrove sconosciuti. Ed è orgogliosa del suo Istituto superiore di scienze astrologiche, una vera università con oltre duemila studenti che vengono da ogni parte del mondo.

Ceriello stesso, musicista di mestiere, è un appassionato dilettante di astrologia e per lunghe sere, a me decisamente scettico, aveva cercato di spiegare le meravigliose possibilità, almeno teoriche, di prevedere il futuro e di decifrare il destino delle singole persone attraverso lo studio degli astri e dei loro moti relativi.

Su un tavolone dello studio era ammucchiata la raccolta degli ultimi mesi del "Monitore degli incontri", il giornale quotidiano che si pubblica a Masta, dedicato interamente a quelle ricerche.

È una pubblicazione di dodici pagine a grande formato, composta in prevalenza da dettagliatissimi oroscopi a carattere generale e particolare.

C'è per esempio il settore politico, la sezione degli affari, la tabella della situazione sanitaria e quindi i pronostici personali a seconda dell'anno di nascita, della professione, del sesso e perfino del colore dei capelli.

Nello sfogliare quelle pagine, constatai che diagnosi e pronostici non erano ricavati soltanto, come si usa da noi, dalla posizione dei corpi celesti del nostro sistema planetario: nei calcoli si teneva conto anche di stelle lontanissime, ignote ai non specialisti.

Cercai, negli ultimi numeri, oroscopi che potessero riguardare me personalmente, ma non ce n'erano. Tutte le previsioni si riferivano soltanto alla contrada di Masta. Allargare le indagini a tutti gli altri paesi, evidentemente, sarebbe stato troppo complicato e industrialmente non remunerativo.

Benché fosse una stagione molto calda, dormii molto bene. Mi risvegliò il sole che filtrava attraverso le persiane. Nell'attraversare il corridoio per raggiungere il bagno scorsi per terra una cosa bianca. Era il numero domenicale del "Monitore", con inserto a colori, che il fattorino aveva passato di primo mattino sotto l'uscio di ingresso.

Lo raccolsi e lo guardai. Come ogni giorno, spiccava un grande titolo a tutta pagina che sintetizzava la situazione della giornata. Diceva:

MATTINATA DI DEPLORABILI INCIDENTI

CONTRARIETÀ E INCRESCIOSI FASTIDI?

(Di regola gli oroscopi infausti venivano annunciati dal "Monitore" in forma dubitativa.)

In compenso però c'era una terza riga di titolo, a carattere un po' meno rilevato:

SEGUIRÀ REPENTINA SCHIARITA

Dopodiché l'editoriale esortava alla prudenza soprattutto i gitanti festivi, gli automobilisti, i cacciatori, gli alpinisti e specialmente i bagnanti. Raccomandazioni ovviamente un po' tardive poiché la più parte si era mossa verso i colli, i monti, i laghi e il mare nelle prime ore del mattino quando non era ancora comparso il giornale. D'altra parte Ceriello mi aveva spiegato come non fosse possibile enunciare oroscopi esatti per la giornata se non ricavandoli dalle osservazioni astrali fatte durante la notte precedente; d'accordo che il movimento dei corpi celesti si poteva calcolare in precedenza ma, data la quantità di astri presi in considerazione, ogni volta ci sarebbero voluti anni di lavoro.

In quinta pagina, dopo gli oroscopi "personali", era pubblicata perfino una lista degli abitanti di Masta a cui l'influsso negativo di quella mattinata poteva essere specialmente pericoloso. Ebbi un soprassalto scorgendo anche il nome di Ceriello. Buon per lui che quel giorno si trovava molto lontano, praticamente fuori tiro.

Fino allora, per la verità, alla astrologia non avevo dato il minimo credito. Ma non si sa mai. Mi proposi di mettere in tutti i miei atti, per alcune ore almeno, la maggior circospezione: trovandomi a Masta, dopo tutto, anch'io ero immerso in quel presunto "campo astrale" controproducente.

Che gli astrologi del "Monitore" avessero in parte ragione? In casa di Ceriello, uomo meticoloso, tutto funziona sempre alla perfezione. Eppure, in bagno, notai subito che lo scarico del lavandino era intoppato e l'acqua stentava a scendere.

Appunto per via di quell'ingorgo, finito che ebbi di lavarmi, badai a chiudere bene i due rubinetti. Chissà, forse con quello di destra ci misi una forza esagerata, fatto sta che si udì un *crac* e la manopola girò a vuoto, mentre l'acqua sbottava fuori con la massima violenza.

Un bel guaio. In pochi istanti la vaschetta sarebbe stata colma e il liquido avrebbe cominciato a traboccare. Per fortuna la finestra era vicina. Corsi in cucina a prendere una pentola con cui rovesciare all'esterno l'acqua, via via che si accumulava.

Come se non bastasse, rientrando in bagno inciampai nel "Monitore" che io dovevo aver lasciato cadere per terra e caddi lungo disteso stortandomi malamente un polso.

Mi misi dunque, imprecando, a scaricare fuori della finestra l'acqua inesorabile. Ma a che serviva quell'affannoso lavoro? Non potevo certo resistere sino al mattino successivo quando sarebbe giunta la donna a ore, oggi in riposo festivo.

Avvertire allora qualcuno? Ma chi? In quella casa il portiere non c'era. Chiedere allora aiuto a un coinquilino se non altro perché mi indicasse un idraulico vicino. Però era domenica, figurarsi se un idraulico si trovava.

Pensai agli stupendi tappeti antichi, dello studio e del soggiorno, a cui Ceriello teneva tanto e che tra poco sarebbero rimasti sommersi. Pensai ai danni negli appartamenti di sotto dove l'inondazione sarebbe sicuramente filtrata. Non restava che telefonare ai pompieri.

Ma che numero avevano i pompieri? Rinunciando a lottare con l'acqua, corsi in anticamera, dove era sistemato il telefono. Ma non trovai gli elenchi. Aprii febbrilmente i cassetti dei mobili più vicini. Niente. Dove li aveva imbucati, l'ordinatissimo Ceriello, quei dannati volumi? Mica potevo, a parte l'indiscrezione, rovistare tutti i mobili della casa.

Mi precipitai in camera e indossai il minimo necessario per essere presentabile. Nel momento che uscivo sul pianerottolo per chiedere il numero dei pompieri a un coinquilino qualsiasi, mi resi conto di non aver preso le chiavi dell'appartamento. In quel preciso istante una corrente d'aria fece sbattere d'impeto l'uscio. Io ero rimasto chiuso fuori.

Una disgrazia sull'altra. Gemendo maledizioni, suonai alla porta dirimpetto. Una, due, tre volte: non venne nessuno. (Di là dell'uscio di Ceriello, udivo lo scroscio dell'acqua grondante giù dal lavandino.)

Scesi una rampa di scale e suonai a un appartamento di sotto. Venne ad aprirmi una dolce vecchietta che si spaventò vedendo la mia faccia. Durai fatica a calmarla e a spiegarle la situazione. « Gli elenchi sono là, » mi disse alla fine « in quello scaffale. Ma guardi che stamattina il mio telefono non funziona. »

« Come non funziona? »

« Chissà, » adesso sorrideva benigna « sono bloccati in tutto il palazzo. »

« E dov'è il telefono pubblico più vicino? »

« Non saprei, signore. Io di solito adopero il mio. »

« Ci sarà, dico, qualche bar qui intorno. »

« Oh, è possibile, è possibile... »

Di corsa, fuori, nel torrido sole. Le strade erano deserte, sembrava un quartiere abbandonato. File di macchine in sosta da una parte e dall'altra, però non un'anima viva.

Era un maledetto quartiere residenziale, quasi completamente privo di botteghe.

Almeno mezzo chilometro prima di trovare un bar. Aveva il telefono? L'aveva. Funzionava? Sì certo, funzionava. C'era l'elenco? C'era.

Di là del filo, il centralinista dei pompieri, uditi che ebbe i miei guai, fece una piccola risata filosofica, non priva di bontà: « Eh, caro signore, ci vuol altro che un rubinetto, stamattina. Dall'alba è una continua chiamata. Le squadre sono tutte fuori ». « E allora? » « Allora prendo nota, signore, appena possibile si provvederà. »

Dove era arrivata intanto la inondazione? Con la fantasia vedevo il bel palazzo condominiale trasformato in una fontana di Trevi fra un coro ruggente di feroci imprecazioni.

Chiesi al barista se conosceva un idraulico. « Mio zio, no? » rispose. « È un bravissimo operaio. » « E me lo potrebbe chiamare? » « Il fatto è che non so a che ora torni. Oggi è andato a pescare. »

A che serviva poi un idraulico da solo se non interveniva anche un fabbro per forzare la porta? In città, tranne Ceriello, conoscevo, ma soltanto per lettera, il famoso Fossombroni. Ma naturalmente neppure lui c'era: mi aveva aspettato fino alle undici, poi era uscito e non si sapeva per quanto.

Col cuore in gola, da una strada all'altra, da una casa all'altra, chiedendo, supplicando. E tutti erano gentili, comprensivi, partecipanti. Ma era domenica. Idraulici in gita, fabbri tutti in escursione.

Il sole a un tratto cessò. Con rapidità appunto estiva, nuvoloni stavano invadendo il cielo. Guardai l'ora. Quasi per tre ore, ero andato girando come un pazzo. Erano le una e mezza. Ormai la casa di Ceriello, per non parlare degli appartamenti di sotto, doveva essere un Niagara.

E il Niagara venne anche dal cielo. Cateratte di pioggia battente che spopolarono in un baleno le strade. Trovare un tassì, adesso! C'era da ridere.

A perdifiato arrancando nelle pozzanghere. A quest'ora, pensavo, i pompieri magari erano arrivati a casa Ceriello, dovevo trovarmi anch'io sul posto, era il minimo.

Ma non vidi macchine rosse dinanzi al condominio, quando mi avvicinai, fradicio dalla testa ai piedi, più morto che vivo dalla stanchezza e dalla rabbia. Sfogato l'uragano, il cielo si stava riaprendo.

Guardai in su, al superattico, cercando i segni dell'alluvione. Ma tutto appariva normale.

« Dino, cosa fai qui in questi stati? Che cosa è successo? »

Mi voltai.

REPENTINA SCHIARITA

aveva annunciato il "Monitore". Ceriello in carne ed ossa stava scendendo da un tassì. Sapendomi a Masta, aveva, per stare un poco con me, anticipato il ritorno.

Balbettando, confondendomi, gli spiegai il disastro che avevo combinato. Stranamente lui non fece una grinza, anzi la prese sul ridere.

« Su, andiamo a vedere. Magari la catastrofe non è poi così tremenda. »

Si uscì dall'ascensore. Strano, il pianerottolo era asciutto. Lui aprì la porta. Strano, il pavimento dell'anticamera era asciutto. (Eppure si udiva, di là, lo scroscio sinistro.)

Asciutto era anche il soggiorno, anche lo studio. Entrammo in bagno. L'acqua, ruscellando dal lavandino, si spandeva sulle piastrelle, per sfogarsi, gorgogliando, giù da una griglia di ottone predisposta dal lungimirante Ceriello (e che io nell'agitazione non avevo notato).

Di fradicio, non c'era che la copia del "Monitore" accartocciata per terra, così che, del funesto titolo, si leggevano soltanto le lettere:

ORÁ   CI
CRE   DI?

Alias in via Sesostri

La morte per infarto, a sessantanove anni, del professore Tullio Larosi, titolare della cattedra di ginecologia all'Università e direttore dell'Ospedale di Santa Maria Immacolata comunemente detto La Maternità, fu un avvenimento per gli inquilini dello stabile in via Sesostri 5, di cui il Larosi era proprietario.

Da quindici anni, cioè da quando sono venuto a stabilirmi in questa città, io abito un appartamentino al terzo piano appunto di quella casa, e mi ci trovo benissimo. L'ufficio della mia ditta – pubblicità e pubbliche relazioni – è invece in centro.

Costruita negli anni venti in uno stile sobrio che vagamente ricorda il barocchetto viennese, la casa di via Sesostri 5 è la rispettabilità fatta pietra. Prima di tutto il quartiere, oggi passato un po' di moda ma sempre di ottima reputazione. Poi l'aspetto esterno, la dignità un po' severa dell'ingresso, la pronta e rispettosa sollecitudine del portiere e sua moglie, l'ariosità della scala, l'estrema pulizia di tutto, le stesse targhe d'ottone alle porte dei vari appartamenti, targhe esprimenti, per i nomi e per i caratteri grafici, sicurezza economica e alto tenore di moralità. Ma soprattutto gli inquilini, uno migliore dell'altro, se si può dire così: professionisti reputati, mogli incensurabili anche quando giovani e belle, figli sani, affezionati ai genitori e dediti agli studi. Relativamente estraneo a questo solido mondo borghese, uno solo: il pittore Bruno Lampa, scapolo, che ha lo studio in una ampia mansarda: però è nobile, dei Lampa di Campochiaro, di Modena.

Innegabilmente il più illustre, di questa piccola omogenea società insediatasi nella casa, era il proprietario stesso, Tullio Larosi. Studioso di fama internazionale, operatore dalle mani d'oro, anche nella persona esprimeva un superiore livello umano e intellettuale. Alto, magro, la corta barbetta grigia accuratissima, gli occhi vivi e penetranti che vi scrutavano intensamente dagli occhiali cerchiati d'oro, le mani aristocratiche e il passo lungo e un po' altero, la voce suasiva e profonda.

Ci furono, da parte di noi inquilini, le dovute visite di condoglianza alla vedova, ancor giovane perché il Larosi si era sposato già oltre la cinquantina. L'appartamento, al primo piano, era magnifico senza arrivare ad essere sontuoso. Ci impressionò lo stile in cui, da parte della famiglia, erano mantenute le manifestazioni di dolore e di lutto: né isterismi, né teatrali scene di disperazione come spesso si usano da noi, bensì una silenziosa e controllata compostezza che faceva sentire ancor più intensamente la gravità dell'accaduto.

Ci si aspettava, logicamente, un funerale coi fiocchi. E infatti di primissimo mattino cominciò l'andirivieni dei preposti alle pubbliche onoranze, funzionari e addetti – lo si capiva lontano un miglio – della più seria e reputata organizzazione cittadina. Nel cortile, alle ore nove, le corone di fiori formavano già, ai piedi delle tre pareti, una ininterrotta siepe di raro splendore.

Il corteo, informava il necrologio della famiglia, si sarebbe mosso alle undici. Alle dieci già la folla bloccava la strada e i vigili urbani dirottavano per altre vie il flusso dei veicoli. Alle dieci e un quarto giunsero, in numeroso e dolente drappello, le suore della Maternità. Tutto si svolgeva con calma, ordine e silenzio.

Senonché, verso le 10.20, si ebbe una sensazione di un intoppo imprevisto, di qualcosa che non andava come sarebbe dovuto. Furono visti per le scale volti strani e tutt'altro che compunti. Si udì l'eco di una discussione vivace e nervosa, se non addirittura di un alterco, che proveniva dall'anticamera di casa Larosi. Seguirono, nella gente assiepata nell'andito della scala e nel vestibolo dell'appartamento, segni evidenti di imbarazzo e confusione. Riecheggiò perfino, per la prima volta in quei giorni, un alto grido disperato: ed era la voce inconfondibile della vedova, signora Lucia.

Incuriosito da quelle stranezze, scesi di due piani e feci per entrare in casa Larosi; era la cosa più naturale del mondo, anch'io ero in dovere di partecipare al trasporto funebre.

Fui però respinto. Tre giovanotti, che non occorreva grande immaginazione per identificare quali agenti di pubblica sicurezza, invitavano energicamente ad uscire la gente già entrata e sbarravano il passo a quella che faceva atto di entrare. Ne derivò quasi un tafferuglio, sembrando addirittura pazzesco, oltre che irriverente, un simile intervento.

In quel mentre, di là della densa cortina di teste in agitazione, intravidi l'amico dottor Sandro Luccifredi, commissario di polizia, capo della Squadra mobile. Accanto a lui il dottor Uscirò, capo della sezione omicidi. Luccifredi, quando mi scorse, agitò alta una mano gridandomi: « Incredibile! Sentirai. Incredibile! ». Subito venni portato via dal rigurgito degli espulsi.

Poco dopo, fattosi sul pianerottolo, il dottor Luccifredi annunciò alla folla: « Signore e signori, ho il dovere di informarvi che, per causa di forza maggiore, i funerali del professor Larosi sono sospesi. Gli intervenuti sono vivamente pregati di allontanarsi ».

Non è difficile immaginare il vulcano di esclamazioni, commenti, discussioni, congetture, provocato dal brusco annuncio. Ma durò poco perché gli agenti provvidero a far sfollare prima le scale, poi l'atrio d'ingresso e infine il tratto di via prospiciente.

Che cosa era successo? Perché era intervenuta la polizia? Il professore non era deceduto di morte naturale? Di chi si sospettava? Il dubbio come era sorto? Queste le domande che la gente si faceva.

Ma tutti erano fuori strada. I primi succinti dati della verità, di gran lunga più incredibile, si seppero all'uscita dei giornali della sera. Né radio né televisione si erano mossi.

In breve: si trattava di uno dei più sbalorditivi colpi di scena nelle cronache del secolo: era sorto cioè il dubbio che il defunto, ginecologo illustre, titolare di cattedra universitaria e direttore di uno dei maggiori ospedali cittadini, non fosse realmente Tullio Larosi. Ma fosse invece un medico di Torino, di nome Enzo Siliri, specialista anche lui in ostetricia, già ripetutamente condannato in tempo fascista per pratiche illecite, ed espulso dall'albo, quindi riemerso durante l'occupazione tedesca, fattosi complice dei nazisti e distintosi quale efferato criminale di guerra in un campo di concentramento della Turingia, dove, a preteso scopo sperimentale, aveva seviziato e praticamente squartato centinaia di ragazze ebree. Quindi scomparso durante i sommovimenti della liberazione e invano ricercato dalle polizie di tutta Europa.

La cosa era talmente enorme che gli stessi giornali, annunciando la inverosimile rivelazione in base a elementi forniti dalla polizia, usavano la massima cautela, lasciando trasparire il sospetto che l'autorità stesse per prendere un granchio mostruoso.

Granchio però non era. Nella medesima serata ci fu una cateratta di edizioni straordinarie con abbondanza di sempre nuovi e più trasecolanti particolari.

Risultava che il famigerato Siliri, capitato in questa città subito dopo la fine della guerra, giovandosi di una vaga somiglianza facilmente accentuata da una improvvisata barbetta, si era appropriato l'identità del professor Tullio Larosi, noto ginecologo che, osteggiato dalle autorità nazifasciste per via di una nonna ebrea, era fuggito nel 1942 con l'intenzione di trasmigrare in Argentina. Raggiunta la Spagna, era salito a bordo di un bastimento mercantile brasiliano che per errore venne silurato in Atlantico da un sommergibile tedesco, andando perduto, corpo e beni.

Il Larosi era scapolo e i suoi soli parenti vivevano appunto in una remota "fazenda" argentina. In pratica la sua morte passò del tutto ignota, nessuno si curò della sua scomparsa, nessuno intervenne quando, nell'estate del 1945, il Siliri comparve in questa città presentandosi come il ginecologo dovuto emigrare all'estero. La sua fuga, le persecuzioni fasciste opportunamente drammatizzate nei suoi resoconti, le peripezie del Nuovo Mondo gli conferirono un'aureola romanzesca, per poco non venne esaltato come un eroe della resistenza. Fatto è che qualche tempo dopo il titolo di concorso per la cattedra gli fu assegnato quasi automaticamente. E siccome non era un imbecille, e possedeva una cultura specifica, prolungare per lunghi anni la finzione non gli fu esageratamente difficile. In quanto al vero Tullio Larosi, era come se si fosse dissolto nel nulla, lui e l'intero suo parentado.

Così i giornali. Ora ci si chiedeva come la verità fosse venuta improvvisamente a galla proprio in occasione dei funerali. La spiegazione era semplice, dicevano le cronache: la registrazione del decesso all'anagrafe aveva fatto venire in luce alcune discordanze tra i dati ufficiali e quelli che risultavano dai documenti del morto. Di qui l'interessamento della questura e tutto il resto.

In realtà questa tardiva scoperta aveva molto del misterioso. E lasciava molte perplessità nei conoscenti, soprattutto tra i coinquilini della rispettabilissima casa, dominata ora da una atmosfera di disagio. Sembrava quasi che il disonore, subitamente caduto su un uomo già stimato modello di virtù civili, si allargasse intorno, contaminando pure quelli che per anni gli erano vissuti accanto.

Confesso che anch'io ero rimasto profondamente scosso. Se un valore umano così venerato e degno crollava di colpo nel fango e nell'obbrobrio, a che cosa si poteva credere più? Ad eccitare la mia inquietudine intervenne una telefonata che mai mi sarei atteso. Mi chiamò a casa, una mattina, il dottor Luccifredi della squadra mobile.

Ho detto che Luccifredi era mio amico. Ho sempre tenuto ad avere tra i miei amici qualche grosso personaggio della questura. È una cosa che dà tranquillità e sicurezza, nella vita non si sa mai. Luccifredi lo avevo incontrato alcuni anni prima in casa di comuni amici, mi aveva dimostrato subito viva simpatia. Ne avevo approfittato cercando di incontrarlo fuori ufficio, invitandolo a pranzo, procurandogli interessanti conoscenze. E ci si vedeva abbastanza spesso. Mai però era capitato che mi telefonasse al mattino.

« Ciao Andreatta » mi disse. « Sarai rimasto sbalordito, no? L'illustre professore! Il tuo spettabile padrone di casa! »

« Eh, puoi immaginare » risposi, senza capire dove volesse andare a parare.

« Suppongo anche che sarai curioso di sapere qualcosa di più, vero? I giornali hanno detto e non hanno detto. »

« Si capisce che sarei curioso. »

« E se ti raccontassi tutto quanto io? Perché non ci vediamo? Che cosa fai stasera? »

Venne a pranzo. La mia cameriera, ai fornelli, è formidabile, gli amici sono lieti di approfittarne. La pregai, per l'occasione, di dare il meglio di sé.

Eccoci dunque a tavola, tranquilli, con dinanzi un piatto di impeccabili cannelloni alla crema e un bicchiere di Chateau Neuf du Pape. La luce a picco del lampadario fa risaltare la profonda cicatrice scavata nella guancia sinistra di Luccifredi, il suo volto segaligno, vagamente simile a quello di Frank Sinatra, è ancora più arguto e penetrante del solito.

« Forse non ci crederai » mi dice « ma era un anno e mezzo che lo tenevo d'occhio. Forse non ci crederai ma era un anno che sapevo la verità. Ma si continuava a soprassedere. Sai? lo scandalo, le ripercussioni negli ambienti accademici... »

« E allora » dico « a maggior ragione dopo la morte, potevate tacere... »

« No, perché c'era il problema dell'eredità. »

« E vuoi dirmi come ti è venuto il sospetto? »

Luccifredi fa una bella risata. « Semplicemente una lettera anonima. Che veniva chissà da dove perché il timbro postale era alterato. Anonima ma circostanziatissima... Naturalmente poi si dovevano trovare le prove... E io scavo, sai, io scavo... In questo, credilo, ho una certa abilità. »

« Ma possibile che in tanti anni nessuno lo avesse riconosciuto? »

« Uno c'era. Solo che Siliri gli chiudeva la bocca a suon di grana. Milioni su milioni. Abbiamo trovato un taccuino con segnati gli esborsi e le date. Con noi però l'uomo non si è fatto mai vivo... »

« E allora, che prove avevate? »

« Anche qui molto semplice. Le impronte digitali lasciate dal professore all'ospedale. Quelle di Siliri erano all'archivio di Torino. »

« Scusami sai, la faccenda mi diverte. Ma allora tu che cosa hai scavato? Avete trovato la pappa fatta, no? »

« E chi lo sa? » scuote il capo con espressione ambigua. « Come escludi per esempio che a scrivere la lettera anonima non sia stato proprio io? » E fa un'altra bella risata.

Io invece, chissà perché, non sono capace di ridere. Gli dico: « Non è un po' strano che tu mi dica queste cose? »

« Strano non è » risponde. « Forse un giorno capirai il motivo... Eh, io scavo, io scavo... io sono paziente... Io so aspettare... Il momento giusto verrà. »

« Infatti è venuto. »

« È venuto. E verrà. »

« Verrà come? »

« Eh, io scavo, io scavo... Per qualcuno il momento verrà... Una strada elegante, via Sesostri... una via che fa indirizzo, vero?... Specialmente al numero 5... Tutta gente intemerata... eh, eh... Ma io scavo, io ho scavato... »

Sono impallidito? Non so. Gli dico: « Confesso che non ti capisco ».

« Ma capirai » fa lui con il sorrisetto delle grandi occasioni, ed estrae un taccuino. « Vuoi proprio sapere?

Vuoi che ti dica tutto? Ma sarai poi capace di tacere? »

Io: « Penso di sì ».

Mi fissa in silenzio: « Sì » conclude « ho motivo di ritenere che tu tacerai ».

« Ti fidi? »

« In un certo senso mi fido... Adesso ascolta » e intanto sfoglia il taccuino. « Il commendator Guido Scoperti, lo conosci? »

« Abita di fianco a me, la porta qui accanto. »

« Bene. Che ne diresti se venissi a sapere che Scopertì è un nome fasullo? Che lui in realtà si chiama Boccardi, Guido Boccardi, di Campobasso, e che sulle sue spalle sta un carico pendente di otto anni di reclusione per bancarotta fraudolenta? Grazioso, eh? »

« Non è possibile! »

« Boccardi Guido fu Antonio, condannato a nove anni nel 1945. Nel 1946 amnistiato per un errore di trascrizione. Dal settembre del medesimo anno ricercato. »

« E ve ne siete accorti adesso? »

« Un mese fa... E il nome Germiniani Marcella ti dice niente? »

« È quella che abita al primo piano. Piena di soldi. Ha una Rolls Royce. »

« Bene. Cadresti dalle nuvole se si scoprisse che la benestante vedova non si è mai chiamata Germiniani bensì Cossetto, Maria Cossetto, processata per uxoricidio, assolta in prima istanza, in appello condannata all'ergastolo in contumacia e da allora uccel di bosco? Che ne dici? »

« Tu hai voglia di scherzare. »

« E il noto dottor Publiconi, quello che abita al secondo, proprio qui sotto, presidente della Federazione pugilistica, ti farebbe impressione apprendere che il suo vero nome di battesimo è Armando Pisco? Non ti dice niente il nome Pisco? Non ti ricorda niente? »

« Be', ci fu un processo in Francia, tanti anni fa. »

« Per l'appunto. Maniaco sessuale, detto lo strangolatore delle Halles, condannato alla ghigliottina dalle Assise della Senna, evaso alla vigilia dell'esecuzione... Ne hai mai osservate le mani? »

« Hai una bella fantasia. »

« E la Lozzani? Armida Lozzani, creatrice d'alta moda, che occupa tutto il quarto piano?... Alias Marietta Bristot, cameriera a tutto fare, fuggita con tre milioni di gioielli e condannata in contumacia a cinque anni... Squisita, sai, questa fagianella ai capperi... complimenti davvero... Ma non basta: il conte Lampa, Lampa di Campochiaro, pittore neoimpressionista, locatario della mansarda, te lo raccomando, il tuo conte, alias monsignor Buttafuoco, primo segretario alla nunziatura apostolica di Rio de Janeiro, a quei tempi non esisteva Brasilia, organizzatore della famosa Opera Apostolica di San Severio, in parole povere appropriazioni indebite per oltre cinquantamila dollari, dopodiché fuga, latitanza e dissoluzione nel nulla. »

« Così, » faccio io « sono tutti sistemati. A salvarsi, il solo, a quanto pare, sarei io... »

« Ah davvero? » fa Luccifredi alquanto ironico. « Guarda un po'. E io che, scava scava, credevo di aver pescato una cosettina anche per te. »

Fingo stupore: « Per me, dici? ».

« Sì, egregio Serponella, l'hai fatta franca dopo la strage di Lione, quando hai fatto saltare il palco delle autorità... Ma una sia pur minima traccia l'hai lasciata... E l'Interpol mi ha interessato, e io ho scavato del mio solito... Ed ora finalmente eccoci qua, io commissario Luccifredi, capo della Squadra mobile, e il caro amico

Lucio Andreatta, alias Luis Serponella, anarchico terrorista di vecchio stampo... Credilo, mi dispiace veramente doverti arrestare, sei un uomo simpatico... No, non agitarti, non illuderti, la casa è circondata da un doppio cordone di agenti... Col repulisti che c'è da fare! »

« Sei in grande forma, dottor Luccifredi » gli rispondo. « Complimenti dottor Sandro Luccifredi, alias Carmine Nichiarico, vero? »

Adesso è lui che fa atto di alzarsi, e si è fatto bianco in faccia, e le fagianelle ai capperi non lo interessano più.

« Che vuoi dire con questo Nichiarico? »

« Nichiarico Carmine fu Salvatore » e mi alzo in piedi « moschettiere della banda Rossari, almeno tre begli omicidi a carico... »

Lui beffeggia: « E sarei diventato capo della Squadra mobile con un passato così brillante? »

« Be', anch'io, nel mio piccolo, ho scavato... Inondazione del Polesine... ti dice niente? La fine eroica del vice-commissario Luccifredi travolto dalle acque mentre accorre in aiuto di una famiglia pericolante... E dopo un paio di giorni la inopinata ricomparsa del valoroso quasi irriconoscibile, con la faccia tutta pesta e ferita... Sì, devo ammettere, egregio Nichiarico, che sei stato di un'abilità infernale... Adesso, se credi, chiama pure i tuoi agenti... »

Anche lui si alza, non sogghigna più come prima.

« Bel colpo, amico » e mi tende la mano. « Confesso che non me l'aspettavo. Bel colpo. Non mi resta che ringraziarti per lo squisito pranzetto. »

« Aspetterai almeno il caffè, spero. » A fare il furbo adesso sono io.

« Grazie ma è meglio che torni in ufficio. C'è un mucchio di lavoro arretrato... A ben vederci, caro Serponella. E amici come prima. »

Contestazione globale

Alla grande assemblea dei pensionati, un vecchio funzionario di assicurazioni, di nome Modesto Svampa, chiese la parola.

« Sapete tutti, cari amici, quello che sta succedendo nel mondo. È un fenomeno meraviglioso e nuovo nella storia. Che può, che deve servire da esempio anche a noi. non importa se siamo ormai al tramonto della vita, anzi, proprio per questo. »

Un brusio interrogativo e perplesso si levò dall'auditorio, saranno stati almeno quindicimila "matusa". Che razza di balordaggine avrebbe tirato fuori il vecchio Svampa, solito a movimentare le assemblee annuali con le più bizzarre proposte? Nessuno però lo interruppe.

« Il fatto nuovo nella storia, a quanto risulta, è questo. Basta l'azione decisa di alcune migliaia di giovani, animosi sì, irruenti sì, però disarmati, a mettere in crisi il governo di una potente nazione che ha decine e decine di milioni di abitanti. Tutto sta nella volontà unanime, nella fermezza dei propositi. Voi direte: la polizia, l'autorità amministrativa, le forze dell'ordine. Avete visto cosa contano. I più autoritari e superbi uomini di Stato, di fronte a quell'ondata di giovinezza che pure non dispone di carri armati, né di aerei, né di bombe, neppure di un temperino, si sono calati le brache, e vogliate perdonare l'espressione un po' cruda. »

« E che cosa vogliono questi ragazzi? » proseguì lo Svampa, impetuoso, prima che alcuno avesse avuto il modo di fare obiezioni. « Che cosa vogliono? Che cosa rappresentano? La loro bandiera è fin troppo chiara: contestazione globale. Vogliono smantellare tutto ciò che è oggi la impalcatura, probabilmente putrefatta, della società, le divisioni in classi, le ingiustizie, le menzogne, gli inumani rapporti di lavoro, i privilegi, la schiavitù dell'uomo inserito, come dicono loro, in un mondo meccanizzato, opprimente, livellatore, dominato da polverose cariatidi, più vecchie ancora di noi. E ci riusciranno, state pur certi che ci riusciranno. Con che mezzi, ditemi voi, è possibile fermarli? »

Prese fiato, si fece uno strano silenzio. Tutti lo fissavano stupefatti.

« Ma sono giovani! » riprese. « Con tutte le loro buone intenzioni, non possono conoscere la vita. E noi la conosciamo, invece, purtroppo. Loro si battono per un ideale, forse anche folle e confuso, tuttavia affascinante. Ma, dico, è veramente totale la loro contestazione? Perché, disponendo di una forza d'urto irresistibile, non la rivolgono contro la peggiore dannazione di noi uomini? Che contestazione è, se trascura la ingiustizia più orrenda? Perché al primissimo piano di questa totalità contestataria non considerano la morte? Altro che sperequazioni sociali, altro che schiavitù di massa, altro che riforma universitaria! La morte, questa sì la piaga che affligge, dal tempo dei tempi, la storia dell'uomo! »

Ci furono, qua e`là, delle risatine. Si udì anche un sibilo. I rimanenti zittirono. Pendevano dalle labbra dello Svampa.

Al che, egli disse: « Ma possiamo pretendere che questi sbarbatelli, magnifici sbarbatelli se volete, ma inevitabilmente inesperti e inconsapevoli, facciano loro questa suprema istanza? Possiamo illuderci che siano loro a contestare, e a rimuovere, la più triste legge che ha regnato finora implacabile sul mondo?

« Oh, cari amici, vi rendete conto di quale meravigliosa occasione si presenta a noi, nonni, bisnonni, ma ancora vivi e padroni di noi stessi? Basterà un gesto d'esempio e milioni di creature sul declino della vita saranno con noi. Vi rendete conto che è in nostro potere mutare radicalmente il corso della storia? Occupazione! Occupazione! Occupazione degli ospedali! Occupazione dei cimiteri! Sbarriamo, per la prima volta, finalmente, il passo alla morte! »

Fu un urlo immenso, anche se un poco rauco, di migliaia di vecchi. Il seme della sommossa era gettato. La ordinata assemblea divenne un ribollente calderone. Sembravano invasati. "Occupazione! Occupazione!" si urlava.

Dal teatro Magnum, sede dell'assemblea, il corteo mosse verso le sette di sera. Ordinati, impassibili, stringendosi l'uno all'altro, a passi lenti ma sicuri. Misteriosamente spuntarono dalla fiumana cartelli e striscioni: "Basta con la morte! Viva la vera contestazione globale! Via per sempre la maledetta signora!". Arrivarono fotografi, *reporters*, telecronisti coi camioncini azzurri. La notizia corse per il paese, per il mondo.

Per fortuna era la buona stagione. I matusa stesero un ininterrotto cordone di picchettamento intorno all'ospedale maggiore. Non avevano coltelli, né pistole, né mitra, solo qualcuno disponeva di un bastone. Furono accesi falò. Un venerando musicista di riviste dell'epoca di Ines Lidelba improvvisò un inno bellissimo. Il ritornello diceva: "Cambierà cambierà la nostra sorte, siamo arcistufi della morte!". Un chitarrista che ai suoi bei tempi aveva lavorato nell'orchestra di Jack Hilton, lo adattò al ritmo dello *shake*. La notte calò sulla frenesia dei vecchietti che danzavano con incredibile trasporto.

Verso le undici e mezzo arrivò in volo, da Samarcanda, con la velocità del pensiero, la terribile signora. Aveva da riscuotere, quella notte, nell'ospedale, una ventina di vite. Era naturalmente camuffata da dottoressa, vestita sobriamente, ma con una certa distinzione. Tentò l'ingresso principale. Qui, per sua sfortuna, stava lo Svampa, il quale la riconobbe al primo sguardo. Venne dato l'allarme. La malcapitata fu respinta sotto una pioggia di vituperi.

Nelle corsie, gli assistenti e le suore che da un minuto all'altro aspettavano il decesso dell'ultramoribondo per poter andare a dormire, videro il degente sollevarsi sui cuscini con un inverosimile rigurgito di vita e chiedere un piatto di fettuccine all'aglio. Trapassi clinicamente più che scontati all'improvviso si risolvevano in fulminee guarigioni.

Da parte sua, la morte, riparatasi all'ombra di un cantiere vicino, sfogliava nervosamente il suo *notes*, controllando gli innumerevoli impegni della notte. Cosa fare? Ricorrere alla forza contro lo sbarramento dei vecchi? Sapeva di essere già abbastanza impopolare, ci sarebbe mancato anche questo per riuscire esageratamente odiosa. Fra tanta esecrazione, la vita le sarebbe diventata impossibile.

Calcolato il pro e il contro, se n'andò, per attingere il suo bottino notturno in altre sedi, certo il lavoro non le mancava, mai le era mancato.

Con lo sviluppo odierno delle comunicazioni, ci volle poco perché tutto il paese fosse messo al corrente. Personaggi altolocatissimi, che qui conviene non citare, emanarono alati proclami augurali, cercando in qualche modo di lucrare personalmente una particola di quella strepitosa vittoria, la gente cominciò a montarsi la testa, decaduta era dunque l'eterna condanna dell'uomo?

Senonché, alla notizia, nell'aula magna dell'università venne subitamente convocata l'assemblea degli studenti protestatari. Non era gelosia di mestiere che li richiamava, era una ben giustificata preoccupazione. Se quei dannati vecchietti bloccavano l'attività della morte, nessuno dei vecchietti se ne sarebbe andato più, la popolazione avrebbe assunto dimensioni spaventose, nutrirla sarebbe diventato impossibile non già coi mezzi attualmente disponibili ma anche con quelli che loro, giovani studenti, avrebbero procurato al mondo per mezzo della contestazione globale. Bisognava correre ai ripari.

Ecco quindi un corteo violentissimo muovere dall'università in direzione dell'ospedale maggiore. E qui le due schiere si fronteggiarono: i vecchi, stesi intorno al nosocomio, i giovani schierati di faccia, a una cinquantina di metri. Cominciarono a volare aspre frecciate: "Bacucchi, alla fossa! Camera ardente! Putrefatti! Nemici del popolo lavoratore!".

Lo Svampa girava qua e là, cercando di rianimare i compagni disorientati. Anche lui però era pallido, all'improvviso si sentì stanco e sfiduciato. Con struggente invidia, guardava i fusti che stavano di fronte, cattivi, duri, scalcinati, avidi, barbuti, spietati, però come scandalosamente giovani! Chi aveva ragione?

In quel momento, di là dalla siepe degli studenti, avvistò lei, la infame, che, ritornata in volo dalla Terra del Fuoco, girovagava in cerca di un passaggio.

« Ehi, ehi, signora! » le gridò con tutta la sua possibile voce. E quella si voltò.

Avanzò, lasciando i suoi. Si fece largo tra gli studenti, stupefatti, passò oltre, la raggiunse.

« Su, contessa » le disse con un amaro e bellissimo sorriso, prendendola per mano. « Sono qui. La prego, mi porti lontano. »

Tre storie del Veneto

Un amico da Vicenza che da molti anni ha lasciato la sua città mi ha raccontato tre storie curiose. (Nomi di persone e luoghi qui sono cambiati.)

La torre

Ben di raro ormai raccontava, io càpito nella mia città dove non abbiamo più casa. Quando ci vado, sono ospite di una lontana cugina zitella che abita, sola, in un antico malinconico palazzo dalle parti di Mure Pallamaio.

Questo palazzo ha un'ala interna che dà sul giardino, dove a memoria d'uomo nessuno ha mai abitato, neppure nelle lontane stagioni felici. Chissà perché viene chiamata la Torre.

Ora è leggenda familiare che in quelle stanze deserte si aggiri nottetempo un fantasma: una certa mitica contessa Diomira morta in epoca remota dopo una vita di peccati.

Bene, l'ultima volta, tre anni fa, forse ero anche un po' bevuto, fatto è che mi sentivo in forma e ho chiesto a Emilia di farmi dormire in una delle camere stregate.

Lei a ridere: « Cosa ti salta in mente? ». « Da ragazzo » dico io, « non mi sarei certo fidato, ma con l'età certe paure scompaiono. È un capriccio, se vuoi, ma accontentami, ti prego. Solo mi dispiace del disturbo. »

« Se è per questo, » lei risponde « nessun disturbo. Ce ne sono quattro, nella Torre, di camere da letto e fin dai tempi dei miei bisnonni, sono sempre tenute in ordine coi letti fatti e tutto quanto; unico inconveniente sarà un po' di polvere. »

Lei no e io sì, lei no e io sì, alla fine Emilia si decide: « Fa come vuoi, che Dio ti benedica ». E lei stessa mi accompagna laggiù, al lume di candele, perché nella Torre non è mai stata messa la luce.

Era una grande stanza con mobili impero e qualche antico ritratto che non ricordo; sopra il letto, il fatidico baldacchino.

La cugina se ne va e dopo qualche minuto, nel grande silenzio della casa, sento un passo nel corridoio. Bussano alla porta. Io dico: "avanti".

È una vecchietta sorridente vestita di bianco come le infermiere; e sopra un vassoio mi porta una caraffa di acqua e un bicchiere.

« Sono venuta a vedere se il signore ha bisogno di qualche cosa. » « No, niente, molto gentile » rispondo. La ringrazio dell'acqua.

E lei: « Come mai l'hanno messa a dormire quaggiù con tante stanze più comode che ci sono nel palazzo? ».

« Una mia curiosità. Perché in questa Torre dicono che ci abiti un fantasma e mi piacerebbe di incontrarlo. »

La vecchietta scuote la testa: « Non ci pensi neppure, signore. Una volta forse, chissà, ma oggi non sono più tempi da fantasmi. Si immagini poi adesso che qui sotto, all'angolo, hanno costruito un garage. No, no, può stare tranquillo, signore, lei si farà un sonno solo ».

E così è stato difatti. Mi sono addormentato quasi subito, mi son svegliato che il sole era già alto.

Mentre mi vesto, però, girando gli occhi, mi accorgo che non ci sono più né il vassoio né la bottiglia né il bicchiere.

Mi vesto, scendo, trovo mia cugina: « Scusa, sai, si può sapere chi, mentre dormivo, è entrato in stanza a prendere la bottiglia e il bicchiere dell'acqua? ».

« Che bottiglia? » fa lei. « Che bicchiere? »

« Ma sì, quelli che ieri sera mi ha portato una gentile vecchietta, per tuo ordine immagino, poco dopo che tu eri andata via. »

Lei mi fissa: « Guarda che devi essertelo sognato. Le mie persone di servizio le conosci. Qui in casa di vecchiette non ne esistono ».

La maga

Mia nonna raccontava, era una donna straordinaria; a soli ventisette anni dirigeva un laboratorio di tessitrici di damaschi, alle porte di Vicenza.

Un giorno una delle ragazze arriva da lei tutta in lacrime. « Cosa è successo, Rita, per agitarti così? » E quella le confessa di aspettare un bambino.

« Ah sì? E chi è stato? » domanda mia nonna. « È stato Duilio, il nipote del farmacista. »

« Lascia fare a me » dice mia nonna. Chiama tutte le ottanta ragazze, gli spiega il fatto e le prega di aiutare la Rita.

Te le immagini ottanta ragazze, scatenate tutte insieme alle spese di un povero disgraziato? Dopo neanche un mese si fanno le nozze. Dopo sette mesi nasce un bel bambino.

Un matrimonio che sembra riuscito, nei primi tempi

tutto bene. Poi lui diventa taciturno e cupo, fa scenate, beve, sta fuori fin tardi alla notte. Però lei cìtta, come se non si accorgesse di niente.

Senonché una sera, tornato dal lavoro, lui domanda: « Cosa hai preparato per cena? ». E lei: « Ho buttato appena adesso gli spaghetti ». « Niente spaghetti, » fa lui « stasera di spaghetti non ho voglia. Fammi invece del riso in bianco. » Lei dice: « Riso in casa non ce n'è più ». E lui: « Allora vai fuori a comperarlo ».

Lei esce, starà fuori neanche mezz'ora, quando ritorna il marito è scomparso.

Per tutta la notte lei in piedi ad aspettarlo. Ma neppure il giorno dopo Duilio si fa vedere. Lei chiede in giro, nessuno ne sa niente.

Un giorno, due giorni, l'uomo non si fa vivo. Che sia successa una disgrazia? Dai carabinieri Rita fa denuncia.

Passano ancora giorni su giorni e la moglie si consuma nei pianti. Finalmente i carabinieri la chiamano: « Abbiamo appurato che tuo marito è partito il giorno cinque per il Brasile, leggi qui il fonogramma da Genova ».

Fuggito dunque, partito per sempre. La Rita non riesce a rassegnarsi, senza un soldo senza un lavoro. Per fortuna c'era mia nonna.

Altri sei mesi e mia nonna va a trovarla. « Niente notizie? » « No, ancora niente. » Allora mia nonna: « Sai cosa facciamo? Qui bisogna interpellare la maga Baù. Su, vestiti, che andiamo ».

Vanno da questa vecchia maga vicentina e le raccontano tutta la storia. La maga Baù si concentra, poi dice alla Rita: « Va' di là, ti prego, e da' una occhiata allo specchio ».

Nella stanza vicina c'è un grande specchio, e dentro

nello specchio la Rita cosa vede? Vede suo marito Duilio sotto una pergola che pacifico e contento sta giocando alle bocce.

La Rita grida: « Duilio mio dove sei? Io son qui disperata e tu giochi alle bocce? ». « Sta' tranquilla, » dice la maga Baù « vedrai che entro due mesi tuo marito ritorna ».

E dopo due mesi precisi eccolo infatti che rincasa. E subito chiede alla moglie, prima ancora di abbracciarla: « Dimmi, Rita, che cosa mi hai fatto? ».

« Io? Niente ti ho fatto. Perché? »

« Perché io me ne stavo beato laggiù dalle parti di Pernambuco, avevo trovato un buon lavoro e un giorno sotto una bella pergola stavo giocando alle bocce con degli altri italiani, quando all'improvviso ho sentito una cosa qui nel petto, come un rimorso, un tormento, un fuoco. E da quel momento non ho avuto più pace, non ho pensato altro che a tornare. Si può sapere, Rita, che cosa mi hai fatto? Si può sapere che cosa mi hai combinato? »

« Io? » rispose lei tranquilla. « Cosa potevo farti io, con l'oceano di mezzo, povera moglie abbandonata? »

E lui: « Cosa mi hai fatto, Rita? ».

E lei: « Niente, ti giuro, niente ».

La sosia

Mi ricordo, raccontava di un certo Luigi Bertàn, un bravo giovanotto, di buona famiglia, unico figlio, orfano, fidanzato di una certa Màrion, una delle più belle ragazze di Treviso. Ma questa stupenda creatura muore, che non ha ancora diciott'anni, peritonite o che so io.

Ora nessuno può immaginare la disperazione del

Bertàn. Si chiude in casa, non vuol più vedere nessuno. I vecchi amici battono alla porta: « Gino, fatti almeno vedere, noi tutti si capisce il tuo dolore, ma questa è una esagerazione, tu che eri il più allegro di noi, tu che eri l'anima della compagnia ». Ma lui niente, non risponde, non apre, insomma un caso pietoso.

Credere o non credere, per due anni interi così. Finché un giorno due dei vecchi amici riescono, supplicando, a farsi aprire. Lo abbracciano, cercano di consolarlo, era diventato uno scheletro, con una barba lunga così. « Senti, Gino, hai sofferto abbastanza, non puoi assolutamente continuare, hai il dovere di ritornare alla vita ».

Fatto è che, per tirarlo su, gli amici gli combinano una festa in suo onore, invitano un sacco di belle ragazze, champagne, musica, allegria.

E bisognava vederlo, quella sera, Gino Bertàn, sbarbato, col vestito delle grandi occasioni, sembrava diventato un altro, brillante e spiritoso come ai bei tempi.

Ma a un certo punto della festa lui si apparta in un angolo con una bionda e parla, parla, parla, come fanno gli innamorati.

« Chi è quella bionda? » uno domanda. Rispondono: « Non so, deve essere forestiera, da queste parti non si è mai vista ». Rispondono: « Pare che sia una amica della Sandra Bortolin ». Dicono: « Comunque, lasciamolo in pace, Dio voglia che questa bionda gli faccia passare le paturnie ». Dicono: « Si vede proprio che è il suo tipo. Mica per niente, ve ne siete accorti?, ha gli stessi occhi della povera Màrion ». « È vero, è vero, accidenti come le assomiglia. »

Per tutta la sera quei due insieme, fino a che la festa si scioglie, erano già passate le ore tre.

Gino accompagnerà la bella in macchina a casa. Escono, lei ha un brivido, si è messo infatti a soffiare il vento. "Si copra con questo" fa lui. E le mette sulle spalle il suo pullover.

« Dove l'accompagno, signorina? » « Da quella parte » risponde lei facendo segno. « Ma in che via precisamente? » « Non importa, non importa, le dirò io dove fermarsi, magari i miei sono ancora svegli ad aspettarmi, non vorrei che ci vedessero insieme. »

Vanno, vanno, per le strade deserte. Ormai sono alla periferia.

« Ecco » fa la ragazza a un certo punto. « Adesso siamo arrivati. No, non si disturbi a scendere. Grazie di tutto. E arrivederci. »

« Ma il suo indirizzo? Il suo telefono? Ci potremo rivedere, no? »

Lei, già scesa di macchina, sorride: « Eh, dovrò pur restituirle il pullover! ». Ora fa un cenno d'addio con la mano, è già scomparsa dietro l'angolo.

Un po' frastornato lui riparte, avviandosi in direzione di casa, quando gli viene un dubbio strano: « Ma dove l'ho accompagnata? Che posto era? ».

Torna indietro, ritrova il luogo, svolta l'angolo dove lei è scomparsa. C'è una strada buia, non si vede niente. Lui accende i fari. Laggiù in fondo una cancellata.

Si avvicina. Il suo pullover pende da una delle aste di ferro. È il recinto del cimitero dove Màrion è sepolta.

Il logorio

Che bella giornata sta per cominciare.

Dalle fessure della tapparella si intravede una luce che dovrebbe essere di sole. Io sono un avvocato sono un pittore sono un computista o cosa del genere, insomma sono uno.

Sono uno in buona salute che sta per cominciare la giornata.

Nella fuoruscita dal sonno stirai il braccio destro signorilmente senza dare importanza alle faccende morali che al mattino ci chiamano con urgenza e rabbia, ci chiamano al lavoro ai maledetti posti di lavoro.

Ma non avevo fatto neppure in tempo a stirare il braccio completamente, che sentii suonare.

Il campanello della porta.

Prima una volta di misura giusta. Poi una seconda volta lunga e stizzosa, forse era una raccomandata, un telegramma, o il lettore del contatore dell'ENEL (e allora pensai alla malinconia dei postini, dei fattorini, dei commessi che corrono qua e là per il mondo portando le cose nostre per tutta la vita loro; e noi manco li conosciamo di nome).

Chi sarà? ci chiedemmo perché, quando suona inaspettato il campanello della porta, tale domanda è istintiva. Ma non vedevo, a dire la verità, la convenienza di una visita tanto mattutina.

Ad ogni modo, comunque.

Erano appena le otto, avevo un raschino qui nella gola come se il giorno precedente avessi fumato un vulcano. Andato ad aprire, vidi uno con a tracolla una grande busta di pelle nera. Lo schifoso campanello aveva suonato in italiano, aveva fatto drin drin, perciò avevo capito benissimo.

Nel medesimo istante la magnifica sicurezza in me andava a farsi benedire. Il mondo circostante che precipita furiosamente come un Niagara mi aveva aggranfato coi suoi feroci rampini.

Via, ancora una volta, trascinato dalla corrente. E intorno, da una parte e dall'altra, mi scivolavano a precipizio le cose del mondo, le cose che succedono..

Che belle cose infatti succedono tutti i giorni, satellite artificiale nano lanciato da Cape Canaveral, pregiudicato minaccia di gettarsi dal cornicione di una casa, pianoforte usato vendo, Mig a volo radente.

Era appunto, alle ore otto, il signor lettore controllore dei contatori della luce del gas dei tanti cosi domestici.

Sullo zerbino della soglia stava disteso il giornale del mattino, il portiere ve lo aveva gentilmente deposto a un'ora antelucana.

L'uniforme del signor controllore era lisa ma spazzolatissima.

Passò di volata, sfiorandomi appena appena, un progetto sovietico per il Sud Vietnam, ragazzo uccide la cuginetta giocando con la doppietta del nonno, auto minata esplode con due uomini a bordo, bloccati dallo sciopero duecentomila viaggiatori.

Mi ero proposto una giornata buona, festosa se non

altro, con tutte quelle montagne bianche lontane che avevo intraviste per un attimo dalla finestra della cucina, ricoperte di neve e di sole.

Il signor controllore entrò, aprì lo sportellino, guardò, annotò, salutò, giovane signora milanese aggredita da un bruto a Bogliasco, agente di polizia a Genova aggredito a colpi di scure, indossatrice condannata per un'organizzazione squillo. A ben rivederla, signor controllore della luce.

Di fuori l'ululato di una sirena aumentò, perforò le orecchie, dileguò. Pompieri, autoambulanza o polizia? Fuoco, sangue o delitto? Subito dopo, una seconda sirena.

La lametta della barba non tagliava più, mi ero dimenticato di comperarne di nuove, notai sul soffitto del bagno una macchia di umidità, mi ricordai il conto scoperto dell'imbianchino. Quello del piano di sopra attaccò la radio con Milva a pieno registro. Behawi Bebawi, Claire porta in tribunale due lettere misteriose, padre e tre figli sotto le macerie. Infilandomi la camicia, saltò il bottone del colletto (bruciato come al solito il filo dai superextradetersivi), guarnigione sudvietnamita sopraffatta dai guerriglieri.

Al grande incrocio di piazza della Repubblica mi trovai imbottigliato in un ingorgo, a destra e a sinistra uomini immobili al volante, le facce tutte tese dalla stessa parte con una espressione di ebetudine. Un maniaco ferisce moglie e figlio e si uccide, previsto aggravio fiscale sugli zuccheri. Poi tutti si misero a suonare insieme i clacson, senza scopo, con una di quelle rabbie.

Dalla finestra del mio ufficio, dove il sole non arriva, vedevo gli uffici del vitreo palazzo di fronte, dove il sole non arriva. Al primo, secondo, terzo piano, a tutti i piani, uomini e donne seduti che prendevano in mano dei fogli, che scrivevano sui fogli, che applicavano all'orecchia la cornetta del telefono e aprivano e chiudevano la bocca, poi deponevano la cornetta, poi la riprendevano e la applicavano all'orecchia aprendo e chiudendo la bocca e quanto più ripetevano queste manovre tanto più preoccupato diventava il loro naso, uomini e donne, e così le rughe della fronte e il labbro superiore che si appesantiva a vista d'occhio. Mi resi conto che anch'io stavo seduto, prendevo in mano dei fogli, scrivevo qualcosa sui fogli, sollevavo la cornetta del telefono e così via; e mio malgrado diventavano sempre più preoccupati anche il mio naso, fronte, labbro superiore e tutto quanto.

Ma alzandomi in piedi potevo vedere anche la gente che andava su e giù per la strada, sembrava che tutti cercassero affannosamente qualche cosa. Che cercavano? Forse che aiutocontabile analista bancario caporeparto capocentromeccanografico capufficiopubblicità capofficina capufficiovendite cercano impiego liberi subito? Forse che magazziniere, offset-operatore, perito elettrotecnico perito industriale perito chimico perito tessile offronsi? Offronsi première, ragioniera, ragioniere, segretaria, stenodattilo, traduttrice ventenne ventisettenne ventottenne?

Sedetti dinanzi all'importantissimo che mi aveva mandato a chiamare. Dissi: « Signor direttore, è necess... ». Suonò il telefono, egli rispose al telefono. Come ebbe finito dissi: « Signor direttore, è necessario che i... ». Volevo dire « io » ma restai a metà. Il telefono aveva suonato, egli rispose. Come ebbe finito gli dissi: « Signor direttore, è necessario che io le spieghi. Due anni fa... ». Suonò terribilmente il telefono, egli rispose. Scontro coi Mig cinesi, militare USA pugnalato alla schiena,

50.000 lire per vedere la Callas, è mancato all'affetto dei suoi cari dopo lunghe sofferenze il dott. rag. prof. cav. comm. on. cav. di gr. cr. sen. conte Socrate de Garibaldis, seminterrati luminosissimi zona Corvetto mutuo fondiario vendonsi. Adesso dovevo telefonare io, ma trovai occupato. Rapina di 70 milioni a un giornale del Minnesota. Un Milan troppo nervoso, hanno tutti le gambe che tremano. Strangola la moglie che dorme un manovale geloso. Provai a telefonare ma trovai occupato occupato occupato.

Quando uscii per rincasare, la mia macchinetta che mi aspettava all'angolo pareva l'omino che vende i pianeti della fortuna, tanto l'avevano costellata di multe. Johnson riafferma la decisione di mantenere il. Saragat riafferma l'impegno dello Stato per. Spaccatore con martello assalta un'oreficeria. Distributori automatici chewingum strisce palline vendonsi nuovi usati. Messa all'asta l'auto usata dal Papa a Bombay. Disagio fra i socialisti. Fermento tra i cattolici francesi. Ma per tutta la lunga strada del ritorno sempre un camion gigantesco che mi sbarrava la via.

A casa, Maria mi chiese gentilmente: « Mi vai a prendere una cocacola? ». Andai. Ma in cucina, dinanzi al frigidaire, trovai una lunga coda in attesa. Dovetti mettermi in fondo benché fossi il padrone. Qualche donna ridacchiava. Ogni volta che l'ispettore generalissimo preposto alla distribuzione, dopo avere a lungo esaminati i documenti, apriva il portello del frigidaire, avidamente sbirciavo se rimanessero abbastanza bottigliette. C'era nella coda un signore grasso e pesante che a un certo punto si sentì male; per rianimarlo, io e un altro lo trascinammo vicino alla finestra affinché respirasse aria fresca; e così perdemmo il nostro posto nella coda. Intanto si mise a piovere, impermeabile e ombrello li avevo dimenticati di là, nell'armadio della camera da letto. Avevo freddo. Sequestrati dal Fisco i gioielli della Lollobrigida, bimbo di sei anni rapito e ucciso, lasciato dall'amante la uccide poi si pianta il coltello nel cuore. Fuori passò la sirena della polizia, subito dopo la sirena dei pompieri, subito dopo il dlin dlin di un pretino che andava a portare il supremo viatico. Svelata l'età di Claire Bebawi: lei arrossisce.

Era tardi, suonò il telefono, era uno che aveva sbagliato. Suonò il telefono, era Sergio il vecchio amico che soffriva la depressione della sera e sentiva il bisogno di parlare parlare. Quando egli finì, ero stanco, mi avviai alla camera da letto.

Non potei procedere: le automobili, in sosta autorizzata e no, formavano, su tre strati, alte muraglie ai lati del corridoio; e ne veniva una vibrazione metallica, anch'esse tremavano per la paura di essere multate, processate, portate via, distrutte. Sventato un complotto contro Fidel Castro, fucilata la greca che uccise quattro familiari col veleno, si fa decapitare da una sega meccanica, 40enne industriale sposerebbe bella 25-28enne bustaia disposta collaborare corsetteria, allarme in città per una serie di boati.

Incidenti stradali

« Dimmi, professore, di là dal cancelletto cosa c'è? »

« Di là dal cancelletto c'è qualcosa che è meglio non sapere. »

« E dietro l'angolo che c'è? »

« Dietro l'angolo ci sono i dispiaceri. In fila, uno dopo l'altro, aspettano, qualcuno passerà. Chi dunque di voi vuole passare? »

« E di là dalla siepe cosa c'è? »

« Di là dalla siepe c'è la strada, sassi e polvere, polvere e sassi oppure anche bitume, asfalto, con tutta la segnaletica prescritta dalla legge. E ai lati i paracarri che dicono al viandante: ecco venti metri son passati, poi altri venti metri, polvere e sassi e asfalto che scottano al sole e non è mai finita, la strada vola, scavalca i boschi e le montagne, la vediamo sparire laggiù in fondo. Dove vi porterà? »

« Sì, sì, professore, raccontaci le storie della lunga strada, chissà quante ne ha viste, chissà quanti hanno camminato sulla polvere, sui sassi e sul bitume, e correvano magari, da tanto avevano premura, per arrivare. Dove? Dove? Raccontaci le storie. »

« Vi racconterò, ragazzi, quella del sorpasso sfortunato. Dunque c'era una seicento che ha voluto sorpassare un carro fermo mentre dall'altra parte arrivava un autocarro. Che cosa abbia esattamente combinato non si sa. Erano in cinque sulla macchina, pare che fossero tutti dai trenta ai quarant'anni, si parla di una bionda bellissima coi capelli lunghi giù per le spalle. Fatto è che col camion ce l'hanno fatta, ma proprio all'ultimo momento, per la fretta di tornare a destra, col paraurti posteriore toccano una ruota del carro, e l'hanno sfiorata appena appena, proprio una cosa da niente ma voi sapete come sono leggere quelle macchine, forse anche l'asfalto era bagnato, insomma cominciano a sbandare, di qua e di là, in fondo niente di tremendo perché, passato il camion, non stava arrivando nessun altro e la strada era completamente vuota. Hanno sterzato malamente? hanno frenato? Chi lo sa. La macchina, senza rovine, stava quasi per fermarsi, quando deve aver preso dentro in una buca, in una sporgenza, vallo a sapere. Si sbanda e si rovescia su un fianco. Ma senza sconquasso, piano piano, che nessuno poteva farsi un gran male. Però queste cose non si sa mai come finiscono. Nella caduta qualcosa deve essere successo perché il serbatoio della benzina esplode, l'intera macchina diventa una torcia. I cinque dentro si mettono a urlare, tentano di aprire lo sportello ma lo sportello si è inchiodato. Arrivano i contadini del carro, arrivano i camionisti di un camion, arrivano i camionisti di un altro camion. Era inverno, stava scendendo il buio. Ma chi può avvicinarsi alle fiamme? Un camionista ci si prova due volte, nascondendo la faccia sotto una coperta, ma non riesce che a scottarsi le mani. E i cinque, là dentro, sono vivi, giovani, intatti e vivi, e impazziscono all'idea di morire così stupidamente, come topi. "Aiuto, aiuto!" gridano, "venite ad aprirci! Presto, presto, tirateci fuori!" I contadini del carro e i camionisti dei camion ci si provano ma è impossibile neppure avvicinarsi. Si vedono i vestiti dei cinque che diventano neri, si vedono i capelli della bionda bruciare come la paglia. "Venite ad aprirci, vigliacchi!" urlano. "Maledetti maledetti non lasciateci morire così!" Ho conosciuto uno di quei camionisti, mi ha detto di aver fatto tre guerre, di averne passate di tutti i colori, di non avere però visto mai una cosa così orrenda come quella macchina con dentro cinque giovani che si contorcevano nella morte maledicendo il mondo. "Porci maledetti schifosi" urlavano, specialmente la donna. "Morirete di cancro, i vostri bambini creperanno." Poi le parole si sono confuse in un solo ululato che è diventato rantolo e poi basta. Questione di secondi. Perfino le ossa si sono bruciate, perfino la targa, chi fossero quei cinque non lo si è mai saputo. Però quel camionista dice che alla fine – ma la macchina era ancora avvolta dalle fiamme – alla fine lui ha visto arrivare dalla campagna intorno sei-sette tipi neri che sembravano dei ballerini, me li ha descritti proprio così, e portavano delle lunghe code. Be', questi qui sono passati attraverso le fiamme e hanno tirato fuori da quei mostri, perché erano diventati dei veri mostri e lui il camionista mi ha detto che erano le anime. E quei tipi neri erano i diavoli che li portavano giù all'inferno. Ma chissà poi se quest'ultimo particolare è vero. »

« Professore, è molto bello sentirti raccontare le storie della grande strada. Su, da bravo, raccontacene un'altra. »

« Bene, allora vi racconterò quella della giovinezza. Era in America, una serata di maggio, il maggio scorso anzi. Cinque studenti, tre ragazzi e due ragazze, e al volante un certo Danilo, gli altri non so che nome avessero. E questo Danilo era figlio di ricchi industriali, era un ragazzo bellissimo, a scuola era sempre stato il primo della classe, negli sport vinceva tutte le gare, era una specie di piccolo dio e perciò gli altri ragazzi lo odiavano. Quella sera correvano in macchina solo a scopo di giovinezza. Probabilmente sarebbero andati a fare l'amore. Le due ragazzine erano delle tipe selvagge e decise a tutto, e a un certo punto una delle due dice a quel Danilo: "Senti, Coso, sei capace di andare addosso alle macchine che ci vengono incontro e poi scartare all'ultimo momento? Noi lo chiamiamo il gioco del colombo, anche i colombi per la strada sembra che debbano restare sotto e invece schizzano via all'ultimo momento. Sei capace, Coso?". "Prima di tutto io non mi chiamo Coso," risponde lui "e poi a quel gioco che dici tu ci so fare benissimo solo che a me non mi va perché tu sai quello che fai tu ma non sai quello che passa per il cervello di quell'altro che ti viene incontro e magari all'ultimo momento anche lui scarta dalla stessa parte e allora succede una pizza." "Se uno è capace ma poi non si fida è come se non fosse capace" fa uno dei ragazzi. "Certo bisogna avere un po' di fegato" dice l'altro. Insomma cominciano a sfrucugliarlo, anzi continuano per chilometri e chilometri finché lui perde la pazienza e dice: "Bene, statemi bene a sentire, ragazzini. Li vedete quei due fari che vengono avanti, dal colore azzurro deve essere una Continental dell'ultimo tipo, un affare bello stagno? Io adesso ci vado incontro e quando sono proprio sotto, statemi bene a sentire, io non scarto un bel niente, io ci vado dentro in pieno a tutta velocità così vediamo che cosa succede. Rendo l'idea?". "Tu Coso sei il solito sbruffone" risponde una delle ragazzine yè yè "tu mi fai semplicemente ridere, mai e poi mai sarai capace di una cosa simile." "Ah no?" Intanto, a quella velocità altissima, i due fari azzurri si erano avvicinati, non mancavano più che due-trecento metri. "Ah no?" ripete il bel Danilo. Solo all'ultimo momento, all'ultimissimo, i quattro compagni capiscono l'orrendo scherzo e si mettono a urlare. Nella macchina dei fari azzurri ci sono stati tre morti; nella macchina degli studenti se ne è salvato soltanto uno: quello che poi ha raccontato. »

« Ah, è magnifico, professore, ascoltare da te queste bellissime storie della grande strada. Su, da bravo, è ancora presto, perché non ce ne racconti un'altra? »

« Bene, allora vi racconterò quella dell'amore materno. Dunque c'era, anzi c'è ancora adesso, una vecchia mamma che da più di vent'anni aspetta il figlio che torni dalla Russia. Il figlio era scomparso durante la grande ritirata, qualcuno dice che l'avevano fatto prigioniero, però niente di sicuro. Ma voi sapete che cos'è la speranza di una mamma. Un bull-dozer, di quelli che sfondano le montagne, è una formica al paragone. Bene, dopo vent'anni quella vecchia signora aspetta ancora e siccome lei abita alla periferia della città, sulla grande strada che viene dal nord, lei sta tutto il giorno alla finestra a guardare giù le auto e i camion che arrivano dal nord, su uno di questi potrebbe esserci suo figlio. E a ogni macchina che compare all'orizzonte e si avvicina, il suo cuore comincia a muoversi e siccome è un continuo passaggio, lei è continuamente in palpiti, non ha un minuto di requie e tutto questo è tremendo, però è anche la sola carica che la tiene in vita. Ma proprio sotto la sua casa, che è una grande casa di dieci piani, proprio di sotto c'è un crocicchio famigerato per i terribili scontri che succedono. O che ci sia indisciplina, o che i semafori non siano combinati bene, o che si tratti di uno di quegli incroci stregati dove segnalazioni, vigili e controlli non servono perché agisce una maledizione misteriosa, fatto è che non passa giorno senza uno di quegli atroci schianti. La vecchia signora è alla finestra e vede. E se a bordo di una delle due macchine c'era suo figlio che tornava dalla Russia? Col cuore in gola, si precipita in istrada, corre a vedere chi sono i morti e i feriti. Che sollievo, ogni volta. Su quella macchina il suo figliolo non c'è mai. Che fortuna! La vecchia signora si fa il segno della croce, si guarda intorno, raggiante: "Dio sia benedetto, Dio sia ringraziato". In quei momenti è una donna felice. Ancora una volta, quasi per un miracolo, suo figlio è salvo. Naturalmente tutti pensano che sia pazza. »

« Grazie professore, anche questa è stata abbastanza bella. Ma non è ancora tardi, sai. Su, su, da bravo, raccontaci ancora una piccola storia della grande strada. »

« Bè, ragazzi allora vi dirò quella dei lupi. Ecco qui: c'è un bosco nero dove la strada passa e nel bosco vivono i lupi, i quali hanno eternamente fame e senza fame sarebbero buoni e mansueti, ma la voglia di mangiare è grande e allora i lupi, nell'ombra, nascosti dietro i tronchi, stanno in agguato perché un giorno o l'altro l'imperatore passerà e loro hanno deciso di assaltarlo. L'imperatore viaggia con cavalli e stendardi, la sua carrozza è d'oro, i trombettieri, caracollando, suonano le trombe e dietro vengono i carri con le vettovaglie, carne, prosciutto, faraone, mortadella di Modena, ostriche di Ostenda, torte, pasticcini di ogni genere... »

Boomerang

Dopo giorni di tensione, il governo provvisorio della Ladogia, presieduto dal generale Gik, ha accettato la proposta americana di una commissione d'inchiesta internazionale per stabilire le responsabilità dell'eccidio di Hemanga.

Al termine della seduta del Consiglio supremo militare riunito d'urgenza, il presidente degli Stati Uniti d'America ha fatto una dichiarazione distensiva assicurando che, nell'interesse della pace, nessun contingente americano sarà inviato in Ladogia. L'atmosfera nel sud-est asiatico sembra così rasserenarsi.

Top secret. Per garantire il controllo di quello scacchiere territoriale, dopo le decisioni del presidente, il Pentagono ha disposto un nuovo piano di ispezioni aeree in profondità denominato "Occhio lungo" per mezzo di apparecchi da altissima quota U99, i quali, partendo da basi statunitensi in Anatolia, sorvoleranno la Ladogia settentrionale spingendosi pure nei prossimi territori della Cina, ciò allo scopo di identificare gli eventuali apprestamenti e concentramenti militari.

Data l'importanza del piano "Occhio lungo", è stato inviato in Turchia il generale Fred G. Lenox Simmon, considerato il massimo specialista della ricognizione strategica.

Egli assumerà la direzione dei voli esplorativi a lungo raggio, partecipandovi forse personalmente. Si è ritenuto opportuno che egli si rechi in Turchia in incognito, come turista, accompagnato dalla moglie, sotto falso nome: allo scopo di evitare facili illazioni da parte degli osservatori stranieri.

Prima di raggiungere la Turchia, il generale Lenox Simmon, con passaporto intestato a Eduard L. Shalheim, farà un giro, appunto turistico, in Persia, Pakistan, India e Giappone.

Sulla via del ritorno, la sua sosta in Turchia potrebbe passare, almeno ufficialmente, inosservata.

Nell'atrio dell'Hotel Intercontinental di Caraci, mentre attendeva l'auto che lo portasse all'aeroporto, dove sarebbe decollato alla volta di Istanbul, il generale Lenox Simmon è stato riconosciuto, nonostante i baffi lasciati crescere, dal colonnello Getsiari, già addetto militare all'ambasciata turca di Washington.

Venuto meno l'incognito, su cui per verità il generale americano faceva un assegnamento molto relativo, è stato impossibile a Lenox Simmon, una volta arrivato in Turchia, sottrarsi agli inviti di prammatica.

Tra l'altro il generale Lenox Simmon è stato invitato dal premier turco nella sua villa a poca distanza da Ankara.

Si è stabilito tra i due un rapporto di simpatia. E il generale americano ne ha approfittato per sollecitare dal governo turco il permesso – già negato con la giustificazione di una epidemia di vaiolo nella zona – per certe ricerche archeologiche progettate dal professore Alpha Lenox Simmon, fratello del generale, insegnante all'Università di Mirabilis, Wisconsin. Il premier turco ha assicurato il placet.

Ricevuta la buona notizia, l'archeologo Alpha Lenox Simmon ha immediatamente accelerato i preparativi della spedizione, già portati a buon punto.

Durante questi preparativi, una pesante cassa di apparecchi scientifici, che stava per essere caricata sul camion, è scivolata giù dalla breve scalinata all'ingresso dell'istituto di archeologia dell'Università di Mirabilis, Wisconsin.

Nel tentativo di trattenerla, il professor Stephy H. Drummond, braccio destro dell'archeologo Lenox Simmon, è scivolato in malo modo, fratturandosi la tibia.

Al posto del professore Drummond, impossibilitato a partire, è stato designato il professore Jonatahan G. Descalzo, il quale sarà accompagnato dalla moglie Lenore, assistente alla medesima facoltà.

Approfittando della lunga assenza del figlio, la madre del professor Descalzo, signora Maria Paturzi, ha deciso di realizzare finalmente il progetto di un viaggio in Italia per salutare, dopo tanti anni, il fratello maggiore Carmine, proprietario di un piccolo albergo sulla costa calabra.

Per festeggiare l'inaspettato arrivo della sorella, Carmine Paturzi ha imbandito, nel suo albergo, un pranzo, invitando gli amici e i maggiorenti.

Tra gli invitati era il dottor Mario Lumani, già medico condotto della contrada, persona colta ed amabile, tuttavia afflitta dal vizio del bere.

Da oltre sei mesi il dottor Lumani era riuscito a imporsi una disciplina con ferrea esclusione dell'alcool. In casa Paturzi egli però non ha potuto resistere alla occasionale tentazione e verso le due dopo mezzanotte ha preso commiato dalla compagnia, completamente ubriaco.

Incamminatosi da solo sulla sua vecchia 1100 per la strada di Amantea, il dottor Lumani, imboccata la breve diramazione che conduce alla sua casa in riva al mare, ha intravisto alla luce dei fari un oggetto biancastro.

Credendo trattarsi di un foglio di carta, egli non ha spostato il volante, passandoci sopra. Il lieve sobbalzo della macchina gli ha però fatto capire che non era un pezzo di carta.

Benché incerto nei movimenti e nel pensiero per i troppi liquori, il dottor Lumani ha fermato la macchina ed è sceso a vedere.

Egli ha trovato sulla strada un piccolo cane bastardo che palpitava ancora nei sussulti dell'agonia.

Maledicendo se stesso, il dottor Lumani è risalito in macchina e ha raggiunto la propria abitazione.

Il cane è morto e giace disteso sul fianco destro della strada non asfaltata, nel buio della notte.

Nessuno è passato, nelle successive ore notturne, su quella strada, nessuno lo ha visto.

Ma.

Ma alle sette del mattino il pittore Peter Hobboch, ungherese, detto il "pittore Kon-Tiki" per aver compiuto varie difficili navigazioni, da solo, con un minuscolo scafo, approderà su quella costa, assicurando la barca con un cavo a un pietrone della riva.

Avendo scorto un ruscello salirà la erta ripa in cerca di acqua.

Sbucato sul ciglio della strada che mena alla casa del dottor Lumani, si troverà dinanzi il piccolo cane morto.

La cui espressione crudelmente patetica lo colpirà profondamente, tanto che si fermerà a ritrarre la bestia col suo pennello.

Assorbito dall'appassionante lavoro, non si accorgerà

che da ponente sta avanzando un nembo scuro di bufera.

Un improvviso violento colpo di vento investirà la costa occidentale calabra, sospingendo la barca del pittore Hobboch contro gli scogli; e lo scafo ne resterà danneggiato.

Nell'impossibilità di proseguire in barca, il pittore riparerà nell'albergo di Carmine Paturzi.

Ivi conoscerà la ancora piacente signora Descalzo e, corrisposto nella simpatia, le farà il ritratto, per la prima volta nella vita considerando l'opportunità di sposarsi.

Richiesta di matrimonio, la signora Maria Descalzo Paturzi, vedova, si sentirà oltremodo lusingata ma, prima di decidere, scriverà al figlio Jonatahan, tuttora in Anatolia, chiedendogli consiglio.

Il professore Descalzo, conoscendo il carattere fantasioso, impulsivo e volubile della madre, chiederà al proprio capo, l'archeologo Lenox Simmon, una breve licenza per recarsi in Italia.

Avendo il Lenox Simmon acconsentito, il Descalzo partirà verso sera dalla zona degli scavi a bordo di una jeep, ripromettendosi di raggiungere Ankara, distante oltre 180 chilometri, prima dell'alba. Lascerà poi la jeep all'aeroporto, per rilevarla al ritorno dall'Italia.

Dopo circa mezz'ora di viaggio, avendo il Descalzo percorso non più di diciassette chilometri data la strada impervia, un aereo U99, di ritorno da una di quelle ispezioni lontanissime su terre proibite, scaricherà un serbatoio supplementare di benzina.

Il serbatoio vuoto, precipitando dall'altezza di 23.000 metri, piomberà sul cofano della jeep, sfondandone il coperchio e scassando il carburatore.

Incapace di rimediare al guasto, il professore Descalzo lascerà la macchina, incamminandosi a ritroso verso l'accampamento della spedizione, non esistendo nelle vicinanze alcun centro abitato. Egli pensa, in tre o quattro ore, di poter raggiungere i compagni.

Dopo appena tre ore, il Descalzo raggiungerà la spedizione. Data l'ora, – le una e tre quarti – stupirà di scorgere una tenda ancora illuminata.

Con un vago sospetto, anziché chiamare, si avvicinerà in silenzio. E, raggiunta la tenda illuminata, udirà voci strane.

Dischiuso energicamente un lembo della tenda, il professore scoprirà il capospedizione Lenox Simmon e la propria moglie Lenore teneramente abbracciati. Tratta di tasca la pistola, sparerà, uccidendo l'archeologo.

La notizia dell'omicidio, diffusa dalle agenzie, sarà captata per radio dal fratello della vittima, sospeso a 24.000 metri sopra territori proibiti, durante uno dei previsti voli di ricognizione strategica.

Sconvolto dalla notizia, il generale Fred G. Lenox Simmon deciderà di abbreviare la rotta di ritorno, tagliando una buona fetta di Cina anziché seguire il consueto itinerario prudenziale.

Due caccia Sakka della Cina avvisteranno e attaccheranno l'aereo del generale costringendolo a un atterraggio. Il generale sarà fatto prigioniero.

Il caso farà scalpore e il governo di Pechino inoltrerà formale protesta.

Sobillati da agenti comunisti, gli aderenti al partito Gikks, fautori del generale Gik, insceneranno nella capitale Kahò violente manifestazioni antiamericane.

La legazione degli Stati Uniti verrà assediata dai dimostranti. Colto da panico, un telescriventista della legazione aprirà il fuoco con un fucile mitragliatore uccidendo sei uomini e una donna.

Esasperata, la folla assalirà la legazione americana, invadendola e massacrando quanti vi si trovano.

Nello stesso tempo altre turbe esaltate daranno la caccia ai cittadini americani residenti a Kahò.

Sessanta morti americani, trecento feriti.

Il presidente degli Stati Uniti darà ordine alle forze dislocate nei " ricettivi strategici " di intervenire nella Ladogia per evitare nuovi eccidi.

A sua volta, il governo cinese annuncerà l'invio di una grossa formazione di "volontari".

Una battaglia verrà impegnata ai confini della Ladogia tra le forze governative sostenute dagli americani e le formazioni ribelli sostenute dai cinesi.

Si annuncerà che il presidente degli Stati Uniti sta per decidere l'applicazione o meno dell'"esecutivo 9000"; il quale comporta l'uso di proiettili nucleari.

Nell'attesa, un aereo coi contrassegni dell'armata ribelle ma di evidente cittadinanza cinese, scaricherà sulla base aerea di Hemerè, in mano americana, una bomba nucleare, la quale, benché di fabbricazione difettosa, farà ottantacinque morti e circa quattrocento feriti.

Cinque ordigni termonucleari americani, a titolo di rappresaglia, saranno fatti esplodere, nelle località prefissate.

Così, a motivo di un cagnolino randagio, sarà scatenata la prima guerra atomica universale.

Moderni mostri

Una volta esistevano la sfinge, l'ippogrifo, l'echidna, il cinghiale caledonio, il tritone, il babau, il gatto mammone, il basilisco. Oggi non esistono più. Tuttavia anche a noi è dato incontrare, di quando in quando, fenomeni molto strani e mostruosi. Per esempio:

La lepre gigante

È stata avvistata, a quanto sembra, l'autunno scorso, nell'alto Alpago, provincia di Belluno. Non erano tanto le dimensioni a suscitare meraviglia, perché l'animale non supererebbe, stimato a vista, il metro e mezzo di lunghezza, quanto la capacità di assumere la posizione eretta, poggiato sulle zampe posteriori; e soprattutto il fatto che il leprone imbracciava un minuscolo schioppo a due canne. Tre soli cacciatori, del resto assai attendibili, hanno incontrato la bestiaccia e, sbalorditi, non si sono azzardati a spararle; né onestamente gli si può dare torto. Ma grandi sono stati lo scandalo e la indignazione negli ambienti venatori, i quali giudicano sleale, anzi delittuoso, l'atteggiamento così minacciosamente contestatorio assunto dalla lepre gigante. Ché, se l'esempio si diffondesse, e anche le marmotte, i conigli selvatici, le volpi, i ricci, i ghiri, le pernici, le quaglie e gli altri volatili stanziali o di passo, si mettessero a girare armati, sia pure a solo scopo di legittima difesa, il mondo si troverebbe sovvertito, e dove finirebbe la sovranità dell'uomo?

Il capo

È dirigente di una grande industria, ha passato i sessant'anni, ogni mattina si alza alle sei, estate e inverno, alle sette è già in fabbrica dove rimane fino alle otto di sera e oltre. Anche la domenica va a lavorare, pur se lo stabilimento e gli uffici sono deserti; ma un'ora più tardi, ciò che egli considera quasi un vizio. È per eccellenza un uomo serio, ride raramente, non ride mai. D'estate si concede, ma non sempre, una settimana di vacanza nella villa sul lago. Non conosce debolezze di alcun genere, non fuma, non prende caffè, non beve alcoolici, non legge romanzi. Non tollera debolezze neppure negli altri. Si crede importante. È importante. È importantissimo. Dice cose importanti. Ha amici importanti. Fa solo telefonate importanti. Anche i suoi scherzi in famiglia sono molto importanti. Si crede indispensabile. È indispensabile. I funerali seguiranno domani alle ore 14.30, partendo dall'abitazione dell'estinto.

Il genio perduto

Se tra le migliaia di animali che vengono giornalmente tratti al macello, si trovasse un maiale, o un vitello, dotato di intelligenza mostruosa, pari, se non superiore, a quella di Platone, di Leonardo da Vinci, di Einstein, come potrebbe rivelarla a noi, e così salvarsi? Come potremmo noi esserne informati? Tenuto prigioniero nella stalla fin dalla nascita, sprovvisto completamente di addestramento e di istruzione, non ha avuto la possibilità di apprendere neppure i rudimenti della nostra lingua, così da poter eventualmente imitarla con grugniti, muggiti, o altro. Né i rozzi uomini preposti al suo allevamento dapprima, quindi al suo trasporto, infine alla sua uccisione, sono in grado di avvertire quei minimi segni (battiti regolari con le zampe, lamenti ritmati, gesti di supplica) con cui il geniale quadrupede forse ha chiesto e chiede mercè. Meravigliose luci della natura che, se scoperte e curate, potrebbero arricchire e forse salvare il mondo, vanno così miseramente e brutalmente distrutte.

Il patito sociale

È una creatura spiritualmente eletta. Ama l'umanità conculcata e sofferente, partecipa con dedizione ai suoi dolori. Egli non è stato conculcato, anzi, la fortuna è stata prodiga con lui, per aspetto fisico, salute, censo, posizione sociale. Ciò, intendiamoci, accresce il suo merito. Di notte stenta a prendere sonno, oppure si risveglia di soprassalto, oppresso appunto da quel pensiero filantropico: le afflizioni del popolo angustiato dalle ingiustizie. A motivo di questo grande amore, egli è costretto a odiare intensamente. E mentre ciò che ama è una massa indifferenziata e senza volto, ciò che egli odia sono invece delle persone precise, con nome e cognome, secondo lui complici, consapevoli o no, delle predette ingiustizie: amici, vicini di casa, colleghi, specialmente colleghi di successo. L'odio, si intende, è tanto più intollerante e velenoso quanto più egli è conscio della nobiltà dei propri sentimenti; e diventa il suo precipuo interesse quotidiano, consolazione, sostegno e scopo della vita. Tutto a causa del cosiddetto peccato originale che, salvo interventi contrari della grazia, porta l'uomo ineluttabilmente al male e alla perfidia, anche se si tratta di un uomo così altruista e moralmente elevato.

Il sapone magico

Un pubblicitario di talento, incaricato di pianificare una campagna promozionale per un nuovo tipo di sapone, propose, anziché i consueti imbonimenti iperbolici che possono colpire il pubblico ma non essere creduti per la stessa loro esagerazione, il seguente slogan: uno, su diecimila saponi X, procura un fascino irresistibile. (Dopodiché si spiegava come il sapone magico fosse contraddistinto da uno speciale piccolo bollo d'oro.) Bene. La stessa discrezione dell'annunzio lo rendeva plausibile. La gente infatti ci ha creduto, questa fede, irraggiantesi da migliaia e migliaia di sconosciuti, convergeva su quelle pochissime saponette col bollino, e le saponette acquistavano un reale potere. Una di esse fu comperata per puro caso da una ragazza che faceva servizio a ore in casa di una mia cugina. Non si poteva dire brutta, ma scialba e insignificante sì; inoltre aveva un curioso naso sottile a punta che la faceva assomigliare a un fenicottero. Quell'acquisto fortunato fece naturalmente le spese di una quantità di chiacchiere divertite. In un minuscolo ambiente, la giovane cameriera diventò per qualche tempo un personaggio. E, fosse una reale virtù arcana della saponetta, fosse la invincibile forza della suggestione, nel giro di un mese la squallida servetta si trasformò in un fiore delizioso. Oggi è una delle fotomodelle più pagate di Parigi.

La nuvola

La sera del 28 aprile – per motivi di ordine pubblico in Francia si è preferito insabbiare la notizia – sopra la modesta elevazione del Monte Gimont (Alta Marna), non lungi da Colombey-les-Deux-Eglises, fu osservata una grande nube che raffigurava, con inconfondibile precisione, la testa del generale De Gaulle, quel giorno stesso ritiratosi per sempre dalla scena politica e trasferitosi alla celebre sua residenza di campagna Il sopraggiungere del buio impedì registrazioni fotografiche e ulteriori osservazioni sul decorso del fenomeno. D'altra parte, poche persone notarono il singolare spettacolo, poiché la stragrande maggioranza degli uomini tiene gli sguardi fissi alla terra e non al cielo. Si sarebbe potuto pensare a un caso di autosuggestione, se all'indomani, sopra una delle ultime propaggini meridionali dei Vosgi, la nuvola De Gaulle non fosse ricomparsa verso le undici del mattino: per circa dieci minuti la somiglianza fu perfetta, poi le sembianze si dissolsero. L'espressione era solenne e malinconica, ma dolce; nessun cipiglio militaresco, nessuna caparbia smania di rivincita. Ecco: quasi che il generale volesse compiere un'ultima ispezione alla sua patria, lo straordinario ammasso di vapori si è riprodotto successivamente in varie contrade francesi: per esempio, sulle Montagnes du Lomont (Besançon), sul Puy de Dôme (Clermont Ferrand), sul Signal de Sauvagnac (Limoges). La eminente nube ha continuato il suo " tour " anche dopo la partenza di De Gaulle per l'Irlanda. Gli ultimi avvistamenti provengono dall'Ile-de-Re e da una zona di mare circa ottanta miglia a nord-ovest di Brest. Qui il generale indossava il berretto e si vedeva anche una mano che salutava militarmente. Come se fosse l'estremo addio prima del definitivo trasferimento nel mito.

Delicatezza

In un certo paese la pena di morte viene somministrata con grande delicatezza. Ecco un esempio:

Una volta divenuta esecutiva la sentenza, prima che gli sia comunicata la data della esecuzione, il reo – supponiamo si chiami Ernesto Troll, tappezziere, uxoricida con veleno – viene condotto, senza manette, alla direzione delle carceri.

Qui lo si fa accomodare nello studio del direttore, in una comoda poltrona. Gli offrono sigarette, caffè, caramelle, quindi gli inservienti escono, lasciando soli il direttore e il condannato.

Il direttore comincia a parlare:

« Dunque, signor Troll, lei è stato condannato a morte. È però mio dovere rassicurarla. Avvertirla cioè come, in un certo senso, si tratti di una condanna più che altro teorica. »

« Teorica? »

« Teorica, sì. Perché la morte in realtà non esiste. »

« Come sarebbe a dire non esiste? »

« Non esiste, voglio dire, come pena, come castigo, come fatto tragico, motivo di paura e di angoscia. Sul tema, regnano nel mondo pregiudizi insensati. Lasciamo pure da parte la sofferenza fisica che, per lo meno nel suo caso, signor Troll, è fuori discussione, data la perfezione dei nostri impianti » e abbozza un sorrisetto diplomatico. « Io parlo del dolore morale, ingiustamente temuto, come spero di poterle dimostrare.

« Vediamo un po': perché l'uomo ha paura di morire? La risposta è fin troppo semplice. L'uomo ha paura perché, dopo morto, non potrà più vivere, cioè fare, vedere, ascoltare, eccetera, tutte le cose che faceva in vita. E ciò gli dispiacerebbe immensamente. Ma per poter provar dolore è necessario, *conditio sine qua non*, essere vivi. Quindi chi è morto non soffre più, non può avere neppure rimpianti, nostalgie e afflizioni del genere. In parole povere, una volta avvenuto il decesso, l'uomo non può dolersi di essere morto. Morale: l'aspetto negativo della morte, che generalmente incute tanto terrore, è una stolta illusione. »

Ribatte il signor Troll: « Lei ha un bel dire, signor direttore. Ma il brutto della morte non è soltanto il non poter più fare le cose che si facevano da vivi. C'è anche il dispiacere di lasciare per sempre tante persone care ».

« Bravo! Anche questo dispiacere, ragazzo mio, lei non potrà più provarlo, appunto perché sarà morto. »

« E poi, signor direttore, chi le dice che dopo la morte non ci sia più niente? »

« L'aspettavo al varco, signor Troll. Una obiezione più che giustificata. Appunto qui veniamo al nocciolo del problema. »

« La ascolto, signor direttore. »

« Bene. È evidente che i casi sono due: o dopo la morte c'è una seconda vita purchessia, oppure dopo la morte non c'è niente. Chiaro, direi, elementare. Ora facciamo l'ipotesi che lei... »

« Ma, veramente io... »

« Solo una ipotesi, ripeto, la quale non pregiudica

quelle che possono essere le sue convinzioni personali. Supponiamo cioè che lei, signor Troll, non creda nell'aldilà. In questo caso, se lei trova una seconda vita, avrà una bellissima sorpresa, a tutto suo vantaggio; e non avrà motivo di lamentarsi. Ovvio che il rimpianto delle persone care dovute abbandonare sarà di gran lunga attenuato dalla certezza che anch'esse, un giorno o l'altro, potranno raggiungerla. In più c'è il conforto di ritrovare, di là, congiunti ed amici già scomparsi in precedenza. »

« Beh, adagio coi congiunti... »

« Ah, mi scusi... » fa il direttore che si è dimenticato di avere a che fare con un uxoricida. « Comunque, fin qui mi sembra che non ci possano essere obiezioni. Adesso consideriamo l'altra eventualità. Che cioè dall'altra parte non ci sia nulla. Ma proprio perché non c'è nulla, e il nulla implica che anche lei non esista più, lei non ha la possibilità di rendersene conto, come abbiamo già visto. Insomma, nessun dispiacere. Ecco perché la consueta disperazione di quelli che non hanno fede è priva di qualsiasi serio costrutto. »

« Io però, signor direttore, non è che sia così scettico. Io ho anzi la sensazione che... »

« Benissimo. Consideriamo ora l'uomo che crede nell'aldilà. Intanto è logico che, proprio a motivo di tale persuasione, egli affronti la morte con una serenità notevole. Orsù, seguiamolo nell'atto di varcare il famoso confine. Egli avanza, è passato, si guarda intorno, si accorge di esistere ancora, in forma completamente diversa magari, ma di esistere. La sua fiducia è stata ricompensata, si sente consolato, e, spoglio di ogni peso materiale, può anche darsi trovi la felicità inutilmente cercata sulla terra.

« Ed eccoci per la seconda volta di fronte alla ipotesi

negativa. L'uomo che crede nell'aldilà muore e di là non c'è niente. Ma ciononostante il conto torna; egli non viene, per così dire, frodato di nulla, non c'è stato tempo e modo per la delusione. Ragione per cui, sono con lei, caro signor Troll: la fede, comunque, sarà sempre un ottimo affare. »

« Una scommessa a colpo sicuro, no? »

« Vedo che abbiamo letto Pascal. Me ne compiaccio. Ma per chiarirle ancor meglio le idee perché non facciamo una prova? »

« Una prova come? »

« Una specie di rappresentazione simbolica, una finzione quasi teatrale, una esemplificazione plastica, una specie di gioco. »

« E io, che cosa dovrei fare? »

Il direttore preme il pulsante del citofono. Dall'apparecchio una voce gracchia: « Comandi, signor direttore ».

« Mandatemi subito la Fiorella. »

Il condannato è inquieto: « Signor direttore, mi sembra di aver diritto di sapere: in che cosa consiste questa rappresentazione? Spero che non si tratti di uno scherzo ».

« Macché scherzo. Lo scopo è di tranquillizzarla. Finora abbiamo fatto soltanto delle parole. E le parole contano quello che contano, io il primo a riconoscerlo. Questo, che adesso faremo, è un esperimento pratico. Pensi ai voli spaziali. Prima del lancio, i cosmonauti vengono chiusi nella capsula perché si rendano conto, si abituino, prendano confidenza con l'ambiente. Ma la capsula non parte, non c'è pericolo di sorta. Così lei. Questa prova, le ripeto, le schiarirà le idee sulla sua vera situazione. Dopo, le assicuro, si sentirà molto meglio. Lei non ha che da... Ah, ecco qui la nostra brava Fiorella! »

È entrata una ragazza sui vent'anni, splendida e procace, con gonne cortissime e generosa scollatura. Una immagine addirittura incredibile nel carcere della morte.

« Ritengo superflue le presentazioni » osserva il direttore rivolto al condannato. « La nostra Fiorella è esperta di queste piccole finzioni sceniche. La nostra Fiorella, nel nostro caso, simboleggia, anzi si può dire incarna la seconda vita. E appunto perciò adesso si ritira... A ben vederci, Fiorella... »

La ragazza esce non senza aver rivolto al condannato uno sfrontato sorriso, e perfino strizzato l'occhio.

Direttore e reo sono di nuovo soli.

« E questa Fiorella? » chiede il signor Troll facendo un gesto oltremodo espressivo.

Il direttore ride: « Ma sì, ma sì, naturalmente, se è il caso... Lei adesso capirà come la cosa è semplice. Vede quella porta? Lei non ha che da aprirla e passare di là, nell'altra stanza. Ora può darsi che di là ci sia buio; e il buio significherebbe il nulla. Ma può anche darsi che di là ci sia Fiorella che l'aspetta... Non è una allegoria ben trovata? ».

« Ma dico, se trovo il buio, io...? »

« Lei niente, caro signor Troll. In questo caso, visto che non c'è niente, lei buono buono ritorna qui nel mio ufficio... Tutto qui. Elementare, no? Ora penso che di là tutto sia già pronto. »

« E chi decide? Voglio dire chi stabilisce se far buio o farmi trovare la ragazza? Lo decide lei, signor direttore? »

« Assolutamente no. È la ragazza che decide. E la Fiorella è la creatura più imprevedibile di questo mondo. Insomma, coraggio. Vogliamo provare? »

A passi non molto sicuri il condannato si alza, si avvicina alla porta, con precauzione impugna la maniglia, la gira lentamente, spinge con estrema cautela il battente, intravede una lama di luce, uno spiraglio, un risplendere roseo di carni.

In questo preciso istante, da una minuscola feritoia ben mascherata aperta in una parete dello studio, un tiratore scelto fulmina il signor Troll con un colpo alla nuca.

Il medico delle feste

Non è poi tanto semplice fare il medico delle feste.

Intanto ci chiamano nelle ore più sgangherate della notte. Alzarsi, vestirsi, mettersi in cammino al buio, magari col gelo, i briganti, la pioggia. Di giorno, quando i cristiani lavorano, mai. Quasi mai.

Una volta infatti, saranno sei anni fa, mi hanno chiamato alle due del pomeriggio. Era per una festa lontana. Su, in Val di Genova, sotto i ghiacciai. Molto lontana. Una festa di cacciatori d'orsi, nel casino di caccia del conte Essàlide. Con la moto io arrivo che già sta calando la sera. Cosa succede? Chiedo. Due si erano messi a litigare di politica, si erano presi a pugni. Ma adesso tutto era ormai appianato. Bel gusto fare tanta strada per niente, col cuore in gola. « Be' » dice Essàlide « non se la prenda, dottore, anche se ha fatto il viaggio per niente, resti qui a mangiare con noi. » Allora sono rimasto, benché i cacciatori non mi siano mai piaciuti, a chi possono piacere gli assassini?

Per fortuna, ci si era appena seduti a tavola, che quei due hanno ricominciato ad altercare, e questa volta anche gli altri si sono messi di mezzo, in pochi minuti è stato l'inferno. Il conte Essàlide mi guardava con occhi imploranti che dicevano: "Dottore, dottore, tocca a lei levarmi da questo guaio". Al che, io ho avuto un lampo di genio – all'università un caso del genere non si era mai studiato – e mi sono messo a gridare: « Al fuoco! al fuoco! Si salvi chi può! ». Nello stesso tempo, per dare verosimiglianza alla cosa, ho appiccato un incendio che in meno di un'ora ha distrutto l'intero casino di caccia e bruciate vive diciannove persone (cacciatori); con piena soddisfazione dell'ospite, il quale era ampiamente assicurato.

Ma di solito noi medici delle feste lavoriamo di notte, fino alle ore piccole, fino a giorno inoltrato. Si galoppa nel buio con le nostre motociclette potenti perché nessuno della specialità – e ignoro il motivo – adopera l'automobile. Per esempio al palazzotto dei Drusi, sposi giovani e brillanti, desiderosi di successi sociali. Hanno commesso lo sbaglio dell'inesperienza, per dare lustro alla loro prima festa hanno invitato il fior fiore della città, personaggi d'altissimo livello, molto più importanti di loro; i quali leoni e tigri naturalmente si divertono a snobbare la giovane coppia che per di più ha l'imperdonabile colpa di essere molto bella. Insomma: come se i due manco esistessero, se non per pagare il banchetto, le musiche, i regali, i preziosi vini. Lui, l'avvocato Drusi, mi aspetta sulla soglia coi capelli scompigliati dal vento. E io: « Dal tono della telefonata ho già intuito la situazione. Sai, il fiuto clinico. Ora sta su allegro, guarda chi sta arrivando ». Giusto dietro di me cammina infatti un pullman notturno di lusso con i valletti e le bandiere e ne discendono re regine principi principesse cantanti e calciatori di massimo rango, ed è per questo che le mie prestazioni talora costano così care. Cosicché i signori dentro, che si davano tante arie, restano stesi piatti dai nuovi arrivati. E la festa procede a un trionfo meraviglioso.

Oppure mi chiama verso la una di notte il vecchio amico Giorgio Califano, protettore delle arti. Ha dato una festa in onore di Puta Legrenzi, l'attricetta, suo ultimo grande amore. Appena arrivo, capisco che il nome della bellissima in realtà ha due t, la proterva ragazzina si diverte a fare impazzire di gelosia il facoltoso, ma io devo far finta di non capire. « Ciao Giorgio » gli dico « che succede? » « Ti giuro che per me è un mistero » risponde. « Ho radunato qui tutta la meglio canaglia della città, eppure la serata langue, guardala un poco se non è completamente sgonfia e marcia. » Io guardo ma non è vero niente, mi sembra anzi una notte riuscitissima, le donne quasi tutte giovani, con spiccata personalità carnale, anche gli uomini cotti al punto giusto e scatenati. « E poi lei, la Putina, se ne è andata » aggiunge lui come se fosse un particolare trascurabile. « Se ne è andata perché? » « È chiaro. Perché ne aveva piene le scatole. » Ma io l'ho già intravista, la squinzia, in un ridotto del giardino, dietro una piramide di bosso, che si lascia tampinare da uno. Tutt'intorno, musica, allegria, spensieratezza, delirio. E lui mi dice: « Allora, dottore, me la puoi aggiustare o no la serata? ». « Se ne sta su bella dritta da sola, la serata, meglio di così non si potrebbe. Sei tu che non funzioni, dentro. Tu, saresti da aggiustare. Ma io sono soltanto un medico delle feste. Ci vuol altro, per un cuore malconcio come il tuo. Neppure Barnard. Neppure il gran penitenziere delle coscienze universali. Soltanto il tempo, quello con la clessidra e la barba bianca. Ma in questi casi, lui che di regola viaggia come il vento, diventa una lumaca. Ciao. »

Il cliente più di soddisfazione è una cliente, la Leontina Delhorne, sulle cui fragili spalle una vedovanza e due divorzi hanno depositato chi dice una quarantina, chi una cinquantina di miliardi. Spiritosa, vivacissima, snob, e meravigliosamente infelice come riescono ad esserlo soltanto i miliardari, non ha un *ubi consistam,* condannata a passare senza tregua da una città all'altra, da un continente all'altro, restar ferma tre giorni in un posto per lei significando la morte civile. Perciò, quando dà una festa, mette in azione il suo treno privato composto di una vettura salone da ballo, una vettura comfort con ristorante, bagni, sala di ginnastica, e una vettura alcova per chi sente il bisogno di appartarsi. E via, per due, tre, quattro giorni, anche attraverso le frontiere, senza fermarsi mai, il che è una disperazione per i tecnici che devono organizzare i percorsi e gli orari.

In quanto a me, Leontina mi vuole a bordo appunto per il terrore di eventuali fermate. È successo una sola volta, alla periferia di Zagabria, per un guasto alla linea dovuto ad alluvione. Per radio ci hanno avvertito che dovevamo pazientare dalle quattro alle cinque ore. Erano le tre di notte. Subito Leontina è entrata in crisi, aggrappandosi alle mie spalle. Io ho chiesto mezz'ora di tempo. Per fortuna in quei paraggi disponevo di qualche buon addentellato. Già Leontina stava per entrare in convulsioni quando dal buio circostante, ben istruita da me, è emersa una banda di *hippies,* armati di pugnali e pistole. In men che non si dica sono balzati sul treno, hanno spogliato i viaggiatori fin dell'ultima lira o catenina d'oro, abusando, si intende, di tutte le presenti, compresa Leontina. La quale ha concepito per me una eterna gratitudine.

Di norma, purtroppo, noi medici delle feste possiamo fare poco. Ecco la fatidica chiamata verso le due, quando la vitalità dell'uomo tocca il limite più basso. Ecco la palazzina, ecco il giardino privato, ecco il ritmo convulso della musica nella tepida notte di giugno. I padroni di casa, desolati. Si accorgono che la festa ha cominciato a perdere colpi, troppe coppie si sono appartate negli stanzini e nei corridoi, il complesso *beat* è ormai slombato, almeno una decina di ospiti se l'è filata all'inglese, e si avverte prossima, nell'ária, la triste ora dei ringraziamenti e degli addii.

Il dovere del medico è di dare coraggio al malato. Io sento il polso, ausculto, mi tengo benevolmente sulle generali: « Non mi sembra, cara signora, che ci sia da preoccuparsi. Gli ospiti hanno un'aria vispa, sembrano divertirsi da pazzi. Il fatto che qualcuno giaccia per terra o sui divani, mi creda, è un sintomo confortante anziché no ».

Ma dalla cima di un platano l'upupa manda il suo richiamo e dalle incalcolabili lontananze della pianura giunge un lungo lamentoso fischio di treno; il quale è segno fatale. Che posso fare? Attizzare i musicanti con un esborso, polverizzare qua e là con lo *spray* un infuso drogato? Si potrebbe, certo, ma con che profitto? Ahimè, il tempo all'improvviso si è messo a correre a precipizio. Il disfacimento si accelera. Che posso fare? Pallida, la padrona di casa mi fa un gesto con la mano, per dire: Birichino, ti rifiuti dunque di aiutarmi? Non oso risponderle. Da quella parte, dietro gli alberi, se si osserva con attenzione, il cielo non è più nero come pochi minuti fa. E un soffio d'aria gelida ha fatto ondeggiare un poco le foglie.

Rombano, di là delle siepi, le auto che si mettono in moto per rincasare. La grande tavola del buffet devastata e deserta, l'ultimo cameriere sparito. Solo quattro spettri si ostinano a scuotersi e divincolarsi nello *shake* sotto il palco della musica ormai al lumicino.

Che posso fare? Del mio imbarazzo si rende conto anche la padrona di casa, in piedi accanto a me sul ciglio della scalinata a salutare gli amici. A questo punto si ode un rotolio da strade remote, come un affanno, che sale. Nel cono di luce delle lampade si sparpagliano, ancora incerti, i primi fiocchi di neve.

« Però » dice con una strana voce « è stata una bellissima festa. Vero? »

« Sì. Una festa indimenticabile. »

« Penso non ce ne saranno molte altre, come questa. »

Mi guardo intorno. « Lo penso anch'io » rispondo.

L'ultimo ospite partito. Scomparso anche il padrone di casa. I domestici spengono le luci. Bicchieri per terra, pasticcini per terra, sigari, cicche, disordine, sporco, l'indomani, la vacuità del domani, la stanchezza, la nausea. Adesso è veramente sola. Visibile alla prima gelida luce del giorno.

Una bellissima festa. Ma da laggiù in fondo si avvicina un garrulo suono di campanella. Attraverso le fronde si intravede qualcosa di bianco che si muove, qualcosa di rosso: come una cotta sacerdotale, per esempio, come un ombrello di broccato cremisi.

È un piccolo regalo per lei?

Storielle d'auto

Che curiosa impressione mi fa (certe sere tra amici, discorsi abbandonati a ruota libera, stupidi forse) sentir parlare di automobili come se fossero semplicemente automobili, marca tipo cilindrata ripresa tenuta di strada freni prestazioni velocistiche eccetera, che noia, come se fossero cose, macchinismi, e non altro. Invece.

Maschio o femmina?

Da noi si dice auto femminile, in francese pure è donna, però è maschio in Germania, idem nel vasto comprensorio inglese. La nostrana femminilità dipende, mi puniscano i filologi se sbaglio, dal fatto che automobile è aggettivo riferito a "macchina" o "vettura", poi sostantivato. Ma se da noi si facesse un referendum popolare il risultato riuscirebbe incerto. Gli italiani la (o lo) vedono maschio per la forza dirompente nella ripresa e nei sorpassi, per il maschile divoramento dei chilometri, per l'ascendente – discendente ormai – esercitato sulle ragazzine sprovvedute quando si pilota una (uno?) spavalda super. Però donna quando lui preme il piede destro a destra, e la sente sottomessa e schiava facendola rimbalzare, sulle curve, dalla quarta in terza dalla terza in quarta bruscamente, e lei si assoggetta e gode (almeno sembra) e si dona con elasticità in tutte le sue risorse viscerali, così, per fargli piacere.

Cabala del CK

Poco nota ancora al grande pubblico – e finora non sostenuta da una seria documentazione statistica – è stata elaborata la teoria che certe percorrenze, contrassegnate da particolari numeri, sono negative al guidatore. Esempio elementare: "punte" di massima pericolosità si avrebbero in corrispondenza ai cosiddetti numeri omogenei segnati dal contachilometri (CK), come 1111, 11111, 2222, 22222 e così via; mentre alcuni, ingenui, amano veder comparire al finestrino del cruscotto quelle cifre tutte uguali. Questo l'abc della dottrina. Gli astrologhi sono intervenuti con molte sottili implicazioni. Se uno, poniamo, è nato il 7 maggio 1932 farà bene a stare attento quando il cruscotto sta per segnare 7532, o 75932. Se uno ha compiuto 47 anni, usi la maggiore circospezione quando compaiono i multipli della cifra: ogni 47 chilometri dovrebbe procedere con le orecchie alzate. Subentrano le manie: rallentare al massimo e avanzare col fiato sospeso quando sta per scattare il quadrato, o il cubo, della propria età. Entrano in gioco, naturalmente, anche le persone a bordo. C'è chi, prima di invitare un amico o conoscente a prender posto, si informa dei suoi dati anagrafici ed esegue i relativi computi col regolo calcolatore. I "puri" della scuola sono pervenuti a una casistica talmente vasta e raffinata da coprire praticamente quasi tutti i numeri dal 2 all'infinito. Dopodiché hanno venduto la macchina, viaggiano in treno, in città si spostano a piedi, e stanno sempre meglio di salute.

Sensibilità dei semafori

Avrete notato, negli incroci dove passate normalmente, come di volta in volta varii il comportamento dei semafori. Candidamente, i preposti al traffico cittadino sono convinti che quegli ordigni luminosi obbediscano alle pure e semplici leggi fisiche e meccanicamente eseguano gli ordini ricevuti: cosicché, se regolati a tenere acceso il verde per quindici secondi, ogni volta quindici secondi saranno. Illusi. I semafori sono spesso dotati di una sensibilità arcana, affatto ignota a chi li fabbrica; e avvertono a distanza, nelle cateratte di macchine che convergono su di loro, se c'è qualche caso interessante. L'automobilista ansioso, in ritardo, preoccupato di far presto e di non perdere un secondo, è la vittima favorita. Quanto più lui ha fretta, tanto più il semaforo è maligno e, a costo di trasgredire le più elementari norme di disciplina, anticipa fulmineamente lo scatto del rosso così da sbarragli la strada. Dopodiché prolunga con scandaloso arbitrio la durata del "no" fino a due, tre volte la dose normale. L'automobilista impreca, digrigna i denti e alle volte impazzisce.

Mimetismo

Altro fenomeno non abbastanza studiato dalle case costruttrici, le quali forse potrebbero arrivare a controllarlo, stimolandolo o frenandolo a seconda dei casi: l'auto, in genere, tende ad imitare chi la guida, e ad assomigliargli anche fisicamente. Non bastano certo pochi chilometri di frequentazione. Soltanto dopo qualche settimana la macchina comincia ad adeguarsi, assumendo anche nell'aspetto virtù o difetti del pilota. Cosicché capita di capire subito, guardando una vettura che ci precede, indipendentemente dalla sua velocità, proprio per l'espressione complessiva, che il guidatore è un tipo pigro, lento nei riflessi, tardo a rimettersi in moto, amante della buona tavola, incerto nelle situazioni urgenti e spinose. All'inverso, dalla grinta che assume – e magari si tratta della stessa marca, dello stesso modello, dello stesso colore – si riconosce l'auto che è nelle mani di uno dei tanti bulli spadroneggianti – adesso meno di una volta, per fortuna – sulle strade d'Italia.

Solitudine!

L'esasperazione nevrastenica del furibondo scatenamento del traffico intorno, quella rabbiosa macina, catastrofico incombere di selvaggi camion bestioni stritolatori, alle spalle incalzati da feroci occhiaie ammiccanti. Via, via, basta con questo inferno. Alla periferia, alla campagna, all'aria pura, al silenzio. Non basta. Centinaia, migliaia di chilometri, e ancora imperversano le belve. Via, via, ai limiti del mondo abitato. Più avanti ancora. Sì, nel deserto di sabbia piatto e incontaminato, dove dall'epoca della creazione non è mai passata anima viva. Liberazione. A perdita d'occhio non vedere neanche un topino delle piramidi. Non c'è più bisogno, grazie a Dio, di specchio retrovisore. Finalmente lui, o lei, si ferma. Che solitudine, che pace. Con un sospiro di indicibile sollievo apre la portiera per discendere. Un ciclista, che procede nello stesso senso, va a sbatterci contro malamente.

Barboni

Nottetempo i camposanti delle macchine, nei prati incolti di là del casello del dazio, non hanno bisogno di custode, si sa. Chi ruberebbe? Neppure il ladro più disperato risponderebbe a simile offerta di lavoro, neanche se morto di fame. Perché di notte, quei ruderi, carcasse, defunti carrozzoni senza più ruote né motori, si risvegliano, ed è raro che non vengano a lite. Quasi sempre, anzi, scendono alle vie di fatto. Non c'è peggior dolore... Ultima consolazione infatti, prima del definitivo obbrobrio e annientamento, essi raccontano ai compagni di sventura i propri anni felici. E nel rimpianto cocentissimo ciascuno si esalta inventando fasti e glorie inverosimili, padroni altolocati e famosi, viaggi alla Terra del Fuoco, crociere a velocità supersoniche. Gli altri allora lo sbeffeggiano, lui risponde, si scontrano, schianti penosi di lamiere si spandono per la squallida e deserta contrada.

Mi ricordo, una dozzina di anni fa, in un prato in fondo a viale Fulvio Testi, dove portavo a far correre i cani, di avere conosciuto un vecchio "clochard" ancora ben portante. Come gli rivolsi la parola, subito cominciò a raccontarmi che sua madre, ricchissima, era stata regina di Niguarda e girava con una carrozza d'argento; poi erano arrivati i tedeschi (sic) e la famiglia aveva perso fin l'ultimo centesimo. Sua mamma, aggiungeva, era famosa in tutta la Lombardia. A questo punto due altri barboni seduti sull'erba un po' discosti hanno cominciato a ridere e a emettere lunghi fischi da mandriano. Al che lui, rosso di rabbia, gli si è gettato contro. Erano tutti e tre oltre i cinquanta. Eppure non ho mai visto in vita mia darsene tante.

Fantasma del passato

Che fine è toccata alla famosa macchina blu elettrico, decapottabile, a due posti, che abbiamo avuta tanti anni fa, che abbiamo desiderata, comperata, amata, coccolata, vezzeggiata, e poi crudelmente abbandonata per prenderne un'altra più giovane e più bella? Ogni volta si ha l'illusione di un vincolo profondo, come tra vecchi amici, destinato a durare per sempre, e il pensiero rifugge dal momento, che pur si sa presto o tardi inevitabile, in cui ce ne dovremo sbarazzare. Poi, con rapidità imprevista, il momento viene, si vuotano i ripostigli del cruscotto, si accompagna la infelice dal rivenditore e la temuta lacerazione sentimentale non avviene, per noi è oramai una cosa morta, sulla soglia non ci voltiamo neppure indietro per un'ultima occhiata d'addio. E le avevamo voluto tanto bene! Che fine avrà fatto? Nelle mani di un negriero che l'ha sfruttata brutalmente portandola anzitempo al cimitero? O di un signore d'alto sentire che l'ha rimessa a nuovo, anzi arricchita di ogni possibile belluria, cosicché oggi è annotata nel Gotha dell'antiquariato internazionale? No, non era tipo tanto chic da poter sedurre un esteta. Sarà discesa di parallelo in parallelo, come capita, fino al profondo polveroso sud, e qui avrà goduto una sorta di seconda amara giovinezza. Poi, anche lei.

Troppo tempo è passato. Non ne rimarrà neanche una fetta di lamiera. Eppure, di quando in quando, là dove si addensano le folle, ai grandi quadrivi, ai terminal d'autostrada, sui viadotti babelici, ci par di intravederla, un po' sbrindellata ed acciaccata, però sempre di colore blu, sempre snella, col suo bel musetto impertinente. Ah, il rimorso. Come avvicinarsi, come chiamarla? Ma è già sparita. Un'ombra.

La torre

Al tempo delle grandi invasioni, un giovane e ricco cittadino, di nome Giuseppe Godrin, si costruì, ai limiti settentrionali della città, una altissima torre, con una camera in cima, dove trascorrere la maggior parte delle giornate.

Di lassù poteva dominare per lungo tratto la strada che portava al nord, in direzione delle montagne dove passava il confine.

Molti popoli bellicosi e nomadi scorrazzavano allora per il mondo, portando la guerra, i massacri e la distruzione. Ma temuta più di tutti era l'orda dei Saturni, contro i quali nessun esercito regolare, schierato in difesa della patria, aveva mai resistito.

Ebbene, il Godrin fin da ragazzo era assillato da questa paura e si era fatta costruire la torre appunto per poter essere il primo a dare l'allarme.

L'arma più pericolosa dei Saturni era infatti la sorpresa. Essi piombavano sulle città inavvertiti, al galoppo sfrenato. E pure le milizie più valorose non facevano in tempo a serrare i ranghi. In quanto alle mura di cinta, erano maestri, quei barbari, nello scalarle, per alte e lisce che fossero.

Grazie alla visibilità che si godeva dalla sommità della sua torre, il Godrin non solo sarebbe stato il primo a segnalare tempestivamente l'incursione, ma avrebbe potuto prepararsi a combattere – così diceva – con grande anticipo su tutti gli altri. Aveva a questo scopo acquistato una grande quantità di armature, spade, lance, schioppi e colubrine. E nel cortile sottostante alla torre, tre volte alla settimana, faceva esercitare i numerosi famigli all'uso delle armi.

La gente, quando l'edificazione della torre fu a buon punto e l'incastellatura del cantiere già sovrastava tutti gli edifici della città, cominciò a sussurrare che il Godrin fosse un poco tocco. Da oltre un secolo i barbari invasori non si erano più fatti vivi. I Saturni, poi, erano una storia della notte dei tempi, piuttosto leggendaria, ed era probabile, secondo il parere di molti, che non esistessero più.

Non mancavano poi i maligni: il Godrin non si era fatta la torre per poter essere il primo alla battaglia, ma per avere tutto il tempo necessario a nascondersi. E insinuavano ch'egli si fosse costruito, nel sottosuolo della torre, un rifugio inespugnabile, con provviste d'acqua e di cibi sufficienti per un assedio di parecchi anni. Nessuno però seppe darne la prova.

Con l'andar del tempo, tuttavia, non vi si fece più caso e i pettegolezzi cessarono. Era un periodo di pace, la città godeva una vita prosperosa e tranquilla. Il Godrin, che apparteneva a una delle famiglie più in vista, partecipava di quando in quando ai trattenimenti e alle feste della bella società, ma per lo più conduceva una esistenza ritirata, non cessando di scrutare dal suo osservatorio, con un potente cannocchiale, la strada del nord: da cui non scendevano che pacifiche vetture, carriaggi di merci, greggi di pecore e solitari viandanti. Alla sera poi, quando calavano le tenebre e le osservazioni dovevano essere interrotte, il Godrin, prima di coricarsi, scendeva a una vicina locanda, trattenendosi a bere un'acquavite e ad ascoltare i racconti dei viaggiatori di passaggio.

Così passarono gli anni con velocità spaventosa e il Godrin un giorno si trovò ad essere un vecchio, e per risalire i quattrocentotrentotto ripidi gradini della sua torre dovette per la prima volta farsi aiutare dai servitori.

Con le forze, gli era venuto meno anche lo spirito di intraprendenza, anche le speranze giovanili, perfino le vecchie paure. Passavano giornate intere senza ch'egli neppure si avvicinasse al cannocchiale, puntato da immemorabile tempo sulla strada del nord.

Ma una sera, mentre da un angolo della locanda tendeva le orecchie a un forestiero, mercante di cavalli, che raccontava meravigliose storie di paesi stranieri, ebbe un soprassalto. Perché quello a un certo punto disse: « ... sì, mi ricordo, ero ancora ragazzetto, proprio l'anno che i Saturni sono arrivati qui da voi ».

Il Godrin non interloquiva mai, ma stavolta fu più forte di lui: « Scusi, signore, » chiese « ma come ha detto? ».

L'altro si voltò, stupito: « Ma sì, l'anno che c'è stata l'invasione dei Saturni ». E riprese senz'altro il suo racconto.

Troppo sorpreso era il Godrin per avere il coraggio di insistere nelle interrogazioni. D'altra parte, perché dare importanza a un fanfarone di passaggio? Certo aveva parlato a vanvera, facendo una ridicola confusione di date e di nomi.

Un filo di dubbio però gli rimase: come mai, sentendo ricordare una mai avvenuta invasione dei Saturni, gli ascoltatori, tutta gente del luogo che lui conosceva bene di vista, non avevano fiatato?

Così, nei giorni successivi, facendo finta di niente, andò saggiando il terreno qua e là, fermandosi a chiacchierare del più e del meno con lo speziale, col negoziante di sigari, col libraio; come non faceva quasi mai. Non domande precise, piuttosto allusivi accenni buttati là quasi per caso. Da cui non ricavò lumi né in un senso né in un altro.

Si risolse allora a visitare Antonio Kalbach, suo vecchissimo professore di greco e di latino, personaggio assai venerato in città per la sapienza e la saggezza, tenuto quasi in fama di oracolo, e consultato, nei momenti più gravi, dagli stessi reggitori dello stato. Da quando aveva finito gli studi, il Godrin non gli aveva mai parlato. E da qualche tempo non lo incontrava più, segno che il valentuomo, agli estremi dell'età, non era più in condizione di muoversi.

Il vegliardo accolse il Godrin con benevolenza. Non sembrò stupirsi della richiesta, si sarebbe detto anzi fosse già al corrente di tutto.

« Tu non sei mai venuto a trovare il tuo antico professore, » gli disse « eppure io ti ho sempre voluto bene ugualmente. E ti ho anche seguito da lontano. Povero figliolo mio! Sì, i Saturni sono venuti, per cui tu ti sei dato tanta pena. Sono venuti, sono passati, se ne sono andati. »

« Ma, professore, qui in città da almeno sessantacinque anni, da quando io sono nato... »

« I Saturni sono venuti, » continuò imperterrito il venerando « e tu, povero figliolo mio, lassù in cima alla tua inutile torre, non ti sei accorto di niente. »

« Li avrei pur visti arrivare dalla strada del nord! »

« Non sono venuti dalla strada del nord, e neppure da quella del sud. Sono usciti in silenzio da sottoterra, hanno saccheggiato, hanno devastato. E tu, povero figliolo mio, nel tuo onorevolissimo egoismo, non ti sei accorto di niente! »

« Comunque me la sono scapolata, no? » fece il Godrin, un poco piccato.

« I Saturni sono venuti, hanno saccheggiato, sono ripartiti. Ma altri sono venuti ancora. Altri Saturni vengono ancora ogni giorno, assaltano, saccheggiano, devastano e ripartono. Non impazzano con la cavalleria per le strade e le piazze, essi lavorano dentro ciascuno di noi, e fanno strage, se non stiamo più che attenti... »

« Ma io... »

« Ma tu niente. Hanno assalito anche te, hanno devastato anche te, e tu non te ne sei accorto perché guardavi da un'altra parte, a quella stupida strada del nord. E adesso sei quasi vecchio, povero figliolo mio. E così hai buttato via la tua vita. »

Il buon nome

Il conte Attilio Fossadoro, di 74 anni, presidente di sezione di Corte d'appello in pensione, signore oltremodo corpulento, una notte si sentì male forse per avere trasmodato nel mangiare e nel bere.

« Mi sento un po' pesante » disse nell'atto di coricarsi. « Sfido io » fece la moglie Eloisa. « Ci voleva poco a prevederlo. Peggio di un bambino! »

L'emerito magistrato si abbandonò di schianto sul letto, supino, a bocca aperta, e non rispondeva più a nessuno.

Era un sonno di piombo dovuto al Barolo o si trattava di un malore? Anfanava. Lo chiamarono, lo scossero, gli spruzzarono dell'acqua sulla faccia. Niente.

Allora si pensò al peggio. La signora Eloisa telefonò al medico curante dottor Albrizzi.

A mezzanotte e mezzo il dottore arrivò. Vide, eseguì le auscultazioni, parve rimanere in forse, assunse quell'atteggiamento soave e diplomatico che nei medici non lascia presagire nulla di buono.

In un salottino contiguo, il dottore, donna Eloisa e i due figli Ennio e Martina, mandati subito a chiamare, confabularono a bassa voce.

La congiuntura si profilava minacciosa. Fu deciso di ricorrere al massimo luminare, al vecchio clinico di celebrità internazionale. A ottantatré anni suonati, il professore Sergio Leprani era sempre il più autorevole; e di riflesso il più caro. Non era però una spesaccia che potesse spaventare i Fossadoro.

« Chiamarlo quando? Ma subito! » intimò donna Eloisa.

« No, no, a quest'ora non si muove garantito, togliamocelo dalla mente! »

« Per il conte Fossadoro si muoverà, e come! Vuole scommetterci, caro Albrizzi? »

Telefonò infatti, in tono così robusto da sconvolgere le ferree consuetudini del Maestro.

Il quale giunse al palazzo verso le ore due, accompagnato, anzi sostenuto, dal primo dei suoi assistenti, il professore Giuseppe Marasca.

Come il sommo entrò nella camera, il letargo del Fossadoro sembrava essersi fatto ancora più greve; e l'ansimare più stentato.

Sedette ai piedi del letto e lasciò fare al Marasca e all'Albrizzi, i quali gli comunicavano via via i dati: anamnesi, temperatura, cuore, pressione, riflessi, eccetera.

Impassibile, le palpebre abbassate a scopo di concentrazione mentale (o il sonno aveva avuto la meglio?) il Leprani ascoltava senza fare una piega.

Alla fine il Marasca gli si chinò a un orecchio chiamandolo « Maestro! » con uno scoppio di voce sorprendente in quel luogo, in quella circostanza e in quell'ora.

Leprani si riscosse e i tre medici chiesero di poter rimanere soli.

Ma il consulto non durò più di tre minuti. Dopodiché alla contessa che gli chiedeva ansiosamente: « E allora, Maestro? », Leprani rispose: « Signora mia, un minimo di pazienza! Saprà tutto a tempo debito, dal suo medico curante ». E traballando si infilò nell'ascensore.

L'Albrizzi, in compenso, non fece tanto il prezioso. Con le dovute cautele comunicò senz'altro il perentorio responso del grande: embolo cerebrale, prognosi infausta, nessuna speranza, al massimo ancora una settimana di vita.

Quale non fu la stupefazione dell'Albrizzi il mattino dopo quando si ripresentò a palazzo Fossadoro per avere notizie.

Ida, la governante, gli aprì la porta con un sorriso radioso:

« Tutto bene, dottore, tutto benone! L'avevo sospettato fin dal primo momento, io, ma potevo forse parlare alla presenza di quei professoroni? Una solenne bevuta, nient'altro. »

In quel momento comparve, gioviale, anche lui, il moribondo.

« Grazie, sa, caro Albrizzi, di tutto il disturbo che stanotte si è preso per me. Mi dispiace proprio... Lo so, lo so, non sono cose che si dovrebbero fare alla mia età. »

« Ma come sta? Come si sente in piedi? »

« Be', la testa un po' vaga, questo sì. Per il resto, proprio niente male. In questi casi non c'è rimedio che valga una bella dormita. »

Stupefazione. Ma anche scandalo. Come il Marasca, primo assistente del Maestro, seppe dall'Albrizzi la "resurrezione" del Fossadoro, andò su tutte le furie:

« È assurdo! È inaudito! Il professor Leprani non sbaglia mai, non può sbagliare! Ma ti rendi conto, Albrizzi, di quello che può succedere? Gliene è andata già buca una, al Maestro, il mese scorso e se non gli è venuto l'infarto è stato un miracolo. Sei giorni a letto, ha dovuto restare. Un secondo smacco sarebbe fatale. Lo capisci? Dopo tutto, bestia anche tu a non aver capito ch'era soltanto una sbronza. »

« E tu? E tu, allora? »

« Io, un dubbio, giuro, l'ho avuto. Ma provaci tu a contraddirlo, il Maestro, lo sai che razza di temperamento. E ormai lui lo ha già dato pubblicamente per cadavere, il Fossadoro. »

« Accidenti. E che cosa si può fare? »

« Senti, al Maestro credo che siano dovuti tutti i riguardi possibili, mi capisci? proprio tutti i riguardi! Andrò io stesso a parlare con la contessa. »

« Per dirle cosa? »

« Lascia fare a me. Niente paura. Sistemerò le cose per il meglio. »

Il Marasca, intrepido arrampicatore universitario, parlò chiaro a donna Eloisa:

« Qui sta succedendo una cosa gravissima, il professor Leprani ha sentenziato un esito mortale a breve termine e il paziente se ne va in giro per la casa come se niente fosse. Non sarà mica uscito, per caso... »

« Ma, veramente... »

« Domeneddio, che disastro. Il prestigio di un clinico sommo, invidiatoci dall'estero, messo a repentaglio così! Non possiamo permetterlo assolutamente. »

« Mi dia lei un consiglio, professore. »

« Intanto, per prima cosa, persuadere il conte a mettersi a letto, fargli capire che è ammalato, gravemente ammalato. »

« Ma se lui si sente bene! »

« No, contessa, questa obiezione da lei non me l'aspettavo. Non si rende conto della delicatezza della situazione? Una vita spesa per la umanità sofferente, una fama conquistata col diuturno lavoro di tanti anni, dovrebbero essere trascinate nel fango? »

« Ma non sarebbe logico che lei parlasse a mio marito? »

« Dio me ne guardi. A quell'età si è così attaccati alla vita... E poi, voglia considerare, mi permetta, anche il buon nome di casa Fossadoro... Se si venisse a sapere la verità, se l'integerrimo magistrato, di illustre famiglia patrizia, diventasse lo zimbello della piazza... Un ubriacone senza freni! »

« Professore, non le permetto... »

« Scusi, contessa, ma non è più il caso di fare complimenti. Il professor Leprani deve essere salvato ad ogni costo. »

« E cosa dovrebbe fare mio marito? Scomparire? Togliersi la vita? »

« Questo è affar vostro, contessa. Da parte mia le ripeto: Leprani non sbaglia mai, neanche stavolta può essersi sbagliato... Che diamine, un minimo di riguardo per tanto scienziato! »

« Io non so, professore, non capisco... Personalmente non ho nulla in contrario a mettermi nelle sue mani... »

« Brava, contessa. Come del resto me l'aspettavo, constato in lei un alto concetto della rispettabilità della casata, del decoro sociale... In fondo sarà una cosa semplice... Somministrare, ad esempio, i cibi adatti... Il conte suo marito, eh, eh, non si farà pregare... »

« E la conclusione sarebbe? »

« Il professore Leprani non può essere smentito da chicchessia. Ha detto una settimana. Tiriamogli pure il collo, alla sua diagnosi. Vede che in fondo anch'io sono comprensivo. Ma entro quindici giorni, i funerali. »

La macchina dell'onore accademico si mise ben presto in moto.

Leprani chiedeva al primo assistente: « E allora, notizie del vecchio conte? Sta tirando regolarmente le cuoia? ». E l'assistente: « Lei ha già parlato, Maestro. Tutto secondo le previsioni. Ormai più di là che di qua ».

A palazzo Fossadoro, dove il conte coi più ingegnosi pretesti (il freddo, il vento, la umidità, lo smog, un principio di raffreddore) veniva tenuto rinchiuso, urgevano le telefonate di circostanza. La diagnosi di Leprani aveva già fatto il giro della città.

Telefonavano: le pompe funebri per la scelta della bara, la preparazione della salma e gli addobbi di rito; il medico comunale per il certificato di morte; il parroco, impaziente di somministrare l'estrema unzione; l'Istituto degli orfanelli per la rappresentanza ai funerali; il fioraio per le corone. E lui, il conte, sempre sano come un grillo.

Al quattordicesimo giorno il professor Leprani cominciò a dar segni di agitazione. « Il terribile vecchio » domandava « ancora non si è deciso? » Fu necessaria una iniezione ipotensoria.

Col sangue agli occhi, nel pomeriggio, il professor Marasca si presentò al palazzo Fossadoro accompagnato da due giovani assistenti travestiti da cuochi; e prese possesso della cucina. Alla sera, grande pranzo familiare per l'onomastico di una nipotina. Tra gli invitati, anche l'implacabile Marasca.

Lavoro, per la verità, eseguito a regola d'arte. Emozione e disturbo ridotti al minimo. Come, al dessert, inghiottì il primo boccone di torta, il conte Attilio Fossadoro restò stecchito, con ancora sulle labbra il beato sorriso di poco prima.

Subito il Marasca telefonò al luminare:

« Ancora una volta congratulazioni, Maestro. Or ora il conte ha cessato di vivere. »

L'eremita

Nella assolata Tebaide viveva un eremita, di nome Floriano, che di santità non ne aveva mai abbastanza.

In fatto di ascetismo, digiuni, frugalità, rinunce e sacrifici fisici era il primo della classe. Si era ridotto a pelle e ossa. Ciononostante aveva sempre paura di non essere nella grazia di Dio. Tra l'altro lo angustiava il fatto che, a cinquanta anni suonati, un miracolo che fosse un miracolo non era mai riuscito a combinarlo. Mentre i colleghi, per esempio Ermogene, Calibrio, Euneo, Tersagora, Columetta e Fedo ne potevano enumerare per lo meno una mezza dozzina a testa.

Ora accadde che un giorno fu annunciato l'arrivo, da Roma, di un frate sapientissimo e gran confessore, che faceva il giro dei principali centri monastici della cristianità a spargere la semente del Signore.

Lo si vide comparire al volante di una biposto scoperta e fumava sigarette "Gitanes" in continuazione; ciò che sorprese i pii abitatori di quelle selvatiche spelonche. Ma le credenziali di cui era munito fugarono ogni perplessità.

Fra Basilio eresse una sua tenda a strisce bianche e rosse ai piedi della rupe più alta e cominciò a ricevere i penitenti. Il primo fu Floriano.

Il frate era quanto mai simpatico e gioviale. Non volle assolutamente che Floriano si inginocchiasse, lo costrinse anzi a sedere in una poltroncina di tela pieghevole di tipo sahariano, invitandolo a confidarsi. E Floriano gli spiegò quale rovello lo tormentasse, nonostante le penitenze sostenute. L'altro, seduto anche lui, lo ascoltava sorridendo e ogni tanto scuoteva il capo.

Come Floriano ebbe finito, l'altro gli domandò:

« Fisso o vagante? »

« Vagante » rispose Floriano con una sfumatura di fierezza.

C'era, infatti, nella Tebaide, una grande differenza tra gli eremiti fissi, che si erano scelti una grotta e da quella non si muovevano, e gli eremiti che invece non avevano stabile dimora, non trascorrevano mai due notti consecutive nel medesimo sito ma si spostavano da una rupe all'altra, sistemandosi in grotte vergini, prive delle più elementari comodità e frequentate spesso da piccole fiere, pipistrelli e serpenti. La vita di questa seconda categoria era ovviamente assai più disagiata e pericolosa.

« E di che ti cibi? »

« Esclusivamente locuste. »

« Fresche o disseccate? »

« Disseccate. »

» Miele, proprio niente? »

« Non ne conosco il sapore » rispose Floriano.

« E usi flagellarti? »

Floriano scostò un lembo del sudicio telone che gli serviva da mantello e gli mostrò la schiena, magrissima, tutta solcata da strisce purpuree.

« Bene » fu il commento del frate che non abbandonava per un istante il suo sorriso, appena appena malizioso. Quindi si schiarì la voce e cominciò a parlare:

« Il tuo caso è chiarissimo, venerabile eremita. Se tu non avverti, come vorresti, la presenza di Dio in te, il motivo è uno solo: tu, Floriano, sei troppo orgoglioso. »

« Orgoglioso io? » fece l'altro stupefatto. « Orgoglioso io che giro scalzo, coperto da una ispida e dura tela, che mi nutro di nauseabondi insetti, che ho per giaciglio notturno gli escrementi degli sciacalli, dei gufi e delle bisce? »

« Perlappunto, venerabile Floriano: quanto più tu mortifichi e castighi il tuo corpo, tanto più ti senti virtuoso e meritevole di Dio. Se le tue viscere gemono, se le tue membra intristiscono, il tuo spirito in compenso si eleva e si espande. E questo si chiama orgoglio. »

« Signore mio! » esclamò, nel suo candore, l'anacoreta sbigottito. « E che diamine mi resta a fare? »

« Facile è umiliare la materia » declamò fra Basilio che in verità aveva una magnifica faccia di salute. « Di gran lunga più difficile e meritorio è umiliare l'animo e farlo soffrire, così da guadagnare la misericordia divina. »

« È vero, è vero! » fece Floriano che all'improvviso scopriva orizzonti mai concepiti. « È lo spirito che bisogna castigare, è lo spirito che deve patire! »

« Vedo che mi segui » disse il grande confessore venuto da Roma. « Orbene, dimmi, quale è per l'animo nostro la condizione più dolorosa, più umiliante? »

« Non c'è dubbio, padre mio: nessun maggior dolore che trovarsi in peccato mortale. »

« L'hai detto, nobile Floriano. Solamente il peccato potrà procurarti la necessaria umiliazione; e quanto più infami saranno i tuoi peccati, tanto più acerba sarà l'afflizione dell'animo. »

« Ma è orribile! » disse Floriano spaventato.

« Certo è aspra la via che porta alla santità » approvò il frate. « Tu pensavi forse che due frustatine bastassero? Altra, e ben più esosa, è la sofferenza che fa guadagnare il paradiso. »

« E come devo fare? »

« Semplice. Obbedire agli stimoli del maligno. Tu, per esempio, vieni mai colto dall'invidia? »

« Purtroppo, padre. Quando mi annunciano che un mio collega ha compiuto un nuovo miracolo, sento come un morso nel cuore. Ma finora, grazie a Dio, l'ho sempre dominato. »

« Male, male, venerabile Floriano. Da oggi invece dovrai abbandonarti a questo tristo sentimento, e sprofondarvi. Ancora: quando una bella penitente viene a confessarsi, ti accade di desiderarla? »

« Terribilmente, padre. Ma finora, grazie a Dio, sono sempre riuscito a dominarmi. »

« Male, male, venerabile Floriano. Le tentazioni ti sono mandate dal Cielo appunto perché tu te ne lasci travolgere, e ti immerga nel fango, e da questa abiezione tragga lacrime amare. »

L'eremita uscì dalla tenda di fra Basilio completamente sconvolto. Dunque lui aveva sbagliato tutto. Dunque lui, e i suoi amici della Tebaide, erano degli ingenui provinciali che non avevano capito niente dei sommi misteri. Più ci pensava, più si rendeva conto che il grande confessore aveva ragione. Altro che masticare cavallette. Superare la nausea del peccato, ecco la vera prova, ecco il sistema più energico per castigarsi, umiliarsi, patire, ecco la suprema offerta d'amore all'Onnipotente.

E con lo stesso metodico zelo con cui fino allora aveva punito il proprio corpo, l'eremita cominciò a torturare il proprio animo, peccando. E per avere sempre più lancinanti rimorsi, per realizzare sempre più brucianti angosce, escogitava le azioni più basse e spregevoli. Calunniava i compagni di eremitaggio, rubava dalle cassette delle elemosine, fornicava nottetempo con le peripatetiche del deserto, arrivò perfino a diramare giornalmente ignobili lettere anonime, approfittando delle confessioni ricevute, denunciando ai mariti le mogli adultere, alle spose i mariti infedeli, ai padroni i servi disonesti, ai genitori le figlie viziose. Questa, delle lettere anonime, gli sembrava, giustamente, l'azione più sudicia. E in corrispondenza, l'animo suo, buono, ne dolorava immensamente.

Intanto, nella sua ingenuità, gli accadeva di pensare: come è storto il mondo: si disprezzano e si puniscono i ladri, i traditori, gli strozzini, gli sfruttatori, gli omicidi, e magari si tratta di persone buonissime, di galantuomini sopraffatti da tentazioni più forti di loro, e per questo infelici. Commiserarli, non perseguitarli si dovrebbe, non mandarli alle galere ma coprirli di consolazioni e di onori.

Godeva una tale fama di santità, l'eremita Floriano, che le sue nefandezze poterono protrarsi a lungo senza che nessuno ne sospettasse l'autore. Senonché una giovane sposa, per colpa sua sorpresa in flagrante dal marito e ripudiata con pubblica ignominia, giurò a se stessa di scoprire il delatore: sapeva di aver sempre fatto le cose per benino, sapeva anche che al mondo uno solo poteva essere a conoscenza della sua tresca: l'eremita da cui andava a confessarsi. Riuscì quindi ad avere la lettera anonima ricevuta dal marito, riuscì a procurarsi un foglio su cui Floriano, anni addietro, aveva scritto un inno sacro. Fatto il confronto, si convinse. E denunciò il fatto ai magistrati.

Siccome nel Paese vigevano leggi di alta civiltà, le lettere anonime venivano punite con la pena di morte mediante decapitazione. Le prove, nel caso, erano fin troppo evidenti. Un drappello di guardie galoppò alla Tebaide e trasse l'eremita prigioniero.

Al processo, appunto per esasperare la propria abiezione e dal malfatto ricavare la mortificazione peggiore,

Floriano confessò non soltanto di avere scritto la lettera incriminata ma anche tutti gli altri misfatti. Il giorno che il tribunale pronunciò la condanna a morte, il suo cuore, divorato dalla consapevolezza del male compiuto, era come una colomba bianca allo spiedo, sventrata e trapassata da parte a parte; e la disperazione era tale che per la prima volta egli osò pensare di essersi, così, guadagnato veramente il paradiso.

Solo quando, denudato e fustigato a sangue, tra le contumelie della plebaglia scatenata, egli fu tratto al patibolo e, sospinto sul palco, si guardò intorno in una sorta di smarrito rapimento, e ai piedi del palco scorse fra Basilio che lo guardava sogghignando, solo allora finalmente intuì lo spaventoso tranello in cui lo avevano fatto cadere: il grande confessore non era altri che il demonio, il quale adesso avrebbe colto la sua anima disonorata.

Al pensiero, l'ambascia fu più forte di lui e il povero eremita scoppiò in un pianto selvaggio. Naturalmente la gente intorno credette che fosse soltanto vigliacca paura di morire.

Ma stavano già calando sulla piazza le prime ombre della sera. E in quel crepuscolo violetto, allorché la mannaia del boia fu vibrata, intorno alla testa dell'anacoreta che cadeva nel cesto predisposto, fu vista da tutti, distintamente, un'aureola lucente.

Allora colui che si era fatto passare per fra Basilio fuggì, aprendosi a forza un varco tra la folla. Era riuscito nell'impresa mai compiuta prima nella storia del mondo, nell'impresa, per un diavolo, la più disonorevole e assurda fra tutte: quella di portare un uomo alla gloria di Dio a forza di immondi peccati. « Accidenti, » imprecava « è proprio vero: infinite sono le vie del Signore. »

Cenerentola

Licia e Micia, gemelle, sette anni, fecero uno scherzo alla sorellastra Cenerentola, che aveva due anni di più.

« Perché non vieni anche tu alla festa, Rentolina? » diceva Licia.

« Ma sì, perché non vieni anche tu? » diceva Micia.

Licia e Micia erano due creature deliziose, cariche di vitamine e di superiorità. Cenerentola era meschina, più piccola di loro, una gambetta intristita da polio, e perciò zoppicava.

Cenerentola rispose: « Che ridicolo. Io non posso. Io lo so: è una gara di bellezza. Voi due sì, ci credo. Voi due siete belle. Io sono una minorata ».

Disse "minorata" in modo curioso, pieno di misteriosa gravità. Si trattava, infatti, in occasione della Mezza Quaresima, di un concorso di bellezza infantile a favore dei terrazzani dell'Afganistan affetti dalla febbre ricorrente.

Disse Licia: « Non dire sciocchezze, Rentolina. Che importa se zoppichi un poco? ».

Disse Micia: « Che cosa importa, Rentolina, basta che tu cammini adagio, nessuno si accorge di niente. L'importante è la faccia, no? ».

Le due piccole gemelle erano molto sviluppate mentalmente, tenuto conto dell'età, compreso il peccato originale.

« E tu, Rentolina, hai una faccia proprio mica male » disse Licia.

Micia fece eco: « Proprio mica male, sicuro. Sai cosa diceva ieri, la signora Cernuschi? ».

Cenerentola: « Cosa diceva? ».

« Diceva che tu hai un visetto molto spiritoso, proprio così diceva. Diceva che noi due siamo due belle bambine ma tu hai un visetto più spiritoso. »

La festa era stata indetta per il sabato di Mezza Quaresima nel padiglione della Mostra retrospettiva del Liberty, eretto nel Parco municipale in stile danese principio di secolo, tutto di finto legno.

Cenerentola pensò: "Come mai queste due pestilenze sono oggi così gentili? Che cosa sarà successo?". Ma disse seria: « Una bambina minorata non va a una gara di bellezza. Voi due siete piccole e non potete ancora capire certe cose ».

Intervenne la mamma, signora Elvira Ravizza, sporgendo il labbro inferiore in quel suo modo caratteristico:

« Cosa ti metti in mente, Rentolina? Licia e Micia hanno ragione. Certo che tu devi andare alla festa. »

« E che vestito metto? » chiese Cenerentola guardandola con espressione mista di speranza e di paura.

« Puoi mettere il vestito che ti ho fatto fare per il compleanno. È un capo magnifico. Con quello che è costato! »

Cenerentola pensò: "Forse io le ho giudicate male, forse sono più buone di quello che pensavo. In fondo, forse, mi vogliono bene".

Si alzò dalla sedia. Passando dinanzi allo specchio gettò un'occhiata. Arrossì. Un viso spiritoso? Sì, sì, era vero. Peccato quel nasetto così lungo. Pomeriggio di marzo. Il sole entrava attraverso le tende di mussola. Anche le automobili, fuori, mandavano un rumore di primavera. Nel cielo passarono alla rinfusa nuvole di forme strane, accartocciandosi. Ma nessuno, nella città, guardava in su, nessuno le vide.

Il padiglione in finto legno della Mostra del Liberty ha una grande sala centrale. Nel mezzo, da una parte all'altra, una passerella soprelevata. Ai lati, la folla di signore e di bambini, seduti e in piedi, l'attesa, l'eccitazione della festa. La giuria siede al termine della pedana: dame altolocate, personalità della cultura, dell'arte, del giornalismo. I fotografi scattano *flashes* a mitraglia.

Ogni volta che una bambina compare all'inizio della passerella, l'orchestrina manda uno squillo d'attenti, gli applausi scrosciano, i volti si illuminano di sorrisi pieni di benignità. Come è facile sentirsi buoni di fronte a tanta innocenza. Non sono commoventi? Con inverosimile civetteria ripetono le mosse, gli ancheggiamenti, le smorfiette, le malizie corporali imparate alla televisione. Licia e Micia, in calzamaglia a strisce verdi e gialle, avanzano insieme. Un signore coi baffi si alza in piedi gridando « brave! », tanta è la provocazione.

Ma il ritmo della sfilata ha una pausa. Ci deve essere stato un intoppo, una esitazione, si nota un nervoso movimento, laggiù, all'inizio della passerella.

Finalmente Cenerentola compare. Indossa un vestitino di lana bianca con due bande verticali azzurre, senza maniche e senza cintura, le calze bianche, le scarpette nere di vernice, i capelli bruni sciolti sulle spalle.

Lo squillo dell'attenti dall'orchestra. Adagio, Cenerentola! Fa un passo, due passi, pallidissima, con uno sforzo di sorriso. L'applauso di saluto arretra, sfaldandosi in magri battimani sbigottiti, qua e là.

La bambina si ferma, benché la musica cerchi di incoraggiarla. Le denutrite piccole braccia nude hanno un tremito.

Poi una voce infantile: « Oh, ecco la zoppetta! ».

Altri due passi lentamente. Si fa un maledetto silenzio, nonostante l'orchestra. Adesso sono in tre, quattro, cinque che gridano insieme: « Dài, dài, zoppetta! ».

Chi si è messo a ridere per primo? Un bambino o una mamma? È stata Licia? O le due gemelle insieme? O il demonio, in una delle prime file, travestito da bonario paterfamilias?

« Dài, dài! Coraggio zoppetta! » Adesso sono in trenta quaranta a gridare. E ridono, ridono, che scherzo spiritoso, che buffissimo. Deliziosa è la voluttà del male altrui quando si è in tanti e ci si sente compagni nel contagio. Anche se è in gioco una bambina con una gamba rattrappita. Diamine, si è qui alla festa per divertirsi, no? Perché non ride anche lei? Però, dico, sua mamma non ha proprio un briciolo di cervello? L'intera sala zeppa di gente è una sola selvaggia risata.

E che cosa le prende adesso, a quella stupidella? Rentolina ha ripreso la marcia sulla passerella, non più lentamente. Ora zampetta con precipitazione, i piedi fanno tic toc, in diseguale scalpitio, comici più che mai.

Poi tende le braccia davanti, come cercando un appoggio, una salvezza, un pietoso abbraccio che non esiste. E si mette a correre. Correre? Uno sconnesso scalpitio nella disperazione, tra l'ilarità generale, frenetica.

A due metri dal termine della passerella, inciampa, stramazzando a capofitto nella buca. Fragile tonfo. Ossicini teneri e dolenti.

In quel momento preciso – e nessun tecnico ha mai saputo spiegare il perché – dalla base del padiglione, per l'intero perimetro, il fuoco divampò.

Il finto legno delle strutture in realtà era vero legno; ciò per l'economia. Fu un rogo.

Era già calata la sera. Il parco venne illuminato a giorno dal mostruoso falò. E il cielo caliginoso sopra la città divenne un baldacchino di porpora.

L'ingresso al padiglione, sospeso su di un sistema di piloni, era costituito da un'ampia scalinata, anch'essa di cosiddetto finto legno, che si apriva sinuosamente a ventaglio appunto in stile Liberty.

Giù per questa scalinata, attraverso la crepitante barriera di fuoco dietro la quale la folla si contorceva con urla orrende invocando un impossibile soccorso, il sergente Onofrio Crescini dei vigili del fuoco, uno dei primi accorsi, giura di avere visto scendere una bambina con un vestito bianco a bande verticali azzurre e le calze pure bianche. Sembrava assolutamente tranquilla, dice, come se le vampe non la toccassero.

Il sergente racconta pure che la bambina aveva grandi occhi neri e, mentre scendeva adagio giù per gli scalini, guardò intensamente lui, Crescini.

Incurante del pericolo, egli si gettò in suo aiuto. Come le fu dappresso, all'inizio della scala in fiamme, fece per afferrarla. Ma l'immagine svanì. E le mani del Crescini annasparono nell'aria.

Nel medesimo istante, con uno spaventoso boato nel quale si confondevano gli spasimi umani e lo schianto delle cose, il padiglione giustamente sprofondò.

Che accadrà il 12 ottobre?

Tardo pomeriggio del prossimo 12 ottobre in Val Serà (Carnia).

Il cielo sarà coperto, un gelido vento scenderà dalle montagne. Il sole sarà tramontato o starà per tramontare, infatti la luce del giorno dileguerà rapidamente.

Le campane del piccolo paese di Strut avranno già suonato per il vespro.

Una grande pace regnerà sulla campagna, rare le automobili sulla provinciale, muti i cani dei casolari. In silenzio passeranno anche gli ultimi gruppi di corvi diretti ai loro nidi, sulle piante in riva al fiume.

Nella vecchia casa di famiglia in cima a una collinetta boscosa, il professore di storia del diritto italiano Luigi Splitteri, 43 anni, ancora in vacanza estiva, avrà acceso il fuoco nel caminetto e, seduto in poltrona, starà consultando un grosso libro rilegato, probabilmente una enciclopedia o una raccolta di rivista giuridica.

Una tardiva mosca, con la appiccicosa e probabilmente disperata insistenza delle mosche che si sentono prossime a morire a motivo dell'inverno sopraggiungente, continuerà a posarsi sulla fronte, sul naso e sulle mani del professore, il quale ogni volta la scaccerà con un rapido gesto di stizza, quasi istintivo.

Continuando la persecuzione, lo Splitteri, deposto il

volume, prenderà un giornale e lo arrotolerà a formare una specie di asta, con cui ammazzare la mosca. Riprenderà quindi sulle ginocchia il volume, nella destra stringendo il giornale arrotolato, pronto a colpire.

Contrariamente a quanto ritengono gli scienziati, non è che la struttura degli atomi componenti la materia assomigli vagamente a un sistema planetario: ogni atomo in realtà è un sistema planetario, rispetto a noi infinitamente piccolo, con un sole, i pianeti che gli girano intorno ed eventualmente vari satelliti.

Proprio all'ultima estremità della seconda zampa destra della mosca che starà tormentando il professore, c'è un atomo il cui sistema solare comprende un pianeta abitato da esseri identici a noi.

Anche il pianeta su cui vive il professore Splitteri potrebbe appartenere a un sistema solare costituente un atomo della zampa di una mosca in un universo di grado superiore.

A sua volta, il pianeta dove vive questa seconda ipotetica mosca – grande evidentemente come miliardi di galassie – potrebbe far parte di un sistema solare costituente un atomo della zampa di una terza mosca di un ulteriore universo.

Come possiamo escluderlo? Di mosca in mosca, per così dire, ci si può smarrire nell'immaginazione di universi sempre più giganteschi, la dimensione dei quali è tanto grande da non poter essere espressa non dico da cifre ma neppure da formule umane.

Ma torniamo nella sala di soggiorno della vecchia casa dove il professore Splitteri sarà disturbato dalla mosca d'autunno. In questa stanza si avvererà un avvenimento senza precedenti non solo nella storia del mondo ma nella storia del cosmo universale. E staranno per decidersi eventi di incalcolabile importanza.

Molti scienziati, sulla base di considerazioni statistiche, ritengono che esistano, nell'universo, centinaia o per lo meno decine di migliaia di pianeti abitati da esseri uguali o simili all'uomo.

Ciò non è vero.

Il pensare che, se si verificano condizioni ambientali uguali a quelle che videro prodursi la razza umana, debba presto o tardi venire alla luce una creatura come noi, è puerile ingenuità.

Condizioni di quel genere possono determinarsi milioni di volte senza che per questo debba comparire l'uomo. Nasceranno i batteri, le amebe, i tardigradi, i celenterati, gli insetti, i rettili, i mammiferi, le balene, gli elefanti, i cavalli, le scimmie parlanti, perfino i cani boxer che sono tra le invenzioni più felici del creato. Ma l'uomo no.

L'uomo infatti è una imprevista anomalia verificatasi nel corso del processo evolutivo della vita, non il risultato a cui l'evoluzione doveva necessariamente portare. È mai concepibile infatti che l'officina della natura mettesse determinatamente in circolazione un animale nello stesso tempo debole, intelligentissimo e mortale cioè inevitabilmente infelice? Fu una specie di sbaglio, un caso quasi inverosimile che ragionevolmente non ha motivo di ripetersi in nessuno dei pianeti – ce ne sono forse miliardi di miliardi di miliardi – i quali presentano condizioni ambientali uguali alla Terra.

Eppure il fenomeno-uomo, per quanto sia difficile a credersi, si è verificato una seconda volta.

Vale a dire che nell'universo degli universi esiste non uno bensì due pianeti, dalle medesime caratteristiche morfologiche, abitati dall'uomo.

Il primo è quello dove vive il professore Splitteri. L'altro, infinitamente più piccolo, è quello che gira nell'atomo all'estremità della seconda zampa destra della mosca che sta tormentando il detto professore.

È intuitivo che nel primo pianeta, che chiameremo convenzionalmente A, il tempo corre con ritmo di gran lunga più lento che nel secondo microscopico pianeta, che chiameremo Z. Parimenti il corso della vita di un paramecio è molto più veloce che non quello di un elefante. Nel tempo, poniamo, impiegato dal professore Splitteri per accendere una sigaretta, sul pianeta Z trascorrono intere giornate e forse mesi. Eppure, per una combinazione tanto singolare da far pensare a un intervento divino, la comparsa e la evoluzione della umanità sul pianeta Z, quello piccolissimo, dove il tempo vola a precipizio, si compiono in modo da poter coincidere con l'evoluzione del pianeta A precisamente la sera del prossimo 12 ottobre in quel di Strut.

Si resta davvero perplessi, per la tentazione di non credere, di fronte a due coincidenze così favolose: la prima per la presenza nello stesso punto dell'universo, cioè la casa Splitteri a Strut, dei due soli pianeti abitati dall'uomo che esistano nell'intero universo; la seconda per la contemporaneità del grado di evoluzione delle due umanità la sera del prossimo 12 ottobre.

Vale a dire che sia sul pianeta A sia sul pianeta Z in quel momento gli uomini hanno raggiunto il medesimo livello di progresso e si occupano delle medesime cose: il pericolo atomico, i tentativi spaziali, la lotta contro la fame, il movimento "beat". Sia su A sia su Z, trionfo dei capelloni.

Non solo: la sera del 12 ottobre anche sul pianeta Z – quello contenuto nell'atomo della zampa di mosca – ci saranno un professore di nome Splitteri seduto accanto al fuoco in una casa di campagna presso un paese chiamato Strut, e magari anche una mosca che lo infastidirà (in nessun atomo di questa mosca, tuttavia, ci sarà un pianeta abitato da animali come noi perché le umanità sono soltanto due nell'intero universo).

Naturalmente, data la diversa velocità nel flusso del tempo, quando il professore avrà finito di consultare il suo libro può darsi che gli abitanti del pianeta Z abbiano già raggiunto coi loro razzi il loro satellite, risolto il problema della fame, trovato il rimedio contro i tumori. Insomma è probabile che l'umanità Z, la quale corre più svelta, terminerà il suo ciclo molto prima di quella A. Ciò, a meno di imprevisti.

Intanto la mosca, che nella zampina porta il pianeta Z carico di "homines sapientes", si sarà posata su un ginocchio del professore, il quale l'avvisterà subito e lentamente alzerà il giornale per ammazzarla. Quando l'avrà ammazzata, dato che è un maniaco della pulizia, prenderà delicatamente la vittima per le alucce e la butterà nel fuoco purificatore.

A questo punto tutti voi intenderete, immagino, l'estrema importanza dell'episodio, a prima vista di scarso rilievo.

Il problema è questo: io che scrivo e voi che leggete apparteniamo all'umanità A oppure all'umanità Z? Siamo cioè dei colleghi del professore Splitteri (il primo che abbiamo considerato), o viviamo invece nell'interno della zampa della mosca persecutrice?

Non è una questione indifferente. Nel primo caso, la nostra sorte non verrebbe affatto modificata. Nel secondo caso, al contrario, la mosca morta cadendo tra le braci ardenti, violente perturbazioni avverranno nell'intimità della materia che la compone. È probabile che cataclismi siderali sconvolgano l'interno degli atomi, con la distruzione fulminea dell'intero secondo genere umano. E quindi di noi stessi, se per caso ne facciamo parte.

Il dilemma è grave. Eppure non possiamo risolverlo. Ci è rigorosamente negato di capire se viviamo in un mondo o nell'altro. Per saperlo, dobbiamo aspettare il 12 ottobre.

Dal medico

Sono andato dal medico per la visita di controllo seme-strale: un'abitudine che ho preso da quando sono di-ventato quarantenne.

Il mio medico è un vecchio amico, Carlo Trattori, che ormai mi conosce per diritto e per rovescio.

È un pomeriggio infido e nebbioso d'autunno, tra poco dovrebbe arrivare la sera.

Appena entro, Trattori mi guarda in un certo modo, e sorride:

« Ma tu stai magnificamente, stai. Non ti si ricono-scerebbe, a pensare che faccia tirata avevi, solo un paio d'anni fa. »

« È vero. Non mi ricordo d'essere mai stato bene co-me adesso. »

Di solito si va dal medico perché si sta male. Oggi sono venuto dal medico perché sto bene, benissimo. E ne provo una soddisfazione nuova, quasi vendicativa, di fronte a Trattori che mi ha sempre conosciuto come un nevrotico, un ansioso, affetto dalle principali ango-sce del secolo.

Ora invece sto bene. Da qualche mese in qua, di bene in meglio. Né mai più mi capitano, al risveglio del mat-tino, filtrando fra le stecche delle persiane la grigia funesta luce dell'alba metropolitana, propositi suicidi.

« C'è bisogno di visitarti? » dice Trattori. « Stavolta mangerò il pane a ufo, alla tua faccia. »

« Be', già che sono venuto... »

Mi spoglio, mi stendo sul lettuccio, lui misura la pressione, ascolta cuore e polmoni, tenta i riflessi. Non parla. « E allora? » chiedo io.

Trattori alza le spalle, manco si degna di rispondere. Però mi guarda, mi osserva come se non conoscesse la mia faccia a memoria. Finalmente:

« Piuttosto dimmi. Le tue fisime, le tue classiche fisime? Gli incubi? Le ossessioni? Mai conosciuto uno più tormentato di te. Non vorrai mica farmi credere... »

Faccio un gesto categorico.

« Piazza pulita. Sai quello che si dice niente? Neanche il ricordo. Come se fossi diventato un altro. »

« Come se fossi diventato un altro... » fa eco Trattori, scandendo le sillabe, pensieroso. La caligine, di fuori, si è infittita. Benché non siano ancora le cinque sta facendosi buio lentamente.

« Ti ricordi » dico « quando all'una, alle due di notte venivo a sfogarmi da te? E tu stavi ad ascoltarmi anche se cascavi dal sonno? A ripensarci mi vergogno. Che idiota ero, solo adesso lo capisco, che formidabile idiota. »

« Mah, chissà. »

« Che cosa vorresti dire? »

« Niente. Piuttosto rispondi sinceramente: sei più felice adesso o prima? »

« Felice! Che parola grossa. »

« Be', diciamo soddisfatto, contento, sereno. »

« Ma certo, molto più sereno adesso. »

« Dicevi sempre che in famiglia, sul lavoro, tra la gente, ti sentivi sempre isolato, estraniato? È dunque finita la tua bella alienazione? »

« Proprio così. Per la prima volta, come dire?...
ecco, mi sento finalmente inserito nella società. »

« Caspita. Complimenti. E da qui un senso di sicurezza, vero?, di coscienza appagata? »

« Mi prendi in giro? »

« Neppure per idea. E dimmi: fai una vita più rego-
lata di prima? »

« Non saprei. Forse sì. »

« Vedi la televisione? »

« Be', quasi tutte le sere. Irma e io non usciamo
quasi mai. »

« Ti interessi allo sport? »

« Riderai se ti dico che sto cominciando a diventare
tifoso. »

« E per chi tieni? »

« Per l'Inter, naturalmente. »

« E di che partito sei? »

« Partito come? »

« Partito politico, no? »

Mi alzo, mi avvicino, gli sussurro una parola in un
orecchio.

Lui:

« Quanti misteri. Come se non lo si sapesse in giro. »

« Perché? Ti scandalizzi? »

« Per carità. È una cosa ormai normale tra i borghesi.
E l'auto? Ti piace guidare? »

« Non mi riconosceresti più. Lo sai che lumacone ero
una volta. Bene, la settimana scorsa, quattro ore e dieci
da Roma a Milano. Cronometrato... Ma si può sapere il
perché di tutto questo interrogatorio? »

Trattori si toglie gli occhiali. I gomiti appoggiati al
piano della scrivania, congiunge le dita delle due mani
aperte.

« Vuoi sapere quello che ti è successo? »

Io lo guardo, interdetto. Che, senza parere, Trattori abbia notato i sintomi di una orrenda malattia?

« Quello che mi è successo? Non capisco. Mi hai trovato qualche cosa? »

« Una cosa semplicissima. Sei morto. »

Trattori non è un tipo facile agli scherzi, soprattutto nel suo studio di medico.

« Morto? » balbettai io. « Morto come? Una malattia incurabile? »

« Macché malattia. Non ho detto che tu debba morire. Ho detto soltanto che sei morto. »

« Che discorsi. Se tu stesso poco fa dicevi che sono il ritratto della salute? »

« Sano, sì.. Sanissimo. Però morto. Ti sei adeguato, ti sei integrato, ti sei omogeneizzato, ti sei inserito anima e corpo nella compagine sociale, hai trovato l'equilibrio, la tranquillità, la sicurezza. E sei un cadavere. »

« Ah, meno male. Tutto un traslato, una metafora. Mi avevi fatto prendere una di quelle paure! »

« Mica tanto traslato. La morte fisica è un fenomeno eterno e dopo tutto eccessivamente banale. Ma c'è un'altra morte, che qualche volta è ancora peggio. Il cedimento della personalità, la assuefazione mimetica, la capitolazione all'ambiente, la rinuncia a se stessi... Ma guardati in giro. Ma parla con la gente. Ma non ti accorgi che sono morti almeno il sessanta per cento? E di anno in anno il numero cresce. Spenti, piallati, asserviti. Tutti che desiderano le stesse cose, che fanno gli stessi discorsi, tutti che pensano le stesse identiche cose. Schifosa civiltà di massa. »

« Storie. Adesso, che non ho più gli incubi di una volta, mi sento molto più vivo. Molto più vivo adesso quando assisto a una bella partita di calcio, o quando schiaccio l'acceleratore fino in fondo. »

« Povero Enrico. E benedette le tue angosce di una volta. »

Ne ho abbastanza. Trattori è riuscito a darmi veramente sui nervi.

« E allora, se sono morto, come spieghi che non ho mai venduto tante mie sculture come in questo ultimo anno? Se fossi rammollito come dici... »

« Non rammollito. Morto. Ci sono oggi nazioni immense, tutte fatte di morti. Centinaia di milioni di cadaveri. E lavorano, costruiscono, inventano, si danno terribilmente da fare, sono felici e contenti. Ma sono dei poveri morti. Fatta eccezione per una minoranza microscopica che gli fa fare quello che vuole, amare quello che vuole, credere in quello che vuole. Come gli zombi delle Antille, i cadaveri resuscitati dagli stregoni e mandati a lavorare nei campi. E in quanto alle tue sculture, è proprio il successo che hai e che una volta non avevi, a dimostrare che sei morto. Ti sei conformato, ti sei dimensionato, ti sei aggiornato, ti sei messo al passo, ti sei tagliato le spine, hai ammainato le bandiere, hai dato le dimissioni da pazzo, da ribelle, da illuso. E perciò adesso piaci al grande pubblico, il grande pubblico dei morti. »

Scatto in piedi. Non so più resistere.

« E allora tu? » gli chiedo imbestialito. « Come mai di te non parli? »

« Io? » scuote il capo. « Anch'io, naturalmente. Morto. Da parecchi anni. Come resistere, in una città come questa? Cadavere anch'io. Solo mi è rimasto uno spiraglio... per un puntiglio professionale forse... uno spiraglio da cui riesco ancora a vedere. »

Ora si è fatta veramente notte. E la bella caligine industriale ha il colore del piombo. Attraverso i vetri, la casa di faccia si riesce a distinguere appena.

Gli scrivani

Nella immensa sala stanno, allineati, centinaia, migliaia di tavoli. Su ogni tavolo una macchina da scrivere. A ogni tavolo un uomo seduto.

In centinaia, in migliaia, stiamo scrivendo i rapporti, le storie e le favole per il Nostro Signore e Padrone. Noi siamo gli scrivani del Re. Ogni tanto passa un valletto a raccogliere i fogli già scritti. Ma non è detto che il Nostro Signore legga tutto quanto. Anzi, alcuni di noi continuano a scrivere per l'intera vita senza che di quanto hanno scritto il Nostro Signore e Padrone legga neppure una riga.

Noi siamo gli scrivani del Re. Anch'io sono qui a scrivere da moltissimi anni. Dinanzi a me, che mi volta la schiena, lavora Antonio Scocchiari, sociologo, incaricato di scrivere i discorsi per i signori ministri; a sinistra Gelmo Weisshorn, relatore, tipo riservato e freddo; a destra, il professor Miro Castenèdolo, storico, mio buon amico; dietro a me, Ascanio Indelicato, poeta, che il Cielo lo perdoni.

All'improvviso, dalla mia macchina da scrivere venne un energico clac, una minuscola lampadina rossa si accese al di sopra della tastiera, tutti si voltarono a guardarmi.

Tutti si voltarono a guardarmi perché quello scatto

e quella lampadina significavano la condanna. Da quell'istante, per imperscrutabile disegno del Nostro Padrone, io dovevo continuare a scrivere senza termine, tranne le brevissime pause imposte dai bisogni corporali. Se smettevo, era la morte.

Come mi guardarono i compagni? Con pietà oppure con invidia? In realtà ero stato condannato o prescelto?

In gergo noi definiamo "chiamata" la pesante investitura. Essa avviene raramente. Da nove anni, per esempio, nessuno, nella nostra sala, l'aveva ricevuta; da cinque, nessuno la portava più con sé.

La "chiamata" tocca quasi sempre a scrivani di una certa età. Raramente ai giovani. Anche a motivo di tale circostanza molti ritengono non trattarsi di un castigo bensì di un'alta distinzione da parte del Nostro Signore; il quale, avendo specialmente cara l'opera di un dato scrivano, per timore che chieda la pensione e abbandoni il lavoro, lo trattiene con la mortale minaccia.

Altri invece sono convinti che non dipenda da un apprezzamento positivo ma da un puro e semplice capriccio, come talora piace ai potenti. Si citano infatti casi antichi di scrivani che furono "chiamati" benché non possedessero che mediocri facoltà.

Contrastanti sono pure le opinioni sull'effetto della "chiamata". C'è chi pensa che la minaccia della morte in caso di cessata attività obnubili la mente e fiacchi le energie, cosicché dopo poco tempo l'uomo cede, smette di scrivere e si abbandona al suo destino. C'è chi invece sostiene che la fatale alternativa stimoli e moltiplichi le forze procurando una nuova giovinezza, tanto che il designato resiste per un periodo lunghissimo, anzi scrive rapporti, storie e favole con sempre maggiore perfezione.

Ma, se lo scrivano smette, come viene la morte?

Quando le forze mi verranno meno, in che modo la morte mi raggiungerà? La cosa è incerta. In genere si esclude l'intervento del boia di corte. Niente morte violenta. Si suppone piuttosto una fine squallida per inanizione, essendo venuta a mancare all'infelice la grazia del Signore e Padrone, cioè l'unico vero motivo di esistere.

Ma c'è pure un'altra teoria: la morte non sarebbe che una minaccia platonica; smettendo di lavorare lo scrivano, il Sire gli perdonerebbe e, all'insaputa di tutti, gli farebbe consegnare perfino un premio. Candide utopie!

Si udì un clac nella mia macchina da scrivere, la lampadina rossa si accese, tutti si voltarono a guardarmi.

Io solo, nella immensa sala, sono stato "chiamato". Al termine dell'orario di lavoro, tutti gli altri se ne andranno. Io resterò seduto a scrivere, scrivere, fino a tardissima notte. E all'alba, dopo un breve sonno sopra un giaciglio approntato in un angolo dal guardiano, riprenderò la fatica. E mai più un giorno di riposo o una vacanza. E se un giorno non riuscirò più a continuare e abbandonerò per sempre la tastiera, sarà la mia fine.

Il professore Castenèdolo, lo storico che lavora al mio fianco, è ormai vecchio e mi vuole bene.

« Non affliggerti » dice. « Se sei stato chiamato è segno che il Nostro Padrone ha molta stima di te. »

« Ma non posso più muovermi di qui, capisci? Voi, tra poco, ritornerete a casa, rivedrete i vostri cari, potete svagarvi, ridere, divertirvi, girare per i boschi e le praterie. Io no. Per me soltanto scrivere, scrivere. E fino a quando resisterò? »

« Chissà. Può anche darsi che il Nostro Signore e Padrone, innamorato delle cose che scrivi, al colmo della notte scenda qui a trovarti e magari ti inviti a una delle sue orge leggendarie. Per un motivo o l'altro, tu sei diverso da noi tutti, altrimenti non avresti avuto la "chiamata". Pensa a me, invece. Io sono uno storico, sono vecchio e stanco, oggi ho messo la parola fine al trattato sulle diarchie del basso Medioevo, che sarà il mio ultimo lavoro perché domani, come tu sai, io vado in pensione. Ma io ti invidio. Io esco dalla scena oscuro e negletto, so bene che il Nostro Signore e Padrone ama le favole come le tue e non si interessa di storia. » (Il che non è vero, mi risulterebbe al contrario che negli ultimi tempi egli si è appassionato alla storia con tale trasporto da non leggere più quasi nient'altro.)

Brevi scambi di parole. Perché più di tanto non possiamo distrarci. L'importante è scrivere, scrivere, lui storia, io favole vane. Ma tra poco lui, Castenèdolo, se n'andrà e io continuerò a faticare.

Si attenua infatti a poco a poco la luce del giorno perché sta scendendo la sera. Deng! la campanella della fine-orario.

I cento, i mille colleghi scrivani intorno a me smettono di battere i tasti all'unisono, si alzano, coprono la macchina col fodero di plastica e si avviano all'uscita, malinconici formiconi, gettando furtivi sguardi su di me; che invece rimango.

Anche il professore Castenèdolo si è alzato, mi guarda e sorride con bontà:

« Ti saluto, caro amico, è l'ultima sera che ci troviamo insieme. Tu non avere paura; tu sei un designato, un eletto. Io me ne vado nell'ombra, oramai ho bisogno soltanto di riposo. »

Estrae dal cassettino la fodera di plastica, la allarga, la tende a cupoletta per ricoprire lo strumento della conchiusa fatica.

Clac, clac, per due volte uno scatto secco e maligno

dalla macchina di Castenèdolo. E sopra la tastiera il lumino rosso si è acceso. "Chiamato" anche lui, proprio all'ultimo istante della carriera.

Resta là, impietrito. È diventato pallido come il ghiaccio. Ma lentamente abbassa la fodera di plastica, con cura la distende sopra la macchina, livellando le pieghe.

Mi guarda ancora una volta.

« Non posso, no. Addio. Non ce la faccio più. Sarà quel che sarà. »

Per ultimo uscì dalla sala, verso la sorte.

Sono rimasto solo nel cupo silenzio. Ho acceso la lampada. E, al piccolo lume, circondato dal buio, io scrivo, scrivo.

Desideri sbagliati

Spesso gli uomini perseguono una felicità che basterebbe il semplice buon senso a dimostrare in partenza irraggiungibile. Tre esempi.

Il *trus*

In quel paese, il trus non dico fosse messo al bando, ciò essendo assurdo perché il trus è una necessità vitale, ma veniva tenuto in sospetto e controllato, quasi fosse pericoloso socialmente. Trusare era consentito solo a precise condizioni: avere una certa età, ottenere un permesso governativo, eccetera; certi tipi di trus erano poi severamente proibiti, come delittuosi. Tuttavia il trus era desiderato sopra ogni cosa al mondo.

Stanchi di tanta angustia, che durava da secoli, un bel giorno i giovani si misero a protestare, e il loro impeto era tale che travalicò ogni barriera. L'autorità venne scalzata, gli innovatori si impadronirono del potere, elessero un presidente, e venne promulgata una legge che aboliva le antiche remore, mettendo il trus a disposizione di ciascun cittadino, maschio o femmina, cosicché tutti potessero trusare a loro piacimento.

La conquista fu celebrata con una festa pubblica nelle

piazze e nelle vie, dove ogni sorta di trus veniva dispensata senza limiti. Era la felicità vagheggiata da millenni. Tutti si precipitarono avidamente. A milioni, uomini e donne trusavano spensierati, gli uni sotto gli occhi degli altri.

Senonché, dopo neppure mezz'ora, subentrò un senso di sazietà e delusione. E si udirono voci di protesta: « È un imbroglio. Questo non è il trus di una volta. Ci avete fatto fessi! ». Furono inalberati cartelli. Cortei di protesta. Una moltitudine invelenita dinanzi al palazzo del nuovo governo.

Al balcone si affacciò il presidente. Si fece silenzio. Disse: « Perché tanto furore? Il trus che vi è messo a disposizione non differisce per nulla da quello che una volta era quasi proibito. Ma abbiamo tutti sbagliato calcolo, io per il primo. Ciò che risultava delizia suprema quando era difficile, oggi che si può avere senza la minima fatica, si è svuotato di ogni piacimento. La colpa è anche mia. Do le dimissioni. Non avevamo pensato che a questo mondo tutto, ahimè, si paga fino all'ultimo copeco ».

Il genio ante litteram

Fabio Ternaz, giovane pittore di ottima scuola ma scarso di idee, fece un viaggio fino al lontano Frnland dove era in funzione uno dei più potenti cervelli elettronici della terra, specializzato in questioni culturali. "Io di fantasia ne avrò poca," pensava "però mi è venuta un'idea straordinaria, quella di chiedere al possente *computer* quale sarà l'arte tra un secolo. Lui necessariamente mi risponderà e in base alle sue istruzioni io sarò in grado di precedere i miei colleghi appunto di cent'anni, sarò proclamato un genio, diventerò ricco e famoso."

Giunto nel Frnland, pagò la tariffa di quattrocento dollari e consegnò un foglietto con la sua domanda al tecnico preposto. La richiesta, tradotta in termini cibernetici, fu introdotta nella pancia del mostro il quale, dopo circa due ore di laboriosi borborigmi, emise un cartoncino su cui era riprodotto un quadro. Con sommo stupore, il Ternaz rimirò. Era un nudo di donna, giovane, provocante e bellissima, distesa su un divano; era dipinta con una precisione e un amore dei particolari che neppure Ingres si sarebbe sognato.

La faccenda era imbarazzante. Tuttavia il giovane, fiducioso nel robot, rimpatriò di volata e si mise a riprodurre in vaste dimensioni il quadro del lontano futuro. Di quadri nello stesso stile ne fece anzi una trentina, e più ci dava dentro, più si persuadeva che quel modo di dipingere fosse una consolante liberazione.

Con tanti quadri fece una mostra, ne fece due, tre, dieci, nelle città più autorevoli. Ma tutti gli risero dietro. « Questa è una pittura vecchia come il cucco » dicevano. « E riproporla oggi è una vergogna. »

Al che il Ternaz, imbestialito, rimontò in groppa all'aereo e via al Frnland per contestare il *computer*: « Ti avevo chiesto come si dipingerà tra cento anni e tu mi hai dato un nudo di donna. Io l'ho copiato pari pari, e tutti mi hanno detto che sono un ridicolo passatista. Evidentemente tu ti sei sbagliato, perciò ti prego di restituirmi i quattrocento dollari del caso ».

Il cervello rispose: « Ti sei sbagliato tu, ragazzo. I grandi artisti è tanto se vengono riconosciuti tali vent'anni dopo la loro morte. Come puoi pretendere che il mondo accetti una pittura che lo precede di un secolo? ».

La poesia

A bordo del suo *yacht*, Giorgio Kam, proprietario di miniere, ebbe occasione di salvare un ragazzo che si dibatteva tra le onde. Era un giovanetto di bellezza straordinaria e risultò essere figlio di Dio. Il quale, sentendosi obbligato, mandò a chiamare il Kam e gli chiese quale premio volesse.

« Ti sono grato dell'offerta » rispose il minerario « ma perché me la fai con quel tono risentito? »

« La vista dei ricconi del tuo stampo ha l'effetto di mettermi un poco fuori squadra. Ma non farci caso, ciascuno ha le sue fisime. Esprimi piuttosto un desiderio. Per arduo che sia, farò del mio meglio. »

Il Kam, che si piccava di intellettuale e invitava spesso alle sue serate filosofi, scrittori, pittori, musicisti, volle fare bella figura:

« Mi piacerebbe tu mi facessi un dono di poesia ».

« Quale genere di poesia? »

« La poesia di Walter Tribolanti. » (Negli ultimi tempi aveva sentito parlare molto di questo giovane poeta e ne aveva letto qualche cosa, senza però capirci niente.)

« È troppo poco » disse Dio. « Le poesie di Tribolanti si vendono in ogni libreria, al prezzo, se ben ricordo, di millecinquecento lire. »

« Non intendevo questo. Mi piacerebbe tu mi concedessi il godimento che certi amici miei giurano di ricavare da quei versi e che io ho tentato invano di ottenere. »

Dio scosse il capo: « Non sono cose per te, credimi. Ti converrebbe altro regalo ».

« Che altro potrei chiedere? » fu la risposta del magnate. « Tutto il resto io lo posseggo già. Soltanto la poesia mi è finora negata. »

« Quando è così » fece l'onnipotente « eccoti soddisfatto. » E di sotto il manto trasse un pacchettino avvolto in carta azzurra e legato da una funicella d'oro. « Qui dentro c'è la poesia che desideri. Ma non dolerti se non potrai avere il beneficio che speri. »

Il Kam, fatto un inchino, se ne andò col suo pacchetto, il quale si sarebbe detto vuoto, tanto leggero. Risalì in macchina e via alla direzione generale. A motivo della divina chiamata, aveva infatti dovuto rinviare molti impegni pressanti.

Difatti, come entrò nel suo studio, irruppe da una porticina il segretario con una montagna di pratiche, nello stesso istante suonò il telefono annunciandogli una frana nel pozzo n. 27, a cui sarebbe stato opportuno correre subito a dare un'ochiata. Ma di là, nel primo saloncino d'aspetto, già da un'ora attendeva Thaddeus Fantuskha, venuto apposta da Praga per sottoporgli un progetto di *trust*. E nel salotto numero due fremeva di impazienza un altro preoccupante personaggio, Molibio Saturp, plenipotenziario delle giunte sindacali, che nella sua cartella di cuoio aveva di che fare esplodere uno sciopero quinquennale senza esclusione di colpi.

Dimodoché il Kam, ficcato il pacchetto della poesia in un cassetto dello scrittoio, si lasciò travolgere dal pestilenziale uragano a cui egli stesso tanti anni prima aveva dato la prima esca, il giorno che, miserabile minatore, aveva tratto dalla profonda terra un diamante grosso così.

Gli impegni gli abboccamenti le telefonate gli incontri le trattative i *pour-parler* i *jet* da una parte all'altra del mondo i ricevimenti i contratti gli appuntamenti le telefonate gli incontri le telefonate via via a tamburo battente e bang!, all'improvviso ecco noi lo ritroviamo, nel suo studio presidenziale, canuto e stanco, che si guarda intorno smarrito perché egli è oggi l'uomo d'affari più forte del sistema planetario, eppure emette dei lunghi sospiri come se fosse (pardon) infelice. E della faccenda della poesia, con tante importantissime cose che gli sono passate attraverso la testa, non gli resta ombra di ricordo.

Allora, per cercare una pillola energetica americana di cui fa uso da qualche tempo, apre il secondo cassetto a destra. La mano incontra una cosa, è un pacchetto, alquanto polveroso, avvolto in carta azzurra. Lo soppesa nella destra, perplesso, non ritrovando negli archivi cranici il più esile riferimento in proposito. Conclude: « Chissà chi ha imbucato qui 'sta cretinata ». E la scaraventa nel cestino.

La polpetta

Sullo scrittoio, nel mio piccolo studio, stamane ho trovato un pacchetto; di carta bianca, legato con uno spago azzurro.

Ho 74 anni, professore di chimica in pensione, vivo con mia figlia Laura e suo marito Gianni Tredescalzi, dottore in scienze economiche; e i loro tre figli, Edoardo, 17 anni terza liceo, Marco 16 prima liceo, Romeo 14 quarta ginnasio, carissimi ragazzi.

Sono vecchio. E anche un poco stanco. Ormai lavoro poco. Ma due tre ore al giorno riesco a dedicarle ancora all'Enciclopedia Peduzzi, che mi ha affidato le voci riguardanti chimica e matematica. Sarà un'opera in diciassette volumi. Sono stanco, un pochino. Al quinto piano. Domenica mattina. Che curiosa pioggia stamane; di sghembo. I vetri sono tutti imperlati.

Un pacchetto bianco, legato con uno spago. La carta è di quella lucida, sostenuta, come usano nelle salumerie di lusso. Però non ci sono etichette. Chiamo la Lucia.

La Lucia viene: « Signor professore ».

« Lucia » dico « che cosa è questo pacchetto? »

Lei guarda. Sembra stupita. « Non so, signore. »

Io l'apro, senza curiosità eccessiva. L'età ha questo di terribilmente tristissimo: che non è più permesso attendersi cose nuove e belle. Quello che c'è, c'è. E basta per l'eternità dei secoli, se eternità esiste.

Io apro il pacchetto di carta bianca legato con azzurro spago. Lo apro lentamente, appunto perché non sono ansioso, purtroppo. Non aspetto più.

Ecco. Che strano. C'è un piccolo vassoio di cartone come quelli che esistevano una volta nei distributori automatici i quali adesso non si vedono più. Mi ricordo, ero ragazzetto, certi spacci del centro, allora modernissimi, dove dietro ai vetri, mettendo una moneta, salivano lentamente dolci, cioccolatini, biscotti, sandwiches, Wuersteln, anche gelati. Uno sportellino si apriva. E si raccoglieva il voluto.

Sul vassoietto di cartone, una polpetta, o meglio un pasticcino. O meglio ancora una polpetta rivestita, uno smalto di crema, o patè, e, sopra, un ricciolo innegabilmente grazioso di burro con sbavature nerastre che fanno pensare al caviale. Appetitosissima, per essere sinceri.

Ma sono le undici del mattino. Che significa questo cibo? Chi me l'ha portato? Perché? Proprio la bellezza esteriore della cosa mi lascia perplesso.

La Lucia se ne è andata. Gianni è fuori, probabilmente al tennis. La Laura è a messa. Di là dei vetri sempre quelle sei finestre della casa di fronte, dove non ho mai capito bene chi abiti, in fondo non mi interessa, eppure quelle sei finestre, visibili da qui, mi hanno tenuto compagnia per molti anni, potrei disegnarle senza sbagliare una virgola, se sapessi disegnare.

Un pasticcino assai stimolante. Come quelli che vedevo nelle vetrine dei salumai di lusso, simbolo di benessere e raffinatezza, negli anni che speravo di diventare padrone del mondo. Ma chi l'ha mandato? E perché?

Una inquietudine. Sono le undici. Di là dei vetri sempre quelle sei finestre maledette. O benedette? Non so. Va a pescarli i reconditi nostri motivi di gioia o dispiacere.

Vaga, impalpabile incertezza. O apprensione. O paura. O peggio.

La polpetta, al di sopra, ha il bel colore della carne bovina rosolata ad arte. Il bordo è tutto smaltato di una sostanza grigio-argento che potrebbe essere appunto patè. E poi ci sono quei riccioloni di burro.

Mi alzo. Stamattina non ho la forza di lavorare. Piove. I vetri sono imperlati. Mi alzo e cammino. Inquieto, nervoso. Dove vado?

Cammino su e giù. Sono vecchio. Odo il rumore dei miei passi rapidi ma da vecchio, una volta i miei passi erano diversi. I miei? Il passo di tutti quanti era diverso. Più giovane, più sicuro di sé, più bello. Ma poi è venuta la guerra.

Il corridoio. È una casa grande, per fortuna. Grandissima. Il corridoio è lungo. Io cammino per distrarmi su e giù per il lungo corridoio, le case di adesso non hanno corridoi simili, tanto ricchi di possibilità laterali, e perciò misteriosi.

Voci. Mi fermo. Una porta chiusa, ma le voci, di là, si odono distinte. I miei tre nipoti. Li riconosco.

« No, no. Era perfetta. » La voce di Marco. « Garantito che la mangerà. »

« Ma è l'ora che non è adatta. Era meglio aspettare » dice Edoardo, lo identifico facilmente.

Il riso di Romeo, così precoce: « Undici o dieci del mattino, il nonno è un goloso di quelli. Non resisterà, vi dico ».

Edoardo: « Che lagna. Non ce lo leveremo mai dai piedi? ».

Marco: « Uffa. Hai visto ieri sera a tavola come mangiava? Che schifo. A me quella sua dentiera mi fa semplicemente impazzire ».

Breve silenzio. Poi Edoardo, con un risolino: « Non impazzirai più. C'è la polpetta ».

Marco: « Siamo sicuri che funzioni? ».

Edoardo (sottovoce, con significato): « Cianuro. Signor cianuro ».

Romeo: « Su, nonnino, da bravo, ingurgita! ».

Marco: « E schiatta! ».

La risata dei tre, attraverso l'uscio, si estende al corridoio, ripercotendosi fra le pareti del corridoio, su e giù per il corridoio dove sto io, ascoltando.

Qui non arriva luce diretta del giorno. Ma un riflesso grigio-ferro, quasi nulla, una penombra di ferro.

Come i cani? penso. Non servi più a niente, vero? mi dico. Dài noia. La tua presenza è superflua, ormai. E fastidiosa. Esteticamente insopportabile con le tue rughe, il collo vizzo, il sorriso troppo desideroso.

Marco: « E se non la mangia? ».

Edoardo: « La mangerà, la mangerà. È peggio di un bambino ».

Romeo: risata contenuta.

Faccio, nel corridoio, un passo indietro. Due passi indietro. Tre. Ripiego nel mio piccolo studio, nella mia stanza.

Non avete più bisogno di me, vero? Siete sicuri di voi stessi? Il futuro vi ha aperto le porte? Era bella giovinezza, vero? La pelle fresca, il sorriso fresco, lo stomaco che non esiste, il fegato che non esiste. Che ci sta dunque a fare il vecchietto? Che vuole ancora? Non si vergogna?

Sono forti, energetici, non posseggono dubbi. Avanti! Spacchiamo tutto!

Ciao, ragazzi, ho capito. Me ne andrò senza fare troppo rumore. Graziosi, siete, assomigliate maledettamente a un tipo che esisteva tanti tanti anni fa; e che portava il mio nome.

(Per fortuna vostra non sapete. Non sospettate. Poveri figlioli. Neanche il tempo di riderci su. Tra un secolo, o tra un anno, o tra un mese. O tra un giorno. O tra un'ora. Tra un minuto, o meno, sarete esattamente come me. Vecchi. Pensionati. Rugosi, da sbattere nella spazzatura!)

Non piove più. Sui vetri le gocce sono state già asciugate dal sole, ne rimane una traccia biancastra. Di là dei vetri le sei fatidiche finestre, in queste miserie grigie sta la nostra vita. Suonate, suonate, fanfare della riscossa!

Ma le fanfare tacciono, non ci sarà riscossa, le fanfare non sono mai esistite.

Mi risiedo alla scrivania. Stupida luce del mezzodì di festa. Il pacchetto. La elaborata polpetta. Nipotini cari, tanto intelligenti da non rendersene conto. E buoni, forse.

La polpetta ha, sulla superficie superiore, la tinta della carne bovina ben rosolata. Il bordo, alto, è tutto smaltato di una sostanza grigio-argento che potrebbe essere patè. E poi, sopra, ci sono quei ricciolini di burro, screziati di sbavature nere che potrebbero essere caviale. Polpetta che la giovinezza mi regala, polpetta di morte.

Adieu, amici. Ho capito. Seduto allo scrittoio, aiutandomi col tagliacarte d'ottone dorato, comincio a mangiare. E a morire, come desiderate voi, ragazzi cari. Che grazioso pensiero domenicale per il nonno.

E' buona, buona!

Il sogno della scala

Credo di essere molto bravo nella produzione dei sogni, specialmente quelli che mettono paura.

Io sono infatti assai richiesto. Benché non faccia pubblicità di sorta, gli spiriti della notte preferiscono me a tanti colleghi che mettono costose inserzioni sui giornali.

Dispongo di un repertorio di incubi estremamente fantasiosi. Ce n'è uno però che è apprezzato di gran lunga più di tutti gli altri; uno dei meno originali, devo dire, e la cosa un poco mi mortifica: è il sogno della scala.

Nell'ambiente, la mia reputazione è affidata quasi esclusivamente a questo articolo che gli spiriti notturni non si stancano di chiedermi e che, si intende, io con gli anni cerco di perfezionare sempre più. Dicono, gli spiriti, che è di effetto irresistibile, tanto più che racchiude, secondo loro, un'allegoria della vita.

Ci proviamo? Ecco il signor Giulio Minervini, quarantacinque anni, orefice e orologiaio, che poco prima di mezzanotte, dopo avere visto la tivù, si corica accanto alla moglie; e ben presto si addormenta.

Come per tutti gli incubi angosciosi, aspettiamo che egli sia calato ben profondamente nei gorghi del sonno così che gli riesca difficile emergerne, quando anelerà alla liberazione.

Osservatelo bene. Sono passate le due. Pare che ci siamo. Il signor Minervini, sdraiato sul fianco sinistro, ciò che ovviamente faciliterà l'operazione, si direbbe nei campi elisi, tanto beata, e aggiungiamo pure ebete, è l'espressione soddisfatta del suo volto.

Allora io lo chiamo. Lui reagisce. Non vede niente ma ode, di là dalla porta, fare con insistenza il suo nome; nonché un sospetto tramestio.

È fondamentale, nel mestiere dell'orefice, il pensiero fisso dei ladri. Un altro, magari, a un rumore più o meno inesplicabile, non farebbe gran caso. Giulio Minervini sì, invece. Lasciando sul letto il proprio corpo bestialmente assopito, si alza, si infila di gran furia i calzoni e in pantofole passa nell'altra stanza. Dove, occorre dirlo?, non trova nessuno.

Allora io mi sposto in anticamera, qui rinnovando il richiamo. E quando lui si affaccia in anticamera, mi trasferisco, invisibile, sul pianerottolo delle scale. Do dei piccoli colpi alla ringhiera di ferro, simulo uno scalpiccìo affrettato, chiamo con un sospiro: « Signor Minervini, signor Minervini! ».

Che sta succedendo? L'orefice, ormai in orgasmo, fa scorrere il pesante chiavistello dell'uscio internamente blindato, socchiude un battente, dà uno sguardo fuori. A questo punto il gioco è fatto.

Rapido come il pensiero, mi porto al pianerottolo inferiore con un petulante ticchettio di tacchi a spillo. E di qui lo chiamo, stavolta con inconfondibile voce femminile: giovane, furbesca, promettente.

Lui si sporge dalla balaustra a guardar giù. Non vede nulla, ode tuttavia il mio respiro, proveniente dall'andito della porta di un appartamento sottostante dove, per quanto tiri il collo, il suo sguardo non riesce ad arrivare.

« Signor Minervini! Signor Giulio! » Adesso la voce è riuscita davvero esile, procace, carnale. E l'orefice, perbacco, è uomo da stare al gioco.

Che cosa fa allora? Lasciate le pantofole, a piedi nudi, per non far rumore, comincia a scendere le scale. La prima rampa è di dodici gradini. Seguono un pianerottolo d'angolo, una rampa di sette, un altro pianerottolo d'angolo, un'altra rampa di dodici. La luce, proveniente da lampadine sistemate sopra i pianerottoli lunghi, donde si accede alle abitazioni, è fioca e abbastanza sinistra, però ci si vede.

Quando lui avrà disceso cinque o sei gradini, la balaustra su cui egli poggia la mano sinistra gli si sfilerà di sotto, dissolvendosi nel nulla. Ne' rimarrà un moncone, nella parte inferiore della rampa.

Scendere una scala priva di ringhiera e senza corrimano lungo la parete è sgradevolissima cosa, benché non ci sia alcun pericolo se si procede attentamente.

La scomparsa della ringhiera ha fatto intanto scomparire, nel Minervini, il pensiero della misteriosa ragazza che lo chiamava; e che adesso non lo chiama più. Ora il dubbio è uno solo: conviene risalire fino al grande ballatoio, ancora provvisto di balaustra e rientrare al più presto in casa, affrontando però quei sette gradini così repulsivi senza riparo esterno? Oppure gli conviene scendere ancora una paio di scalini così da poter afferrarsi al moncone di ringhiera sottostante?

Nel silenzio assoluto, l'orefice si decide per la seconda soluzione, scende i due gradini, con la sinistra abbranca il corrimano di legno, il quale però cede, come se non fosse attaccato a nulla.

Il Minervini resta là impietrito, dalla mano gli pende un pesante brandello di ringhiera. Con ribrezzo lo butta giù per la tromba, si addossa, cercando riparo, alla parete, ode lo schianto metallico sul fondo, cinque piani sotto.

Capisce di essere in trappola. L'unica è risalire. Lo farà con la massima prudenza, per fortuna coi piedi nudi è meno facile scivolare. Il ballatoio lassù, con la sua bella solida balaustra, gli appare un approdo favoloso. Favoloso perché? Non si tratta che di nove scalini da superare.

Nove scalini, è vero, però in quel brevissimo spazio di tempo gli scalini si sono fatti altissimi e stretti, sembrano la parete di una piramide azteca. Il Minervini non mi vede, ma sa che io sono presente. Chiede: « È un sogno, vero? ». Non rispondo. « Dico: è un sogno, vero? » lui ripete. E io: « Be', questo poi si vedrà ».

Si metterà carponi, per lucrare quattro punti di appoggio anziché due. Saggia precauzione perché nel frattempo dovrà constatare che i gradini non sono più dei veri gradini con un piano orizzontale bensì delle semplici aste metalliche che sporgono dal muro per circa un metro, distanti l'una dall'altra una quarantina di centimetri, e tra l'una e l'altra il vuoto. Inoltre, i cavicchi sotto di lui sono per oltre la metà scomparsi, e si aprono dei varchi spaventosi che bisognerebbe superare con un salto acrobatico, ciò che sarebbe una follia perché di sotto sprofonda a imbuto il precipizio.

Un piolo, due pioli, tre pioli, ne mancano ancora sei per raggiungere il ballatoio. La mano si tende, annaspa, il prossimo piolo non c'è più. Nello stesso preciso istante anche il piolo su cui poggia il piede sinistro gli viene improvvisamente a mancare, lui fa appena in tempo ad afferrare con le due mani l'ultimo piolo rimasto, mettendosi pericolosamente a cavalcioni. Di là non si può muovere, mai e poi mai si potrà muovere. E chi lo salverà?

Allora chiama aiuto. Oh, lo potesse. Benché ci metta tutto il fiato, non gli esce voce dalla gola. Aiuto! aiuto! Con orrore si rende conto che l'asta su cui è accovacciato, ultima sua risorsa, sta afflosciandosi di sotto, lentamente, come fosse diventata di caucciù. Si tiene disperatamente aggrappato all'attaccatura, serra le ginocchia sul flaccido moncone. Ma sa che è tutto inutile.

Mi chiama: « Dimmi, dimmi. È un sogno, vero? Se è un sogno, dovrò pur svegliarmi. È un sogno, vero? ».

E io: « Be', questo si vedrà ».

Crescendo

La signorina Annie Motleri udì battere alla porta e andò ad aprire. Era il notaio dottor Alberto Fassi, vecchio amico. Lei notò che il suo soprabito era tutto bagnato, segno che fuori pioveva. Disse: « Oh, che piacere, caro dottor Fassi. Si accomodi, si accomodi ». Lui sorridendo entrò e le tese la mano.

La signorina Motleri sentì dei colpi alla porta. Ebbe un soprassalto e andò ad aprire. Era il vecchio amico dottor Fassi, notaio, che indossava un soprabito nero, ancora gocciolante di pioggia. Lei, sorridendo, gli disse: « Oh, che piacere, caro dottor Fassi, si accomodi, si accomodi ». Il Fassi entrò, con passi pesanti, e le tese la mano.

La signorina Annie ebbe una scossa allorché udì che qualcuno batteva alla porta. Balzò dalla poltroncina dove stava ricamando e corse ad aprire. Vide il vecchio notaio Fassi, amico di casa, che da parecchi mesi non si faceva vivo. Sembrava appesantito e molto più corpulento di come lei lo ricordava. Tanto più perché indossava un impermeabile nero troppo largo, che cascava con grosse pieghe, lucido per la pioggia, ruscellante di pioggia. Annie si fece forza e sorrise, dicendo: « Oh, che bella sorpresa, caro dottor Fassi ». Al che l'uomo entrò a passi grevi e le porse la massiccia mano per salutarla.

Ormai sfiorita, la signorina Motleri, che stava ricamando nel salotto illuminato dalla luce livida del grande pomeriggio piovoso, si stava ravviando con la mano sinistra una ciocca di capelli grigi che le era scesa sulla fronte, quand'ecco udì dei violenti bussi alla porta. Ebbe allora un violento scatto nervoso sulla poltroncina, si alzò d'impeto e si precipitò ad aprire la porta. Si trovò dinanzi un uomo massiccio che indossava un impermeabile di gomma nera, a scaglie, duro e viscido, grondante d'acqua. Lì per lì credette di riconoscere il vecchio dottor Fassi, notaio, amico degli antichi tempi, e sforzando le labbra a un sorriso disse: « Oh, che bella sorpresa, che bella sorpresa. Ma si accomodi, prego, venga avanti ». Al che il visitatore avanzò nella anticamera con un rimbombo dei passi quasi fosse un gigante e le tese la mano larga e muscolosa per salutarla.

Nel torpore pomeridiano della casa, i ripetuti colpi alla porta riscossero violentemente la signorina Motleri, intenta a un complicato ricamo. Suo malgrado, fece un balzo sulla poltroncina, lasciandosi sfuggire la tovaglia che stava ricamando e che si sciolse a terra, mentre lei ansiosamente si affrettava alla porta. Come ebbe aperto, si trovò dinanzi una sagoma nera, massiccia e lucida che la guardava fissamente. Al che lei disse: « Ma lei... ma lei... ». E arretrò, mentre il visitatore entrava nella piccola anticamera, i suoi passi grevi rimbombando in modo incomprensibile nel vasto edificio condominiale.

Fa rapidissima, Annie Motleri, a raggiungere la porta, ciocche scomposte di capelli grigi piovendole sulla fronte, quando echeggiarono ripetuti colpi di qualcuno che chiedeva di entrare. Con mano tremante girò la chiave e quindi abbassò la maniglia, aprendo la porta. Sul pianerottolo stava una forma viva, massiccia e potente, di colore nero, tutta a scaglie, con due occhietti penetranti e delle specie di viscide antenne che si protendevano verso di lei, brancicando. Al che lei gemette: « No, no, la prego... ». E si ritraeva spaventata, mentre l'altro avanzava con passi di piombo, e l'intero casamento ne rimbombava.

Come la signorina Motleri, richiamata da insistenti colpi alla porta, fu corsa ad aprire, si trovò dinanzi un essere nero ricoperto di una corazza lucida e nera che la fissava, protendendo verso di lei due zampe nere che terminavano ciascuna in cinque artigli biancastri. Annie istintivamente si ritrasse, cercando però di richiudere il battente e gemette: « No, no! Per misericordia di Dio... ». Ma l'altro, poggiando con tutta la sua immane massa sul battente, lo dischiuse sempre più, finché riuscì ad aprirsi un varco e ad entrare, e il *parquet* scricchiolava sotto la sua mole gigantesca. « Annie... » mugolava l'intruso « Annie... uh, uh... » E verso di lei protendeva i bianchi orribili artigli.

Non trovò la forza di invocare aiuto la signorina Annie Motleri allorché, richiamata da energiche percosse all'uscio, che istantaneamente l'avevano messa in uno stato di orgasmo difficilmente esprimibile, si precipitò ad aprire e vide un tenebroso immondo mastodontico coleottero, scarabeo, ragno, fatto di lucidi lastroni uno connesso all'altro a formare un mostro possente, che la fissava con due minuscoli occhi fosforescenti (in cui erano contenute tutte le profondità fatali della nostra vita miseranda), e protendeva verso di lei decine e decine di antenne rigide che terminavano in ganci sanguinolenti. « No, no, dottor Fassi... » supplicò, retrocedendo, e più non poté dire. Allora il bestiale la aggranfiò con gli artigli orrendi.

La giovanetta Annie Motleri udì battere alla porta e andò ad aprire. Era il mostro, l'inferno, l'antico rettile dio, il quale la penetrava fino nell'intimo coi suoi occhietti di fosforo e di fuoco. E prima ch'ella facesse in tempo anche menomamente a ritrarsi, fece scattare le sue tenaglie di ferro, affondando gli unghioni nel tenero corpicino, nella carne, nelle viscere, nell'animo sensibile e dolente.

La conoscete, la signorina Annie Motleri? Eh no, altro che quarantacinque, volete scherzare. Certo, vive sola. Chi volete ormai che...? Ricama, ricama, nell'appartamento silenzioso. Ma che cosa la prende adesso per fare quel salto sulla poltroncina? Forse che qualcuno ha bussato alla porta? Figurarsi. No, nessuno ha bussato, nessuno, nessuno. Chi mai potrebbe bussare alla porta?

Tuttavia la signorina è corsa con un lancinante batticuore, inciampando nel tappeto, battendo contro lo spigolo del *trumeau*, ansimando. Ha girato la chiave, ha abbassato la maniglia, ha aperto.

Il pianerottolo è vuoto. Le piastrelle del pianerottolo vuote, con quella luce grigia che viene dal finestrone grigio e non concede perdono, la ringhiera nera e immobile, immobile la porta dell'appartamento di fronte, tutto immobile, vuoto, e per sempre perduto. Non c'è nessuno. Il niente del niente del niente.

L'antico rimpianto sì. L'afflizione inguaribile sì. La maledetta speranza degli anni lontani, sì. L'invisibile mostro, sì. Ancora una volta l'ha presa. Lentamente affonda i suoi aculei nel solitario cuore.

La farfalletta

L'onorevole Aldo Smith, sottosegretario all'Ordine Pubblico, stava scrivendo con fatica il discorso di risposta all'interpellanza dell'onorevole Fossambra (suo collega di partito!) il quale l'accusava di avere avuto la mano greve nei riguardi dei "Cavalieri erranti", quando dalla finestra venne un lievissimo fruscio.

Sempre coi nervi tesi nell'evenienza di un attentato – le lettere anonime di minaccia contro di lui formavano ormai un pesante " dossier " – egli levò fulmineo gli occhi. E con sollievo vide una farfalletta grigia che, entrata attraverso i vetri socchiusi, non riusciva più a ritrovare la libertà, impigliatasi com'era nella tendina di mussola.

Colui che nei moti di piazza veniva comunemente definito il " Grande Boia ", dopo avere osservato a lungo gli inutili sforzi della bestiola per trovare un varco, lasciò la penna, si alzò, portò una sedia sotto la finestra, montò sulla sedia e, per mezzo di un lungo tiralinee, raggiunse la farfalletta, cercando di spingerla verso lo esterno. Ma l'animaletto, anziché agevolare i suoi sforzi, si dibatteva spaventato, incuneandosi sempre più tra le pieghe della tenda. Tanto che lo Smith, disilluso, rinunciò alla sua opera di bene. « Farfallina, farfallina, » disse « c'è chi ti vuol salvare ma tu non capisci.

Solo che tu avessi un briciolo del mio cervello, saresti già salva da un pezzo. » E si rimise al lavoro.

Calò la sera e lui non aveva ancora finito. Alle otto e mezza l'usciere, essendo terminato l'orario, venne a prendere commiato. Della farfalletta non si avevano più notizie. Doveva essersi imbucata tra le pieghe della mussola, dove presumibilmente avrebbe concluso le sue ore, o i suoi giorni. Nel grande palazzo ministeriale l'onorevole Smith rimase solo.

La stesura del discorso procedeva a fatica. Non era agevole affrontare in Parlamento il tema dei " Cavalieri erranti". Non si sapeva neppure con precisione chi fossero, a parte il fatto che si erano messi decisamente fuori legge. Esaltati? Briganti da strada? Rivoluzionari? Maniaci sanguinari? Teppisti drogati? Adepti di una setta religiosa? Intellettuali depravati? Certo, lui Smith non si augurava di incontrarli.

Suonò mezzanotte che lo spinoso discorso non era arrivato neppure a metà. L'onorevole però tenne duro. Terminò la chiusa che dalla finestra entrava la prima balugine dell'alba. Crollava dal sonno. Mentre si alzava dalla scrivania, l'occhio fu attratto da una piccola macchia chiara sulla *moquette* grigio topo. Si avvicinò. Era la farfalletta. Non dava più segni di vita. Amen.

Giù nel cortile, come Smith mise in moto la macchina, si accese il lumino rosso: la benzina era in riserva. Sarebbe arrivato fino a casa? Però che idea, costruire un Ministero all'estrema periferia, quasi in campagna.

Accadde ciò che temeva. Dopo neppure un chilometro, e non era ancora entrato in città, il motore, dopo alcuni starnuti, si fermò. Era ancora buio, non passavano camion, non passava anima viva, neppure pensarci di trovare aperta a quell'ora una colonnetta di benzina.

Bestemmiando dentro di sé, discese dall'auto e si incamminò a piedi. Era stanco morto, era nero. Camminava, ciondolando, gli occhi fissi sull'asfalto.

All'improvviso due uomini, come sbucati da sottoterra. Se li trovò dinanzi a una dozzina di metri. Subito li riconobbe, per quella speciale pettinatura a cresta, come in certe tribù dell'Africa. Uno in maniche di camicia, l'altro con un giaccone di pelle. Il primo, biondo, impugnava un coso ch'egli riconobbe con orrore: uno di quegli atroci rampini che servono ai macellai per sollevare i quarti di bue. Erano due "Cavalieri erranti".

Lui si fermò, e fulmineamente fece il punto. A sinistra un canale, a destra un prato incolto che terminava a un muro di stabilimento. Dietro, a cinquecento metri circa, la sua macchina; ma a che cosa poteva servire?

Anche i due erano fermi. Tranquilli, scherzavano.

« Ma è magnifico! Hai visto? »

« Ho visto. »

« Sai chi è? »

« Si direbbe, ma stento a crederci, che sia il Grande Boia in persona. »

« Sarebbe troppo bello, vero? »

« Sarebbe diabolicamente bello. »

« E, si fa per dire, se fosse proprio lui, l'onorevole, che regaluccio gli faresti? Che omaggio potremmo escogitare? »

« Io, se fosse proprio l'onorevole Boia, gli farei un trattamento speciale, proprio un servizio di lusso... No, no, non muoverti, signorino, inutile correre, sta tranquillo che non ci scappi più. » E alzò l'orribile gancio ammonitore.

Smith si sentì perduto. Era chiaro che i due, in situazione così favorevole, lo avrebbero come minimo scannato. Da chi, da dove avrebbe potuto sperare un aiuto? I sentimenti turbinarono dentro di lui con violenza spaventosa.

In quel mentre, essendosi fatta l'alba, i radi lampioni si spensero. Contro il cielo lattiginoso di periferia, mentre un'agonica desolazione lo sommergeva, vide ondeggiare un pipistrello. I due terribili tipi mossero verso di lui senza fretta. Il pipistrello si allontanava. " Ah, potessi fare cambio! " pensò con tutte le forze dell'animo.

Si trovò librato in aria, svolazzante sopra una strada dove due giovani a lenti colpi pestavano selvaggiamente un uomo sui quaranta, smilzo, il quale emetteva atroci strida. Non più uomo, non più sottosegretario, semplicemente pipistrello, ma salvo.

Crescendo la luce, si sentì pieno di sonno. C'era una cascina laggiù. La raggiunse. Entrò sotto il tetto di un fienile, a testa in giù si appese a un trave. Tutt'intorno un coro di proteste.

« Chi sei? Che vuoi? » imprecavano altri pipistrelli.

« Qui è tutto completo. Qui siamo fin troppi. Sloggiare, sloggiare! »

« Sono l'onorevole Smith, » fece lui pronto « sottosegretario nel governo Bareggi. »

« Cosa? Cosa? Sottosegretario? E che significa? »

Era come parlare coi sordi. Se n'andò, arrancando penosamente nella luce che gli feriva la membrana degli occhi. Avvistò una grande ombra longilinea. Un campanile. Si sistemò nella cella campanaria. Non c'era nessuno. Sfido: con il fracasso delle campane, con quel viavai di spifferi. Oh, il suo comodo studio al Ministero, con la *moquette* grigio topo.

Dormì fino a sera. Col buio si sentì rianimato. Via,

nell'aria, a caccia di zanzare e moscerini. Miope come tutti i pipistrelli, egli è riuscito però a ritrovare l'edificio del Ministero. Ci gira intorno. Ma è tutto buio. Anche la terza finestra al primo piano, il suo ufficio.

Avrebbe una grande voglia di entrare, ma i vetri sono accostati e lasciano appena uno stretto spiraglio: sarebbe una dannata imprudenza. Se al mattino lo sorprendessero là dentro, per quanto onorevole, sarebbe finita per lui. Allora gli torna alla mente la farfalletta.

Ce ne sono al mattino, di farfalle, nei prati incolti intorno al Ministero. Si levano di buon'ora. Tutto sta nel resistere alla luce e al sonno. Smith resiste, è proprio l'ultimo pipistrello rimasto in giro. I passeri lo guardano disorientati.

Finalmente. Una farfallina colore isabella, la più adatta per mimetizzarsi sulla tenda. Si aggira disordinatamente sopra i fiori del prato. L'onorevole pipistrello si abbassa. « Ah, potessi fare cambio! » implora. E se ne vola via, graziosissimo, con le sue alucce di seta.

Adesso sì, piccolo com'è, può entrare impunemente nel suo ufficio, terza finestra a destra, primo piano.

Prima di entrare, una sbirciatina. Strano. Alla scrivania c'è un uomo. Che mattiniero. Seduto, che scrive. Caspita, non ha mica perso tempo, il caro collega Fossambra, a prendere il suo posto.

Entra con circospezione, si attacca in silenzio alla sommità della tendina, di là può dominare la scena. L'onorevole Fossambra non si è accorto di nulla, come poteva accorgersene? Continua imperterrito a scrivere; il suo primo discorso da sottosegretario, è presumibile.

Ma ora il collega Smith gli farà un bellissimo scherzo. Lui, Smith, possiede, e l'ha collaudato due volte, quel meraviglioso potere. Dirà ancora: « Ah, potessi fare cambio! ». E Fossambra diventerà farfalletta e lui Smith diventerà Fossambra, cioè sottosegretario come prima. Dopodiché, a scanso di guai, non resterà altro che far fuori la bestiolina.

Ma perché subito? Meglio che sia Fossambra, a lavorare fino a sera. Tanto più che lui, Smith, ha un sonno da morire, tutto il sonno arretrato di pipistrello. Perciò si insinua in una piegolina della tenda, le ali ben retratte a ombrello, placidamente si addormenta.

Non ha quasi fatto in tempo a chiudere gli occhi, che l'onorevole Fossambra si alza furtivamente, impugnando nella sinistra la riga da disegno, in punta di piedi porta una sedia alla finestra, sale sulla sedia, prende la mira, vibra col tiralinee una pacca energica sulla farfalletta la quale piomba giù, morta, sulla *moquette* grigio topo, senza neppure un sospiro.

Mosaico

Miracolo: passano sempre meno macchine, non si sentono più i clacson abbaiare, il cielo è limpido, al mattino l'auto lasciata sul marciapiedi non è più sozza di smog, il telefono non chiama più in continuazione, la cassetta della posta è quasi vuota. Cosa succede? Che consolazione, che pace, che silenzio. Però, però, come erano belli i vecchi tempi!

In pieno centro, passa una giardinetta azzurra *delabrée* guidata da due torvi macellai. Dietro, un giovanotto biondo singhiozza curvo, la testa fra le mani.

Come mi affaccio all'unica finestra del mio appartamentino, o semplicemente dischiudo i lembi della tenda, sempre uno, o una, mi sbircia dall'opposta parete del cortile. Anche nelle ore più strane.

Da dodici anni era in bilico sùbito sotto la cresta del Tribolaun. Ogni estate uno spostamento di qualche centesimo di millimetro. I lugubri tonfi, quando alla fine si staccò frantumandosi giù per la parete, si confondono con l'ultimo urlo atterrito dei due scalatori.

Con tutto quello che ha avuto. Con tutto quello che ha patito. Piccina. Dentro e fuori degli ospedali. Però che bel faccino, rosa, riposato. Pare una madonnina.

Mentre egli discuteva col professore di materialismo dialettico, mentre conversava con padre Alfonso generalissimo dei gesuiti, mentre seguiva il funerale del vecchio amico di infanzia, passò una, stivali neri lucidi morbidi aderenti ai polpacci, e poi un bel pezzo di cosce scoperte fin quasi all'inguine.

« Ah, se il Dick dovesse morire, basta con i cani per sempre, proprio basta. Dispiaceri e nient'altro. Come lo prenderemo? Ne prenderemo uno di quelli neri, col pelo lungo, sai?... »

Di tanto in tanto, ogni due tre mesi, a una certa ora della notte, i rumori della città all'improvviso si spengono. E allora si ode il ticchettio dell'orologio, per mesi e mesi nessuno se ne era ricordato. Eppure continuava a camminare. E anche adesso continua. Cammina, dici? Corre, galoppa, vola. Capisci? È il tempo. Precipita, divorando la vita nostra, olé.

L'uomo sfortunato in amore, dopo anni e anni di spasimi, riesce finalmente ad andare in letto con la bellissima di cui è perdutamente innamorato. In letto lei si sente male. Il dottore, l'ospedale, eccetera. Alla fine egli capisce che la bella era venuta con lui soltanto perché sapeva di dover morire.

Per sfoltire un po' la casa, egli si è sbarazzato del vecchio armadio, dopo averlo vuotato. Ma gli uomini dei traslochi lo trovano esageratamente pesante. Lo aprono, guardano, scoprono una massa di orribili pesantissimi segreti, di cui egli si era completamente dimenticato.

L'arcangelo ispettore va a fare un sopraluogo all'inferno. Trova tutto in disordine, deteriorato, sporco. Poi si fa dare il registro, e smarca una quantità di nomi: « Questi hanno finito ». Il diavolo: « È assurdo. Come la mettiamo con la pena eterna? ». L'ispettore: « La pena eterna non esiste, è soltanto un deterrente ». E l'altro: « Ma tu li rovini. Questi qui sono incalliti. Si sono abituati. Non saprebbero dove sbattere la testa ».

Ha la mania di essere malato, ne parla con tutti, la voce gira, finché ritorna a lui. Viene così a sapere che gli altri lo considerano molto grave. (Eppure sta benissimo.) Allora lui rilancia la notizia in chiave di catastrofe. Finché, amplificata di bocca in bocca, la notizia per la seconda volta lo raggiunge a "boomerang". E così viene a sapere di essere morto.

La ragazza innamorata soffriva tanto, che perfino il demonio se ne impietosì. Andò da lei e le promise l'amato. A una sola condizione: che mai, mai, per tutta la vita, neppure con una semplice carezza, con un semplice pensiero, lei lo tradisse; pena, la morte sua, di lui e dei figli. Singhiozzando, fu costretta a rinunciare.

Vedrai. Dove ragazzetto giocavi con la palla di pezza dei poverelli, ecco un palazzo nuovo bellissimo, venticinque piani, di ferro e cristallo, miliardario. Nell'atrio, rincasato nottetempo, il banchiere di sangue svizzero, il Cecè, crac, morto secco.

Il generale in altissima uniforme si sbraccia, per ore e ore, a decorare il caporalmaggiore vittorioso impettito. Medaglie di qua, medaglie di là, come una sonagliera. Scende la sera e lui non è ancora riuscito a ricoprirlo interamente.

« Ti ammazzerei, guarda. » « Va là, scemo. E poi con che cosa? » Lui ridendo alza la destra come se. In quel momento hanno battuto alla porta.

Sulla soglia della casa dell'oculista che ha pronunciato una diagnosi infausta. Piove gelido. Intorno, il delirio del 24 dicembre. Oramai sola al mondo. Col vecchio cane malato e quasi cieco; il quale non parla e tossisce. Un tassì, per misericordia di Dio. Sera di festa, di serenità, di Natale.

È una casa nuova ma da qualche tempo comincia ad avere una brutta cera. Niente di preoccupante, si intende. Non passano molti mesi che di notte esala l'ultimo respiro. E dopo? Dopo, tutto prosegue ugualmente. Nessuno ci fa caso. Gli inquilini abitano ugualmente, i camini fumano ugualmente. Solo che la casa è morta.

Alla grande festa, la bellissima rifiuta orgogliosamente di indossare la maschera. E da principio trionfa. Poi cominciano a trascurarla. Poi addirittura la sfuggono. Finché per caso lei si vede allo specchio: è diventata vecchia, decrepita. E l'alba è ancora lontana.

Ai bambini, perché non vadano a disturbare il vecchio zio sacerdote, dicono che nell'anticamera del suo appartamentino stanno due angeli di guardia; e che se un estraneo tenta di forzare il passaggio, lo prendono e lo portano all'inferno. Comunque, una sera, i due bambini vanno. Nessuno li ha mai più rivisti.

Sul balcone. Poltroncina di vimini. Bretelle. A contemplare i treni che passano nel breve spiraglio tra le due case davanti. La locomotiva bellissima. Il tender. I vagoni. I vagoni. I finestrini illuminati. I vagoni. Uno ancora. Un pezzo ancora. Ancora un fettino. L'ultimo svolazzo di fumo. Treno! Treno!

Rientrando dal retro nel *grand hotel* di montagna, − il corridoio, la *dépendance*, l'odore di cucina − il celebre filosofo e giurista notò le gambe nude della servetta inginocchiata a lavare, i piedi scalzi con la pianta nera di sudicizia. Presidente onorario del tribunale dei minorenni.

Dal prato periferico un fiato sollevò due foglie secche. Turbinarono, toccandosi, scansandosi. Scherzavano! Malinconico flirt. Giacquero. Dal nord scendevano lunghe nubi grigie cariche d'inverno.

Tic-Tac

Conosco un medico, neurologo, già molto affermato benché non abbia ancora quarant'anni, il quale, ai margini della normale attività, si interessa dei fenomeni cosiddetti metapsichici, o parapsichici, e ha raccolto sull'argomento una notevole documentazione di prima mano.

Lo incontro spesso in casa di un comune amico; dove, le sere che è in vena, racconta alcune sue singolari esperienze.

Tra l'altro ha parlato, più di una volta, di un fenomeno pressoché ignoto al pubblico, eppure, a sentire lui, abbastanza frequente. Data la mia curiosità, ha acconsentito poi a farmi leggere diverse testimonianze da lui raccolte in proposito: lasciandomi anche libero di scriverne, naturalmente senza fare nomi, a motivo del segreto professionale. Ragione per cui è chiaro che questo mio resoconto, dal punto di vista scientifico, non ha valore alcuno.

Si tratta del fenomeno chiamato, volta a volta, "dell'orologio" o "del battito fatale" o più semplicemente e modestamente "del tic-tac". Non ha nulla a che vedere – avverto subito – con la vecchia leggenda degli orologi che, anche a grande distanza, si fermano nell'attimo stesso che il proprietario muore (casi questi in cui il neurologo finora non si è mai imbattuto). Il tic-tac può avere significato infausto ma in certe occasioni, come vedremo, è stato invece premonizione felice.

La relazione più particolareggiata, fra quelle fattemi leggere, è stesa direttamente dalla protagonista, una certa signora A.A., che vive a Udine, e si riferisce a parecchi anni fa, quando lei aveva appena quindici anni e frequentava appunto la quinta ginnasiale. A.A. – mi ha assicurato l'amico medico – è una persona molto sensibile ma anche molto equilibrata. Per esigenze di spazio io abbrevierò il racconto, scritto con non comune efficacia.

Ragazza sanissima, A. aveva allora l'abitudine di coricarsi non più tardi delle dieci e si addormentava quasi immediatamente. Dormiva da sola in una cameretta accanto a quella dei genitori; due fratelli più piccoli invece occupavano un'altra stanza, un po' discosta, in fondo al corridoio. Una vecchia casa di provincia, tipica della buona borghesia dell'Ottocento.

Di solito la giovanetta faceva un sonno filato fino al mattino successivo. Una notte, invece, circa un'ora dopo essersi addormentata, verso le undici cioè, si risvegliò con "una sensazione di inquietudine". E nel silenzio profondo della casa udì in modo preciso, dietro la testata del letto, un battito scandito ritmicamente, che pareva di un orologio a pendolo.

Pensò, in un primo momento, fosse il suo piccolo orologio da polso: alle volte, nelle ore alte della notte, i mobili, a guisa di casse armoniche, amplificano mostruosamente l'esile voce di orologi anche minuscoli, depostivi sopra. Ma il suo orologino da polso, in quel momento, si trovava nella parte opposta della camera, sopra un piccolo divano imbottito, che non poteva assolutamente dar luogo ad abnormi risonanze.

Altri orologi nella stanza non esistevano. Né c'era mai stato nell'appartamento un orologio a pendolo. E l'intensità del battito escludeva che il rumore provenisse dal piano di sopra o da quello sottostante.

Stupita, A. accese la luce e girò per la camera cercando di identificare l'origine del battito il quale, "pur potendosi scambiare per quello di una pendola, aveva un timbro profondo e grave, tutt'altro che simpatico".

Senonché, via via che si muoveva, ebbe l'impressione che il tic-tac la seguisse, spostandosi sempre alle sue spalle. Un incubo allora? Una allucinazione? Impressionata, la ragazza andò a svegliare la mamma. Ora anche la mamma udì nettamente il tic-tac che sembrava provenire dalla parete alle spalle della figlia.

Entrambe si misero a cercare, senza trovare nulla che potesse giustificare il fenomeno. E la cosa più inquietante era questa: non è che il battito si verificasse nella camera della giovanetta, ma la accompagnava in corridoio se lei percorreva il corridoio, in tinello se lei andava in tinello e così via. Mentre negli altri locali regnava il dovuto silenzio.

Le due cominciarono ad avere paura. Tanto che si decisero a svegliare il padre. Il quale, pur brontolando contro le fisime delle donne, come udì l'enigmatico battito, si alzò anche lui dal letto e per circa un'ora partecipò alla ricerca; finché, morto di sonno, lasciò moglie e figlia alle loro apprensioni e si infilò di nuovo sotto le coperte, ritornando al riposo del giusto.

Incapaci di quietarsi, continuarono invece madre e figlia a perlustrare la casa, i mobili, i cassetti, i ripostigli. E sempre quel molesto tic-tac accompagnava la ragazza, di parete in parete, vibrando invariabilmente alle sue spalle.

Suonarono le sei e loro due erano ancora sveglie. Né

sapevano più che cosa pensare, o fare. Quel tormento non dava requie.

Le sei! Poco dopo, dall'opposto profilo dei tetti, lentamente si diffuse la luce del giorno che nasceva. Quindi spuntò il sole. E al primo timido raggio che penetrò nella casa, finalmente il battimento si arrestò e si fece il silenzio.

Il giorno dopo, alle tre del pomeriggio, poco lontano da casa, A.A., nell'attraversare la via, fu investita da una camionetta, e restò per oltre un mese tra la vita e la morte.

Il racconto, fin troppo meticoloso, di oltre venti fogli dattiloscritti, era controfirmato dalla madre, tuttora vivente, e dal padre, da tre anni defunto.

Il dossier sull'"orologio", alto così, comprendeva almeno una trentina di relazioni, per lo più molto succinte. In tutte si parlava di un rumore ritmico che non si era potuto spiegare (alcuni, anziché di un tic-tac, parlavano di una goccia); e ogni volta, il giorno seguente, era accaduta una cosa importante.

Un battito come di orologio era stato udito di notte, fastidiosissimo, nel rifugio Vazzoler da dove, prima dell'alba, partirono poi per la parete della Cima Su Alto due giovani alpinisti polacchi, che non dovevano fare più ritorno.

Il tic-tac accompagnò in macchina – e ne faceva fede l'autista – un armatore di Ancona che per affari viaggiava verso Roma e che il giorno dopo venne fulminato da un infarto in via Lazzaro Spallanzani.

Il fenomeno si sarebbe prodotto, con impressionante intensità – a detta di un superstite – in una casa di Longarone, la notte precedente la famosa catastrofe.

Ma c'erano pure i rapporti positivi, in certo senso anche più strani.

Un collega del nostro neurologo, per esempio, gli riferiva in una lettera come un misterioso orologio si fosse messo a battere, nottetempo, poche ore prima che gli venisse comunicata l'inattesa quanto sospirata nomina a direttore di un grande ospedale.

Un altro caso si riferiva alle fortunatissime nozze di una modesta attricetta alle prime armi.

C'era pure la sgrammaticata confessione di una donna oggi potente e famosa, dittatrice della moda e della bellezza nel mondo; in quei tempi ignota e povera. Fu assillata da un imperioso tic-tac per una intera notte; e lei, sfiduciata e sola in una squallida cameretta di pensione, già meditava tristi propositi. Non passarono ventiquattro ore che l'incontro, del tutto casuale, con un giovane avvocato consulente di una importante industria di confezioni, le apriva la via del successo.

Io leggevo, leggevo. Ancora mi restava da esplorare una nutrita pila di cartelle. Le cronache del destino che, in un modo o nell'altro, aveva battuto alla porta. Ed era venuta la sera. Senza parlare, il medico, che non posso nominare, sedeva dinanzi a me su di un divano e mi guardava, come aspettando.

Aspettando che cosa? Nel silenzio dello studio e della notte – giuro – dapprima quasi inavvertibile, quasi uscito dalla pura fantasia, quindi progressivamente più nitido e scandito, udii un orologio che batteva.

Era uno studio di pretto stile scientifico, bianco e nudo, senza indulgenze decorative. Guardai intorno, ma non si vedevano orologi. Portai gli occhi su di lui. Mi fissava, pallido.

Pensai a un tranello: a una astuta e insieme delicata macchinazione per prepararmi a una diagnosi funesta. Era un tic-tac profondo, lento, che pareva provenire dal pavimento a *parquet*, a mezza strada tra noi due.

Io osai: « Dico, professore... sarebbe per me? ».

Scosse il capo: « Magari... e perdoni la sincerità! ».

« Perché? »

« Stia tranquillo. Questo martello è mio. »

« Vuol dire che...? »

« Da più di un mese. Ogni notte. Tic-tac tic-tac. Non mi dà pace. L'avvertimento del destino? L'arcana sentenza? Da più di un mese, le ripeto. L'orologio. Ma agli altri succede qualche cosa, il giorno dopo. A me niente. Giorno per giorno, tutto come al solito. Né disgrazie, né sorprese, né rivelazioni, né colpi di fortuna, né amori. Il destino che bussa all'uscio! Lei ha letto, vero? Lei si è persuaso, vero? L'orologio della Moira fa tic-tac e il giorno dopo... Ma a me niente... Non è triste? Non è una umiliazione? Un povero diavolo, ecco cosa sono... »

Fatterelli di città

Nelle grandi e grandissime città si danno fenomeni che altrove – piccoli centri urbani, paesi, aperte campagne – non avvengono: connessi probabilmente con la massiccia concentrazione di unità umane e col prevalere dell'elemento meccanico. Ne cito alcuni di mia conoscenza.

Il trolley

A Milano, quando io ero piccolo, esisteva una credenza popolare a cui nessuno però amava accennare apertamente: quando sulla linea tranviaria numero 6, che dal centro portava al Monumentale passando per via Brera, Solferino, Statuto, eccetera, per una irregolarità tecnica o per eccessiva velocità, saltava il *trolley*, staccandosi dal cavo della corrente elettrica, in quel preciso istante nella città moriva un bambino. Infatti mi ricordo vagamente di avere assistito – avrò avuto sì e no otto anni – a una scena drammatica che mi riuscì del tutto incomprensibile. All'incrocio con via Pontaccio, un tram, appunto della linea 6, si fermò di colpo con grandi sbattimenti dell'antenna metallica uscita dall'aerea rotaia. Il manovratore, un giovane con la barba, si precipitò per riassestarla, ma si trovò circondato da un gruppo di donne uscite fulmineamente dalle case vicine, che inveivano contro di lui e una, con un ombrello, cominciò a pestarlo sulla testa con furia selvaggia. Feci appena in tempo a vedere lui che si dava alla fuga giù per via Fatebenefratelli. Mia mamma, spaventata, mi trasse via. E ho avuto un bell'insistere per avere da lei una spiegazione. Mi rispose: « No, no. Sono cose che sarebbe meglio non avere neanche visto ». Soltanto parecchi anni più tardi, quando seppi di quella leggenda (la linea 6 non esisteva più), capii il motivo della scenata.

Il pacchetto

Per un certo numero di anni, qui a Milano, ho abitato in piazza Castello, all'estremità dei numeri pari. Di notte lasciavo la mia auto, allora una giardinetta Fiat, posteggiata lungo il marciapiedi. E spesso mi dimenticavo di chiuderla a chiave. Una mattina, aperta la portiera, ho fatto per sedermi, quando ho notato che sul sedile a destra c'era un pacchetto. Era un rozzo involto fatto con carta di giornali e legato con uno spago, che trasudava un liquido, qua rossastro, là tendente al giallo: una cosa schifosa. Tanto repellente che non pensai neppure per un istante di aprirlo. Proteggendomi le mani con uno straccetto, lo sollevai e lo buttai fuori, sulla strada. Era relativamente soffice e pesante, come se contenesse, poniamo, della carne. Uno scherzo di cattivo gusto, pensai. E alla sera badai che vetri e portiere fossero ben chiusi. Senonché, a distanza di circa dieci giorni, il fatto si ripeté. Ancora un pacchetto trasudante materia liquida di colore abbietto. E pure stavolta mi guardai dall'aprirlo. Lo avvolsi alla bell'e meglio con un vecchio giornale e lo deposi accanto al marciapiedi. Ma come avevano fatto a introdurlo nella macchina, ermeticamente chiusa? Rimasi, lo confesso, turbato.

Passàrono, penso, due mesi, ed ecco un altro misterioso pacchetto di aspetto ripugnante. La curiosità avrebbe voluto che io, con le debite precauzioni, lo aprissi per vedere che cosa contenesse, ma un sentimento difficile a descrivere, di oscuro sbigottimento, mi trattenne, come se l'involto celasse qualcosa che riguardava personalmente me; ed era meglio non vedesse la luce.

A intervalli irregolari, anche di sei sette mesi, lo sgradevole incidente si è ripetuto con le stesse modalità. Ho cambiato di casa due volte, e non è servito. Stamattina l'obbrobrioso pacchetto mi sembrava non più grosso ma più pesante del solito. Voi direte: perché, se non hai tu il coraggio di aprirlo, non informi la questura? La risposta suonerà assurda: perché io ho paura; non so dire il motivo, ma ho paura. (*Confessione fattami da un amico di cui non posso rivelare il nome.*)

Strano incontro

Capita non di raro, nei posti molto affollati, nelle ore cosiddette di punta, nei momenti di maggiore ressa e agitazione. Per esempio all'ingresso dello stadio, quando la gente si pigia per entrare. Nella calca, un paio di metri davanti a voi, scorgete, di schiena, un vostro carissimo amico, appassionato di calcio come voi. Lo riconoscete senza ombra di incertezza: i capelli biondi trascurati che debordano un poco sul colletto, quella cicatrice, sulla nuca, di un vecchio favo vespaio, il modo di tenere la testa, leggermente piegata a sinistra, il caratteristico cappello nero con le falde rialzate ai lati come quelli che portava Toscanini. Assolutamente lui. Da non sbagliare in mezzo a miliardi di persone. "Antonio! Antonio!" voi chiamate. Ma lui non si volta. Chiamate più forte. Niente. Allora vi prende l'orgasmo. Chiedendo scusa, supplicando, chiedete agli altri, dinanzi a voi, che vi lascino un varco. Infastiditi, sorpresi, stranamente vi fanno largo. Voi fate un balzo. Tendete la destra per toccare l'amico sulla spalla. "Antonio! Antonio!" Un ondeggiamento improvviso della folla. Vi fanno sbandare. E l'amico si direbbe portato via, risucchiato da un gorgo repentino. Scompare. Svanisce nel nulla. Davanti, intorno, soltanto facce sconosciute. Che ve ne importa più della partita? Vi lasciate trascinare avanti con un atroce batticuore. Perché siete matematicamente sicuri che era proprio lui, il carissimo amico, Antonio. Ma sono ormai cinque lunghi anni che il vostro amico è morto.

Il tonfo

Quando nel cuore della smisurata metropoli si entra nella ciclopica sede della grande società, della potentissima banca, del mastodontico giornale, e si giunge, tra un andirivieni frenetico, al grande atrio degli ascensori, sfilata di porte metalliche dorate a perdita d'occhio, sovrastate dai quadri luminosi su cui scorrono i numeri via via che l'ascensore si sposta, quarantesimo, quarantunesimo, quarantaduesimo... Quante saranno le cabine del *lift* nel palazzo babelico? La porta dinanzi a cui io aspetto si apre con un soffice sospiro. Entro con una ventina d'altri. La porta si richiude. Partenza a razzo perché questo ascensore serve soltanto dal trentunesimo piano in su. In quel momento si ode un tonfo orribile che riecheggia nelle viscere del grattacielo. Intorno, nessuno dice parola, ma le facce sono impallidite, sembrano tanti morti. Quel tonfo orrendo si sa benissimo che cosa sia. È precipitato un ascensore. Succede. Per guadagnare tempo, accelerare il ritmo produttivo, tenere testa alla concorrenza feroce, i capi danno la frusta agli ascensori, veloci, più veloci, sempre più veloci. È ovvio: qualcuno può precipitare; col suo carico umano, si intende. Ma le banche, le società, i giornali, sono potentissimi. Nessuno violerà il segreto. Nessuno saprà niente. Non verrà data nessuna notizia. Lo sgombero delle salme e dei rottami avverrà a notte alta, a porte chiuse. I parenti saranno sontuosamente tacitati. Né si faranno funerali. Ascensore più, ascensore meno.

Spiriti

È noto che spiriti e fantasmi non sono interventi dell'aldilà bensì residui vitali, come orme sulla sabbia, lasciati da determinate persone defunte; che a poco a poco il tempo cancella. Ma non soltanto gli anni consumano progressivamente tali tracce. Ancora più distruttivo è l'affanno delle grandi città: il movimento, i rumori, la televisione, il caos. Un mio vecchio zio, reazionario, aveva dovuto, per campare, vendere la rocca di famiglia, in Valtellina, di cui era sempre stato orgoglioso per l'intensa attività notturna di alcuni aviti spiriti, specialmente nella biblioteca. E si era ridotto in un appartamento d'affitto in città, del tutto insipido e inerte. Senonché l'anno scorso un suo cameriere si tolse la vita, con la pistola, per una delusione d'amore. E da quel giorno, nello stanzino già occupato dall'infelice, si cominciarono a udire, nottetempo, strani rumori di passi e di mobili spostati; con indicibile consolazione di mio zio. Tanta cuccagna è stata però breve. Ben presto i romantici strepiti sono andati affievolendosi e nel giro di dieci mesi sono del tutto scomparsi. Ho un bello spiegare a mio zio che nel cuore della città non c'è spirito, per forte e baldanzoso che sia, il quale possa resistere a lungo. Lui non sa darsene pace.

Vecchia auto

Ho un amico che si chiama Venero Stazzi e possiede una piccola officina meccanica dove spesso traffica per certe sue sbilenche invenzioni.

Un giorno mi dice: « Ce l'hai ancora quella tua vecchia Mustag-Morrison? ».

È una macchina che ha più di vent'anni, della famosa marca che non esiste più. Mastodontica, imperiale, di linea proterva e lussuriosa, un vero insulto alla miseria. Però oramai sgangherata, un pezzo da museo.

« Sì » gli rispondo.

« E la adoperi? »

« Di tanto in tanto. Certo che beve da matti. Con un litro, in città, più di tre chilometri non faccio. »

Lui ci pensa un momento su e poi: « La venderesti? ».

Mi metto a ridere: « Io sì, ma chi vuoi che la compri? ».

« Per duecentomila la daresti? »

« Di volata! »

« Te la compro io. »

« Duecentomila? »

« Duecentomila. »

« E cosa te ne fai? »

« Il motore, mi interessa il motore. Motori come quello adesso non ne fabbricano più. »

« Guarda che è abbastanza sfiatato. »

« Non importa. So io come sistemarlo. Quel motore va d'incanto per una installazione di *skilift*. »

« Uno *skilift*? E perché non prendi un motore nuovo? »

« Nemmeno per idea. Intanto spenderei il doppio e poi i motori che fanno adesso... »

Insomma l'affare viene combinato. Di più, Stazzi mi firma subito l'assegno. Non mi resta che portare il vecchio catorcio da un demolitore di macchine che sta in largo Cineriano.

Difatti, il mattino dopo, mi affretto al garage dove da vari mesi la Mustag-Morrison giace nel sonno coperta da un telone.

« Partirà? » domando all'uomo del garage.

« E perché non dovrebbe partire? »

Toglie la tela, il vecchio bestione compare con le sue membra architettoniche e magnifiche, però è un po' sudicio, dopo tanto tempo.

Io salgo, metto la chiave, schiaccio il bottone della messa in moto, stranamente l'accumulatore è carico e risponde, dopo una serie di starnuti la macchina si mette a funzionare.

L'uomo ha preso un piumino e si mette a togliere la polvere.

Io dico: « Grazie, ma è inutile ».

« Perché? »

« Niente » faccio io «solo che stamattina ho fretta.»

C'è ancora un buon residuo di benzina. Il motore due tre volte si interrompe tossicchiando, poi si avvia, respira fondo, ritrova il soffice tondo ruggito della grande razza.

Inglese di nascita, la Mustag-Morrison è di poche parole. Di solito è molto riservata e timida. Oggi però mi chiede: « Come mai non hai voluto che mi togliessero la polvere? ».

« Niente, ti dico. Semplicemente ho fretta. »

« Fretta di andare dove? Un viaggio? »

« No, no » rispondo stupidamente. « Un girettino di prova. »

« Ah! »

Faccio per innestare la prima, la quale come al solito stenta a ingranarsi. Devo provare tre volte, accelerando e decelerando, prima che si innesti.

« Scusami, sai » dice. « Lo so: il mio solito vizietto. »

La confessione mi dà un certo coraggio.

« Te lo guariremo, il tuo vizietto. Te li guariremo tutti, i tuoi vizietti. Oggi ti porto da un meccanico sul serio. »

Già marciamo per le strade. È una bellissima giornata. Il sole è allegro.

Inglese, la Mustag-Morrison è di poche parole. Ma oggi, dopo tanta astinenza, ha voglia:

« Da un meccanico, a fare? »

« Per rimetterti in sesto. »

« Perché? Mi trovi giù? »

« Una bella revisione » rispondo mentendo vergognosamente « ogni tanto ci vuole, no? »

Di quando in quando tossicchiando, però cammina. La sua portentosa sagoma fa voltare qualche passante, mi accorgo che lei se ne compiace.

Cammina. Come schiaccio l'acceleratore, il suo fiato si gonfia elastico e possente, come ai bei tempi. Ma appena incappo nelle rotaie del tram, fa un improvviso brutto scarto.

« Scusami sai » dice. « Lo so: il mio solito vizietto. »

« Non sarà colpa delle gomme? » dico io. « Devono essere ormai lisce. »

Ma lei è inglese e ci tiene alla lealtà: « Non è colpa delle gomme. Le gomme sono in ordine. È proprio un mio difetto. Ci starò più attenta la prossima volta ».

È una giornata che alle automobili mette addosso la *joie de vivre*. Il venerando marcangegno, pur intorpidito dalla stasi, si ritrova vivo e vigoroso.

« Caspita » non posso fare a meno di dire. « Sei in vena, oggi. »

Lei finge di non raccogliere e mi chiede: « Si può sapere dove andiamo? ».

« Da un meccanico, te l'ho detto. Da un meccanico bravissimo. »

« Perché allora mi avevi detto che era un giretto di prova? »

« Un giretto di prova » confermo stupidamente « prima di andare dal meccanico. »

Distratto, non mi ricordo di passare dalla quarta alla terza quando comincia la salita del Dossetto. Eppure la Mustag-Morrison, anziché offendersi, mi vuol dare una lezione: in quarta, arranca su per il pendio come se niente fosse, senza ansimare, senza battere in testa, senza il minimo segno di fatica.

Me ne accorgo che sono quasi in cima.

« Complimenti » le dico. « Oggi sembri una ragazzina. »

Come finalmente passo alla terza, lei fa il suo noto risolino, pieno di dignità. Le mie parole l'hanno lusingata. Da come va, da come respira, da come rugna dolcemente, da come balza in avanti nei sorpassi, capisco che è felice. Eppure questo è l'ultimo suo viaggio, eppure io sto menandola al macello.

Cammina come ai suoi bei tempi, ahimè lontani. È una finta, lo so, è uno sforzo atroce a cui si sottomette per mascherare la realtà, per persuadermi che è sempre in gamba, che gli anni per lei non sono passati, che può fare ancora cento volte il giro del mondo senza perdere un colpo. Quasi che abbia indovinato le mie intenzioni, e tenti, con questa assurda commedia, di meritarsi la grazia.

E invece è vecchia, lo so. È un rudere. Basterebbe una ventina di chilometri per vederla afflosciarsi, e gemere, e incespicare, e rivelare il suo sfacelo. Questo mi dico, cercando giustificazione al mio schifoso tradimento.

All'improvviso lei: « Ti ricordi il viaggio in Spagna quando abbiamo fatto milleseicento chilometri di fila? ».

« Sicuro che me lo ricordo. Ma che cosa c'entra? » (Strano; è la prima volta che si lascia andare alle nostalgie.)

« Niente » fa lei. « E ti ricordi quella bellissima volata da Parigi a Milano per tornare dalla tua ragazza? Credere o no, una media di centocinque e passa. Ricordi? »

Io taccio. Ecco il largo Cineriano, se Dio vuole, ecco lo stabilimento. Entro nel cortile, mi fermo davanti all'officina. Ai lati, lungo il muro di cinta, cumuli orrendi di carcasse. Entro domani, anche la Mustag-Morrison sarà ridotta in brandelli così.

« Siamo arrivati » dico.

« Siamo arrivati? »

« Già. »

« Ma questa... » fa lei « ...Questa non è... non è una officina da riparazioni. »

Spengo il motore, che non possa più parlare. Scendo, entro a piedi nell'officina, chiedo informazioni. Sembrano già informati. « La porti pure dentro » mi dice un ometto segaligno che deve essere il capo.

Risalgo in macchina, riaccendo. E lei subito: « Tu... tu mi vuoi fare questo? ».

Lo dice con un accento disperato e tremulo che non le ho mai sentito. Non ho il coraggio di rispondere. Appena entrato nel capannone, spengo immediatamente il motore per non udire più la terribile voce.

« Benissimo, signore » fa il capo operaio. « Vuole che la faccia riaccompagnare in centro? »

A motore immobile, la moribonda Mustag-Morrison non può parlare più, non può più protestare, né supplicare, né piangere. Ma sulla sua faccia leggo l'espressione orribile di chi, senza preavviso né motivo, si è sentito condannare a morte.

« No... no » balbetto al capo operaio. « Non ce n'è bisogno. Grazie. Guardi, non se ne fa più niente... Sono venuto qui appunto per avvertire che non se ne fa più niente. »

Risalgo in macchina. Rimetto in moto. Retromarcia. Fuori, nel sole. Fuori dallo scannatoio. Via di nuovo per le libere strade.

Lei galoppa, obbediente come un soldatino, fa tutto ciò che voglio, perfino con un piccolo anticipo sulle mie intenzioni, accelerare, frenare, voltare a destra, voltare a sinistra, riprendere, scartare, scattare. È incredibile, è meraviglioso, è una nuova giovinezza.

Anziché tornare in centro, siamo usciti dalla città, ora voliamo sui rettilinei che portano ai miraggi lontani. Centodiedi, centoventi, centotrenta, centoquaranta, è una locomotiva scatenata, è un bisonte alla carica, è il campione del mondo.

Ma all'improvviso qualcosa di macabro succede nell'interno, una serie indecifrabile di schianti, di percussioni, di scrosci, di intoppamenti, di tonfi. Ha perso il fiato, ha perso la forza, ha perso la vita. Impetuosamente rallenta, ondeggia, si è fermata. Eppure il motore, rantolando, ancora va.

« Non ce la faccio più » dice. « Avevi ragione. Perdonami. »

Adagio adagio, a sussulti pietosi, la strada verso casa.

Adesso è ancora là nella rimessa, sotto il telone, che dorme. Ogni tanto la scopro, la guardo, non ho il coraggio di mettere in moto per non sentire la voce.

Quelli del garage dicono: « Ma perché non se ne sbarazza, signore, visto che non l'adopera mai? Perché continua a pagare il posteggio? Qualcosa può sempre cavarne, se non altro a peso di rottame ».

Io rispondo: « Sì, sì, ci penserò ».

Intanto passano i mesi, il bollo è scaduto da un pezzo, passano gli anni, sul telone si deposita la polvere. La mattina, quando entro in garage a prendere la mia cinquecento, i meccanici mi guardano in un certo modo, quasi fossi pazzo o scemo. Ma loro come possono capire?

Cambiamenti

Gli ultimi cinquant'anni sono stati densi di novità e cambiamenti come nessun'altro mezzo secolo nella storia del mondo. Mi piace qui segnalarne alcuni, due dei quali di carattere personale.

Lettera a un amico

Carissimo, sono felice di apprendere che tra poco sarai di nuovo tra noi, dopo tanti anni di assenza. Non vedo l'ora di rivederti. E capisco la tua gioia, le tue nuove speranze. Ma, proprio perché ti ho sempre considerato come un fratello, ritengo mio dovere, prima che tu ti accinga al lungo viaggio di ritorno, avvertirti che non ritroverai la tua città, i tuoi concittadini, il tuo paese, come li ricordi, come ce li ricordiamo.

Non credere: tutto, o quasi, è cambiato.

Ecco, per esempio; non c'è più la bella cappa di vapori, caligine e bitume sopra la città, che le dava quell'aria drammatica, romantica e cupa che tanto ci piaceva. Molte industrie sono state allontanate, molte altre hanno spento definitivamente i fuochi, e, per saggia disposizione dell'autorità, i bracieri dei riscaldamenti domestici vengono accesi, pur nella stagione più rigida, solo un paio d'ore al giorno. Cosicché il cielo è tornato limpido come ai tempi dei nostri nonni e uno stupido sole penetra dovunque, facendo risaltare il deperimento e la bruttura dell'ambiente, prima misericordiosamente mascherato dai brumosi aloni.

Non c'è più l'affanno, ti ricordi?, di correre, far presto, arrivare per primi, farsi avanti, distinguersi, occupare il posto migliore, farsi notare, farsi promuovere, salire di gradino in gradino la scala della professione, della società o del successo. Non c'è più la corroborante febbre che ai suoi tempi veniva chiamata della società consumistica, della società del benessere. Adesso tutti camminano senza fretta, non cercano di sopravanzarsi, di vincere la gara, di diventare ricchi, o potenti, o famosi; tanto, si sa benissimo che sarebbe inutile. I gradini della famosa scala non esistono più, tutti siamo piallati al medesimo livello, da cui innalzarsi è sconveniente.

Non c'è più la rabbia, ti ricordi?, la nevrastenica rabbia agli incroci e ai semafori, quando al volante delle nostre rispettive automobili ci si sentiva trasformati in nibbi, pantere e squali, disposti a scoperchiare il cranio di chi avesse osato tagliarci la strada o da dietro urgesse bestialmente con il clacson, o arrischiasse il passaggio quando il lumino rosso era già acceso. Quella sì che era vita. Ma oggi le macchine sono diventate poche, le strade e le piazze deserte di traffico come quando eravamo bambini.

Sarebbe troppo lungo, in una lettera, spiegarti tutto quanto. I tre esempi di cui sopra possono però darti una pallida idea. Il mondo si è come placato, è caduto in una specie di letargo, sprofondato in un tetro silenzio. Niente più disordine, niente più risate, allegria, delirio, niente più furore, rumore, violenze, proteste, contestazioni, vandalismi, battaglie, neppure patemi di animo (o meglio, di paure ce ne sono sempre, ma di tutt'altro genere).

Le montagne

Che cosa sia accaduto alle mie vecchie montagne Dio soltanto lo sa. Faccio l'esame di coscienza. Le ho forse trascurate? Gli ho mancato di riguardo? Ho dimenticato di farmi vivo nelle ricorrenze di precetto? Ne ho parlato male con gli amici? Ho a loro anteposto qualche altro bene o creatura della terra? Assolutamente no. Eppure i rapporti tra noi sono profondamente cambiati. Tutte le volte, e capitava abbastanza spesso, che risalivo, dalla pianura, la valle dove sono nato, e quasi all'improvviso, sulla sinistra, dietro le selvatiche gobbe erbose delle Prealpi domestiche, spuntavano le cuspidi estreme delle Dolomiti, come arcano miraggio, con quel loro colore indescrivibile, e poi, via via che procedevo, si spalancava lo spettacolo delle intere pareti nella loro paurosa e adorata solitudine, allora io provavo dentro di me un rimescolamento insieme doloroso e squisito. Questo perché loro, le vecchie montagne, immediatamente mi riconoscevano e mi chiamavano a sé. Su, non perdere tempo, sembrava dicessero, lascia la macchina e prendi i sentieri che ormai conosci bene, ritorna tra noi. Vedi sulla Pala quella grande fessura sghemba che sembrerebbe impossibile? Vedi, sulla cresta sud, quella piccola graziosa guglia a forma di monaco incappucciato? Nessuno è mai passato di là, nessuno si è inerpicato sulla testa del frate. Potresti farlo tu. E non è poi mica tanto difficile, sai? Ma quassù sarai felice, per lo meno ritroverai la giovinezza e la pace dell'animo.

E io allora sentivo quel rimescolamento dentro di me farsi più ardente e tumultuoso. E, pur attraverso palpiti di paura, senza dei quali le montagne sarebbero dei sassi qualsiasi, solamente un poco più grandi, correvo dall'amico, molto più in gamba di me, che mi avrebbe tirato su per i palazzi e le torri della grande città misteriosa.

Adesso invece risalgo la mia valle e all'improvviso, come tanti anni fa, allo stesso preciso punto, compaiono lassù, come miraggi, le vette dei campanili e dei minareti, e poco più avanti si spalanca la maestà delle grandi muraglie. Ma è come se non mi vedessero più, come se non esistessi. Non mi invitano più. Non mi chiamano più con quella silenziosa voce che entrava nelle viscere. Se ne stanno là, immobili, fredde, taciturne, chiuse in una indifferenza suprema. Che cosa è successo? Perché sono diventato uno straniero? Che cosa vi ho fatto di male?

Oppure tutto dipende soltanto da me, perché si è spento l'amore?

Cipressi

Ho la fortuna di possedere un meraviglioso parco settecentesco, non grande ma di favolosa architettura, simile a quello di Negrar, sopra Verona. Due viali del parco, entrambi tagliati in ripida ascesa cosicché l'ultimo profilo del prato appaia come una suprema frontiera, simile alla famosa siepe di Leopardi, sono fiancheggiati da singolari cipressi che il giardiniere, probabilmente di testa sua, definisce "mostrificati". Invece di svettare diritti e compatti come fusi, a un certo punto emettono strane ramificazioni che gli fanno assumere sagome sorprendenti: di figure umane, di civette, di grifi, di cavallucci marini, di angeli, di draghi, di fantasmi. Bene: una sera di sette anni fa, mentre percorrevo da solo uno dei viali, alzai gli occhi ed ebbi un brivido, riconoscendo nella sommità di uno dei cipressi, illuminata dall'ultimo sole, le sembianze di un caro amico perduto di recente. Illusione ottica? Autosuggestione promossa da chissà quale stimolo dell'inconscio? Per smentire la prima impressione, tutt'altro che allegra, mi spostai alcuni metri e, riguardai il cipresso. Ma il turbamento permase. Ora, dell'amico, per dire così, vedevo la schiena e la nuca, dal sotto in su; e la somiglianza era assoluta.

Sto diventando vecchio? Col tempo, altri verdi simulacri umani si sono formati in cima ai cipressi, ciascuno assumendo la figura, l'espressione, perfino il volto di amici via via scomparsi. Ne riconosco già otto. Adesso non mi fanno più paura, anzi. Di notte, ho la sensazione che vigilino i miei sonni, nella villa accanto, come sentinelle fedeli. Nei giorni di vento li guardo lungamente: ondeggiano, a ogni raffica, di conserva, con grande rassegnazione; e, piegando il capo insieme tutti dalla stessa parte, sembra che mi vogliano dire: "Su, coraggio, perché non vieni anche tu."

Contestato

Anche io mi trovo in stato di accusa. Come sempre, nella mia casa aperta a tutti, entrano i miei figlioli. Come sono entrati, subito mi vedono. E io me ne sto, come sempre, immobile e silenzioso, un po' per non intimidirli, un po' per non deprimerli eventualmente col peso della paterna autorità, oggi tanto screditata. E non sto seduto in una poltrona autorevole, non li guardo con gli occhi severi o interrogativi del superiore, anzi con umiltà e benevolenza, sperando che la mia presenza li incoraggi, li rassereni, li metta a loro agio, li consoli. Però, i miei figli, niente. Girano, si guardano intorno, apprezzano le bellezze architettoniche, si fermano a rimirare le opere d'arte che decorano la casa, consultano i libretti esplicativi, si scambiano commenti estetici. Me, non mi guardano neppure, manco un saluto, un sorriso, un cenno di mano. E sono miei figli.

Peggio. Poiché posso udire agevolmente i loro discorsi, sento che sparlano di me, mi prendono in giro, mi vituperano, perfino. Io, loro padre? Se ne fanno delle risate. Sogghignano. Io non esisto, a sentir loro. Io sono un ridicolo e impotente matusa, strumentalizzato – come gli piace questa parola! – dai potenti e dagli oppressori.

Non mi salutano, non mi guardano, è tanto se si tolgono il cappello, neanche a pensarci che qualcuno si sogni di rivolgermi una preghiera. Tanto, io non esisto, io non conto nulla.

E il bello è che anche in me qualcosa è cambiato. Qualsiasi idea di rivalsa, di castigo, di vendetta, contro quei giovanotti sciagurati, si spegne, sul nascere, in una sorta di amareggiata rassegnazione. Sono miei figli, no? E dentro di loro, anche se lo negano con rabbia, anche se non ne hanno il più lontano sospetto, io continuo a esistere. Come punirli? Come reprimerli? D'altra parte, possono le cose durare così? Quasi, io non mi riconosco più. Mi manca la terra sotto i piedi. Aiutatemi, amici. Dopo tutto, sono DIO.

Racconto a due

Il vecchio medico Nunzio Toro, uomo oltremodo intelligente e simpatico, ma da alcuni ritenuto pericoloso, ama intrattenere gli amici col gioco del "racconto a due". Uno comincia, l'altro interviene sviluppando la storia a suo capriccio, quindi parla ancora il primo, e così via. Senza barare, si intende, altrimenti il racconto si convertirebbe subito in burletta. Ma è sempre lui, per dritto o per rovescio, che tiene le fila.

Esempio. Siamo seduti, lui e io, sotto il portico della sua casetta di campagna. Le sei di sera di una giornata inquieta, con andirivieni di nuvole e di sole. È lui a cominciare, come al solito:

Un marito e una moglie anziani, vestiti bene, tristi, parlano del figlio che si è fatto una posizione in Perù.

« Non so, » dice il marito « più ci penso, meno sono tranquillo. Per lui sarà una brutta sorpresa. »

« Perché brutta? »

« Perché non sa che arriviamo, e gli saremo maledettamente di impaccio. »

« Con quella immensa villa che si è fatta! »

« Non significa. Dimentichi che c'è sua moglie, che c'è la famiglia di sua moglie. »

« Meglio se gli scrivevamo prima. »

« Brava. Perché ci rispondesse subito con un bel no. »

« *Figurati. Franco è generoso. Franco ci adora. Vedrai, sarà felice di vederci...* »

« Basta, adesso tocca a te. »
Io proseguo:

Mentre i due parlano, poco discosto, un ecclesiastico in clergyman è concentrato nella messa a punto del discorso con cui domani aprirà il congresso internazionale di geofisica. È monsignor Estogarratz, noto sismologo, dai più, oggi, ritenuto superato. E lui lo sa. E si rende conto di essere pervenuto alla presidenza del consesso grazie all'appoggio dei "vecchi", come Dorflinger, Stoliepcin, Estancieros, Mandruzzato. E nel discorso non può certo disilludere costoro perché sarebbe un'abbietta ingratitudine, d'altra parte ci tiene a mostrarsi in linea sulle posizioni d'avanguardia, specialmente per quanto riguarda le innovazioni della statistica compensativa. Nella seconda cartella, infatti, c'è un passaggio problematico che...

Nunzio Toro ha gli occhi sfavillanti.
« Benissimo! » mi interrompe. « Ottima l'idea del monsignore. Si direbbe che tu abbia letto nel mio pensiero. Ora continuo io »:

Ma è disturbato, il sismologo, da due signore che parlano, parlano, proprio dietro a lui. Sulla quarantina, ancora piacenti, abbronzate. Dicono:
« *Anche tu, allora, lo hai notato?* »
« *Sfido. A prima vista non l'avevo nemmeno più riconosciuto.* »
« *Distrutto nel giro di pochi mesi. Povero Giancarlo. Sapessi come mi dispiace. È un'angoscia. Non ho un amico più caro di lui.* »
« *Vedrai che non arriva all'inverno...* »

« *Taci. Non dirlo neppure. E ci pensi all'ingiusti-*
zia della sorte? Un uomo importante come lui, in quelle
condizioni, e io, sciagurata, che non ho mai fatto un
santissimo di niente, con una salute di ferro... »

« *Lo dici a me? Sai che nell'ultimo* check up *mi*
hanno trovato, parole loro, come una ragazzina, per-
fetta dalla testa ai piedi, in tutti i visceri ed annessi...»

Il dottor Toro si interrompe e con la mano mi invita
a proseguire. Io, pronto:

Monsignore è disturbato anche da due giovanotti
in strano abbigliamento sportivo, molto eccitati, che
cercano di farsi notare.

« *L'hai qui l'ingrandimento?* » *chiede uno ad alta*
voce.

« *Spero bene. Trovarlo, piuttosto, in mezzo a questo*
labirinto di scartoffie. »

Fruga in una grossa cartella di cuoio, dopo un poco
ne estrae una fotografia 32 per 24: è una gigantesca
parete di roccia e ghiaccio a forma di pera. Proprio a
metà, il giovanotto indica un punto col dito.

« *Ecco qua. Nel formato piccolo non si vedeva. Na-*
turalmente bisognerà giudicare sul posto, ma si direbbe
che questa cornice strapiombante in realtà sia staccata
dalla parete e che dietro ci sia come un cunicolo, un
canale. Giurerei che di là si passa... »

Il dottor Toro scoppia a ridere.

« Formidabile. Stasera siamo in vena. I frammenti,
apparentemente slegati, si incastrano in modo perfetto
nel *Leit-motiv*: il futuro. Marito e moglie, il monsignore, le due amiche, i due alpinisti, tutti pensano al
tempo avvenire, vi fanno cieco assegnamento. Ma adesso, perché la storia si sviluppi e trovi un senso, bisogna

ambientarli, questi personaggi. Dimmi tu: dove preferisci che li collochiamo? »

« Eh no, » faccio io « stavolta non mi ci fai cascare. Non sono un furbo ma fin dalle prime parole ho indovinato dove volevi andare a parare. E mi sono divertito ad assecondarti. Ma adesso basta. È chiaro come il sole: marito e moglie, il monsignore, le due amiche, i due alpinisti, stanno viaggiando. Per dove? Verso l'America del sud, lo si desume dall'episodio dei due coniugi. Con quale mezzo? Forse in piroscafo? In piroscafo no, perché a bordo di un piroscafo monsignore avrebbe tutto il tempo disponibile di risolvere tranquillamente il suo problema nel chiuso della sua cabina. E allora come viaggiano? In aeroplano, vivaddio. Non c'è altra via d'uscita. E adesso accadrà, vero?, l'incidente, la caduta, la fulminea catastrofe, da cui le conversazioni e le preoccupazioni descritte, tutte rivolte al futuro, acquisteranno un significato beffardo e crudele. E questo da te, caro dottor Toro, non me lo aspettavo. Troppo banale, veramente indegno di te che di solito hai una discreta fantasia. No, niente aereo. Piuttosto, ricominciamo da capo. »

Il vecchio dottore mi risponde con uno dei suoi sorrisetti maligni.

« Non è colpa mia » esclama. « Personalmente, ti giuro, mi sarei ben guardato, ma... » E punta l'indice verso il cielo.

Io guardo. Da una grande nuvola temporalesca in piena rotta – il cielo infatti sta rasserenandosi – a una quota apprezzabile di non oltre tremila metri, sta sbucando in quel momento un quadrimotore la cui ala destra lascia dietro a sé una sottile e compatta scia di fumo nero. È successo qualche guaio, e l'aereo sta perdendo quota in cerca di un possibile atterraggio.

Paralizzato dallo stupore per la diabolica coincidenza,

io taccio. Passano tre quattro secondi ed ecco una cosa nera e fumigante staccarsi dall'aereo e, dopo una brevissima parabola curva, piombare a picco con fulminea accelerazione.

« Dio mio, ma quello è un motore! »

Il dottor Toro fa segno di sì.

Il velivolo, fumando un po' meno, prosegue senza sbandamenti sulla rotta, e io sto già rassicurandomi, quando all'improvviso comincia a ruotare su se stesso e le ali, come pale di ventola, descrivono quattro, cinque, otto, rapidissimi giri.

Dopodiché, quasi eseguisse un piano suicida lungamente meditato, il quadrimotore punta il muso verso la superficie della terra, precipitandovisi verticalmente, si direbbe, con tutto il furore possibile.

La gigantesca bara scompare dietro il ciglio di una collina sovrastante. Ed è tutto. Non si ode schianto né esplosione. Non si vedono fiamme né fumo.

« È spaventoso » io dico, ansimando. « Ma tu sei il demonio in persona. »

Si volge a me, pallido ma pacato:

« Erano lassù. »

« Chi? I coniugi, il monsignore, le amiche, gli alpinisti? »

Fa segno di sì.

« E tu come facevi a saperlo? »

« Come facevamo a saperlo, vuoi dire. Anche tu hai contribuito. È semplice, siamo stati noi a farlo precipitare. »

« No. Nel nostro racconto il disastro non c'era. Avevamo riferito le conversazioni e basta. »

« Ma il contenuto delle conversazioni preludeva il disastro, lo rendeva anzi inevitabile, dal punto di vista narrativo. L'hai riconosciuto tu stesso. »

« Un corno! Tu sei matto. E comunque io non c'entro. L'idea dell'aereo ce l'avevi in mente tu, fin dalle prime parole. Io non c'entro. Io non c'entro. »

« Non agitarti. Non prendertela. Anche senza catastrofe aerea, per quelli là sarebbe stato lo stesso. »

« Come sarebbe a dire? »

« Assolutamente lo stesso. Il futuro, i calcoli sull'avvenire, i progetti... Sciagurati. Hai visto, no, come è precipitato quel coso. Credi tu che le ore, i giorni, i mesi, gli anni, che precipitano su di noi siano meno veloci? »

Negli ultimi anni, varie innovazioni, entrate di moda in breve tempo, sono intervenute a rallegrare la vita o, comunque, a renderla più interessante. Per esempio:

La guerriglia

Intrapresa inizialmente a scopo politico, col proposito di logorare e infine abbattere un regime, questo stimolante genere di attività ha finito per trasformarsi in uno sport disinteressato, fine a se stesso, talora senza alcun addentellato coi problemi della cosa pubblica. Essa piace soprattutto ai giovani che soffrono di non poter combattere delle guerre vere e proprie, come sarebbe il loro naturale desiderio, e quindi trovano nella guerriglia un confortevole Ersatz.

Una certa fiacchezza da parte delle forze dell'ordine e la simpatia, più o meno manifesta, di larga parte della popolazione, hanno fatto sì che il movimentato costume dilagasse. Guerriglia pressoché platonica, a base di lazzi, scherzi e tiri mancini per lo più innocenti: praticata in genere dai ragazzini. E guerriglia *comme-il-faut*, a base di agguati, rapimenti, bombe, incendi, bastonate, sparatorie e supplizi, con eventuale spargimento di sangue.

Non c'è casa, qui in città, per lo meno non c'è quartiere senza le sue battaglie intestine, ad opera di due o più "gruppi d'azione" i quali si propongono svariati obiettivi, come l'abolizione delle gonne lunghe, l'instaurazione del libero amore, la caccia ai pensionati, lo sterminio dei gatti, l'antropofagia, l'evirazione dei bambini ricchi, e così via.

Le notti di pace e di silenzio sono rare. L'esistenza, anche di giorno, è tenuta su di giri da continue sorprese e patemi d'animo. E il bello è questo: che pur vivendo tra un batticuore e l'altro, non si ha, per la pace e la tranquillità di un tempo, alcun rimpianto.

Certo, non è facile destreggiarsi. Se si chiama la polizia, la polizia arriva al galoppo, ma come sapere se sono poliziotti autentici? Nel mascherarsi, nel mimetizzarsi, i guerriglieri sono di un'abilità diabolica. C'è chi sostiene che si sono ormai installati fin nell'anticamera del questore.

Del resto, chi può più garantire dell'amico, del parente, dei propri familiari? I miei figli stessi, sempre così amorevoli, non potrebbero irrompere stanotte nella mia camera a depredarmi, previo taglio della gola, per finanziare le future operazioni del loro clan? E io medesimo, come potete escludere che militi nelle file di una delle bande più sanguinarie, o addirittura ne sia il capo? Forse che verrei qui a dirvelo?

Gli inquinamenti

Ci si chiede se la scienza saprà trovare rimedio alle nuove minacciose conseguenze degli spurghi industriali. Non si tratta più degli inconvenienti già lamentati anche in Italia, come la proliferazione di alghe fetide e di scarafaggi giganti. La dispersione nelle acque e nell'aria di sostanze di inedita formula chimica pare abbia avuto – la notizia non è ancora di dominio pubblico, esitando le autorità a divulgarla –· effetti profondi e singolari sulla fauna, quasi che tali sostanze siano, per pesci e selvaggina terrestre, formidabili promotrici di energie mentali. Si attende, è vero, il responso dei centri di studio specializzati, ma tutti i resoconti, provenienti da plaghe lontanissime tra loro e perfettamente concordi, lascerebbero pensare a un cambiamento nel modo di agire degli animali in libertà, come se nel giro di pochi mesi essi avessero acquistato una intelligenza del tutto ignota finora.

Insomma: per largo raggio intorno agli stabilimenti che espellono quei rifiuti – si parla di molte decine di chilometri – le reti dei pescherecci restano ostinatamente vuote, e i cacciatori invano inseguono caprioli, lepri, quaglie e beccaccini i quali, al loro avvicinarsi, fuggono ostentatamente fuori tiro, con atteggiamento provocatorio. Dapprima, in mare, si era pensato che l'inquinamento avesse sterminato l'ittiofauna. Non è così. La popolazione marina si è anzi moltiplicata, solo che i pesci ora scortano lateralmente le navi, a scopo di irrisione, tenendosi ben lontani dalle reti; sui bastimenti avvengono quindi scene di selvaggio quanto impotente furore, e si lamentano casi di suicidio.

I dirottatori

Secondo alcuni, si tratta di una fattispecie marginale della guerriglia, mentre in realtà i dirottatori, ormai frequentissimi, fanno categoria a sé. C'è soltanto una analogia: anche nei dirottamenti è venuta meno, nella più parte dei casi, la giustificazione politica. Non è che la componente ideologica sia sempre estranea alle gesta degli intraprendenti operatori. Ma ciò che soprattutto gli preme è la voluttà di poter esercitare, sia pure per pochi minuti e in breve spazio, una sorta di potere supremo; spesso senza il minimo tornaconto personale.

Ed ecco il fenomeno sorprendente: via via che sulle reti aeree internazionali infittivano i casi di dirottamento, la clientela turistica, anziché rarefarsi, aumentava. Finché ci si rese conto che quelle avventure, con approdi negli scali più impensabili, esercitavano una intensa attrattiva. Tanto che varie compagnie hanno finito per organizzare dei colpi di mano simulati, con deviazioni verso remote città dei vari continenti. E la maggiore spesa da parte della società armatrice trova compenso nell'intensificato afflusso del pubblico, eccitato dalla prospettiva di brividi romanzeschi.

Le pene comminate ai ribaldi sono state finora di una mitezza scandalosa. Cosicché molti ragazzi sono stati tentati di estendere l'attività anche fuori del settore aeronautico. Né si può sostenere che l'iniziativa sia dispiaciuta.

I plausi, pur se inespressi, hanno soverchiato di gran lunga le deplorazioni quando a Düsseldorf due facinorosi, introdottisi nella direzione di un grande magazzino, hanno imposto, pena l'esplosione di un ordigno infernale che portavano con sé, l'immediato ribasso di tutte le merci nella misura del 90 per cento; ribasso proclamato in tutti i reparti per mezzo degli altoparlanti; e dopo un'ora, nel gigantesco emporio, non rimaneva neppure un bottone.

Meno spiritosa fu giudicata l'irruzione, in piena Scala, durante un concerto mozartiano, di tre energumeni i quali, senza riguardi per la veneranda età del Maestro, imposero al vecchio Von Karajan di interrompere il programma per attaccare l'obbrobrioso inno della teppa *underground*, ciò che il vegliardo eseguì con agilità insospettabile.

E i colpi di mano nei giornali? Occorre ricordare il tiro giocato a "France Presse", costretta a pubblicare in prima pagina, con titolo sesquipedale e gigantesca foto, la notizia che tale Michel Durand, cioè il capo dei "dirottatori", era diventato padre di un fiorente pupo di quattro chili? O lo sbalordimento indignato dei torinesi, quando, un mattino di domenica, trovarono sul loro maggiore quotidiano un titolo a nove colonne che vituperava sconciamente la Juventus? (Il responsabile, un idraulico interista, si ebbe poi, ricordate?, appena sette mesi con la condizionale.)

La droga

Fa davvero specie udire ancora grida di allarme, deplorazioni, accorati moniti contro l'uso delle droghe. C'è della gente ben ostinata. Come si fa a chiudere gli occhi dinanzi all'inarrestabile progresso delle cose? Le antiche leggi suscitano ormai incredulità e compatimento: proibito severamente lo spaccio e perfino l'uso di cocaina, eroina, hascisch, LSD, marijuana, peyotl, eccetera! Alle mentalità di allora forse sembrava logico e giusto.

Ma l'umanità covava le sue oscure istanze, destinate a dirompere vittoriosamente. La natura stessa vi andava incontro.

Un primo indizio fu la constatazione che dalla semplice buccia di banana, debitamente trattata, si potevano ricavare sensazioni deliziose. Di anno in anno gli sperimentatori aprirono poi nuovi orizzonti, senza violare il codice. Una successione di gloriose scoperte: le patate lesse, ingerite al buio completo, procuravano dionisiache visioni; effetti di intensità non minore si ottenevano con l'infuso di vecchi vocabolari mescolato all'olio di genziana, o ascoltando a ritroso le musiche di Wagner, o impastando meringhe con la bava di cani boxer. Ci fu quindi la moda della ginnastica psichedelica, alquanto faticosa a dire il vero, tuttavia efficacissima.

Ed eccoci alle più recenti conquiste. L'atmosfera stessa che circonda il globo terracqueo è uno stupefacente, basta immetterla ed espellerla dai polmoni secondo un ritmo particolare, di facile apprendimento.

Di più. La vita medesima – è l'ultimo grido – il fatto stesso di esistere è una droga potentissima, tutto sta nel non ostacolarla in alcun modo, nel lasciarsi andare. E si sprofonda in un paradisiaco delirio.

Icaro

14 giugno 1968

Sono entrato oggi nella clinica Casa Azzurra per subire un'operazione. Nonostante tutte le ipocrisie del caso, so benissimo che sarà un'operazione molto grave, tanto grave che probabilmente è inutile.

Benché io non l'abbia mai detto a nessuno, mia moglie, i miei figli, i medici intuiscono ciò che penso e si sforzano in tutti i modi di tranquillizzarmi. Ridono, scherzano, parlano di cose piacevoli e frivole, fanno progetti a lungo termine. C'è in vista una crociera, un viaggio in Bretagna, una partita di caccia in Stiria. La mia completa guarigione è scontata in partenza. Fra dieci giorni al massimo sarò di nuovo a casa, fra venti sarò più in gamba di prima.

Il professore Coltani, il celeberrimo, che opererà, mi ha detto: « Dal momento che lei è entrato in clinica, può considerarsi già convalescente. L'operazione, in sé, non presenta interrogativi di sorta, ogni complicanza è da escludere a priori. In certo senso, ora che lei si è finalmente deciso, costituisce una semplice formalità ».

Il professore Coltani è ormai vecchio ma i suoi piccoli occhi conservano una vivacità incredibile. Mi pareva stanco, stamane, quando è entrato nella mia camera, stanco e patito.

Ma quanto più si ostenta intorno a me spensieratezza e allegria, tanto più mi convinco di avere ragione. Ne ho viste troppe, durante la mia vita, di commedie simili. Direi di più: la gaiezza e la serenità che si somministrano al malato alla vigilia delle operazioni sono di solito direttamente proporzionali al pericolo. Proprio quando i medici assicurano sorridendo che non esiste ombra di rischio, allora soprattutto c'è da stare all'erta. Bizzarro tribunale, questo: dove spesso la sentenza di completa assoluzione prelude al patibolo.

15 giugno 1968

Non mi hanno ancora detto quando sarò operato. Appunto per eliminare in partenza la possibilità anche della minima sorpresa, si richiede una quantità di esami e di controlli che possono durare alcuni giorni; non più di una settimana, in ogni caso. Così mi ha detto il dottor Rilka, primo assistente di Coltani, un uomo piccolo sui quarantacinque anni, vivacissimo, che è parso molto lusingato quando ha saputo che io faccio lo scrittore.

Mi è consentito, per ora, l'uso della televisione. Stasera c'è stata una spiritosa tavola rotonda – specialmente brillanti Ruggero Orlando e il professor Silvio Ceccato – a proposito dell'asteroide Icaro, di cui i giornali cominciarono a parlare un paio d'anni fa prospettando l'eventualità che dovesse piombare sulla Terra. La catastrofe era stata prevista nella seconda metà del giugno 1968, cioè proprio di questi giorni. Allora i più autorevoli osservatori astronomici smentirono recisamente. L'asteroide si sarebbe avvicinato alla Terra a non meno di sei milioni e mezzo di chilometri, ciò che escludeva ogni pericolo; né c'era motivo che la prevista traiettoria subisse il minimo mutamento. La tavola rotonda di stasera, con l'intervento di persone altamente qualificate era appunto intesa a dissipare gaiamente anche gli ultimi residui di dubbio o di timore nel pubblico.

16 giugno 1968

Verso le quattro del pomeriggio, ora per lui inusitata, è venuto a trovarmi il dottor Rilka. Sembrava imbarazzato, quasi avesse da comunicarmi qualcosa di spiacevole. E si è dilungato in un tortuoso preambolo, insomma aveva bisogno di farmi una confidenza, la quale tuttavia non aveva alcun riferimento col motivo del mio ricovero qui.

Infine si è deciso. Voleva da me una promessa: che prima di lasciare la clinica, dopo l'operazione si intende, io leggessi un opuscolo di sue poesie inedite; e gli dicessi il mio schietto parere. Cercava di scusarsi, quasi fosse una debolezza peccaminosa. Ma gli occhi gli brillavano. Ed era chiaro che l'ambizione letteraria, e non il desiderio di carriera medica, dominava la sua vita.

Lo rassicurai subito. Avrei letto le sue poesie con la massima attenzione. Incoraggiato, il Rilka cominciò a recitarmene una che, se ben ricordo, cominciava così: "L'aggregato del minimo scomposto, se la realtà domestica del cosmo...". In quel momento per fortuna entrò suor Prenestina che lo chiamava per un altro malato. Lui se ne andò, felice, con un ammiccamento d'occhi che voleva dirmi: "Non prendertela, appena possibile tornerò, questo bocconcino non ti verrà sottratto".

17 giugno 1968

È stata una curiosa giornata. Di buon mattino è ricomparso il dottor Rilka, ancora più emozionato di ieri. Aveva una grande notizia. Prima di annunciarmela voleva però che io modificassi la mia promessa: le sue poesie, anziché dopo l'operazione, avrei dovuto leggerle prima. Forse temeva che io restassi sotto i ferri? No. Il motivo era ben più grosso. E qui il Rilka si chinò per sussurrarmi la cosa in un orecchio, tanto era riservata.

Bene. Il Rilka aveva incontrato il professore Nessaim, direttore dell'osservatorio di Mehala, nel Ghana, in questi giorni nella nostra città per un congresso. E il Nessaim gli aveva rivelato che, in una riunione segreta tenuta l'anno scorso in Inghilterra, i responsabili dei maggiori osservatori astronomici, sotto suggello di giuramento, avevano stipulato un accordo, a proposito dell'asteroide Icaro, per tacere la verità nel modo più rigoroso, allo scopo di risparmiare all'umanità una inutile angoscia. L'asteroide, senza possibilità di errore, si sarebbe schiantato sulla crosta terrestre nelle prime ore del 19 giugno 1968. Date le sue dimensioni – oltre un chilometro e mezzo di diametro – le conseguenze sarebbero state apocalittiche; e non c'erano possibilità di scampo. In pàrole povere, la fine del mondo.

Confesso che la notizia, nelle tetre disposizioni d'animo in cui mi trovo in questi giorni, mi ha dato una consolazione immensa. Tanto, io dovevo morire. Ma il brutto, quando si muore, è l'andarsene da soli. Se si parte tutti insieme, e quaggiù non resta più nessuno, non dico che sia una festa, ma quasi. Che paura si può avere, se la sorte è comune?

E poi – sarà egoismo, sarà meschinità d'animo fin che volete – che gusto vedere abolita di colpo la scandalosa superiorità di chi ha il solo merito di essere nato dopo di noi. E che bellissima lezione per certi manigoldi i quali arrancano giorno e notte come bufali per una lira di più nel salvadanaio, per un gradino di potere in più, per un applauso in più, per una donna in più, per una cialtronata in più e hanno già pianificato i loro successi per una quantità orribile di anni futuri. Che sacrosanta doccia per tanti giovincelli i quali già si credono i padroni assoluti del mondo, dell'intelligenza, del giusto e del bello e guardano a noi vecchi come a scarafaggi putrefatti come se loro dovessero vivere eterni, che magnifica sorpresa, tutti quanti prelevati in un soffio sullo stesso carrozzone nero, e giù a capofitto nelle cateratte del nulla.

Anche il Rilka, devo dire, dimostra al proposito un notevole spirito. Però desidererebbe una cosa, prima dello sterminio totale: sapere da me se le sue poesie valgono o no. Dice che, se la mia risposta fosse positiva, lui morirà beato.

E adesso sono qui, solo, nella azzurra penombra della mia camera e invoco: " Oh sì, vieni, benedetto asteroide; non sbagliare strada, precipita su di noi con tutta la tua meravigliosa energia, manda in briciole questo sciagurato pianeta".

18 giugno 1968

A svegliarmi stamane è stato il professore Coltani in persona, verso le sette: « Allora » mi ha annunciato fregandosi le mani soddisfatto « allora, a domani mattina. »

« Domani mattina che cosa? »

« L'operazione no?, quell'interventino, quella piccola formalità... »

« Ma come? Il dottor Rilka mi ha detto che ormai... »

« Perché oramai?... »

Gli ho spiegato la rivelazione dell'astronomo Nessaim. Il Coltani si è messo a ridere. Anche lui era presente al colloquio tra il Rilka e il Nessaim. E il Nessaim non si era sognato di dire niente del genere; se mai, anzi, aveva soltanto confermato le smentite di tutti gli altri astronomi degni di questo nome. Probabilmente era stato un piccolo ingenuo trucco del Rilka perché io leggessi subito le poesie.

Il Coltani sembrava esilarato dal fatterello. Poi di colpo si è fatto meditabondo:

« Altro che lei, caro amico, che fra qualche giorno se ne potrà andare a spasso e ha dinanzi a sé chissà quanti anni di salute. Io sì sarei felice se Icaro... »

« Lei? E perché? »

« Io... io continuo a lavorare... continuerò a lavorare fin che resisto... è l'unica distrazione possibile... Ma per poco... per poco ancora, caro amico... lei vede dinanzi a sé un uomo condannato... » si raddrizzò, riprese il comando, riebbe il suo impavido sorriso. « Be', non parliamo di queste malinconie... Piuttosto lei, stia tranquillo... gli esami sono andati a meraviglia... A domattina, allora... »

Sono le ore due, la clinica è completamente silenziosa. Fra cinque ore verranno a prendermi con la lettiga per portarmi al tavolo operatorio. È probabilmente, questa, l'ultima notte di me integro e disponibile. Tra sei o sette ore può darsi che io non esista più, o che sia ridotto a un rudere destinato a rapida consumazione o, peggio, che io sia invece come adesso perché i chirurghi, dopo avere aperto, subito hanno richiuso, non restando ormai niente da fare. E l'asteroide Icaro non è arrivato, l'asteroide appartiene alle belle assurde favole che per qualche istante illudono l'uomo e poi dileguano in una risata, il vagheggiato corpo celeste sta volando in questo istante sopra questa clinica a velocità vertiginosa e non sa nulla di me, non sospetta neppure lontanamente quanto io lo desideri... io e anche il professore Coltani, forse... Il caro asteroide, oltrepassato il punto di minima distanza, sta già allontanandosi da noi, si sprofonda negli abissi del cosmo e quando se ne riparlerà fra diciannove anni io sarò polvere e cenere, sulla pietra tombale il mio nome sarà mezzo cancellato...

Ma ci deve essere qualche malato grave, stanotte. Di là dalla doppia porta, odo affrettati scalpiccii, fitti sommessi dialoghi di donne. Un campanello lontano. Fuori, per la strada, non passa anima d'auto.

Strano. Che ci sia un intervento d'urgenza? Il via vai nel corridoio aumenta. Si odono perfino dei richiami, quasi delle grida. È come se l'intera clinica fosse sveglia.

Aprono, senza bussare. Entra uno. È il dottor Rilka, in maniche di camicia, trafelato più che mai. Corre verso il mio letto tendendo un pacco di fogli arrotolati: « Legga, la supplico, ne legga almeno un paio... non restano che pochi minuti... ».

« Allora è vero? » faccio io rialzandomi a sedere, e mi sento giovane, sano, fortissimo. « Allora è vero? »

« Altro che vero! » dice lui e si affretta alla finestra, rialza rapidamente le persiane. « E non perda tempo, la prego, ne legga almeno una!... »

Ma fuori c'è luce. E non è di luna. Alle due di notte una luce bianco-azzurra che abbaglia, simile a quella della fiamma ossidrica. E un tramestio, un mugolio, un immenso strepito che si leva intorno da tutta la città. Poi un urlo, due urli, mille urli insieme di terrore (o di giubilo?). E insieme agli urli un'indicibile voce non umana, rantolo, sibilo, boato che si dilata nel cielo immensamente. E io che rido, felice, sparpagliando per la camera, come un pazzo, le poesie. E lui, il dottor Rilka, che (con tre o quattro secondi ancora di vita) corre qua e là disperato, per raccoglierle, protestando:

« Ma cosa fa, adesso, dottore? »

Invenzioni

L'ospedale malato

Come entrai nella clinica Ophelia – all'indomani mi
avrebbero portato via la cistifellea – il portiere mi
accompagnò allo studio del medico di turno. Era costui
un uomo sui quaranta, magro e pallido. Si levò dalla
poltrona togliendosi di bocca un termometro. « Mi
scusi, sa? Ma ho quasi trentanove di febbre. » « In-
fluenza? « Eh, chi lo sa... »

Nonostante il febbrone, mi guidò alla camera, mi
consigliò di coricarmi subito. Poi entrò una graziosa
infermiera per una iniezione calmante. Zoppicava. « Se
sapesse, signore, » confidò con un dolce sorriso « sapesse, con l'umido di oggi, i capricci che fa la scia-
tica... »

Più tardi arriva il professore Trizzi, colui che mi
dovrà operare all'indomani: una figura giovane, vigo-
rosa, simpatica. « Lei, signore, mi lasci dire, è stato
fortunato. In fatto di cistifellea credo proprio che attualmente non ci sia uno che ne se sappia più di me.
E *pour cause! Pour cause!* » giù una bella risata. « Domattina lavoro io su di lei. Dopodomani lavoreranno
gli altri. Su di me, capisce? Anche la mia cistifellea,
kaputt! » e fa il gesto di buttar via un rifiuto. « Molto

peggio della sua, molto peggio. Perché la sua sappiamo ormai esattamente come sta. Mentre nel mio caso... Nel mio caso la situazione, come dire? è abbastanza aggrovigliata. Eh, si sa dove si taglia, non si sa cosa si trova! » un'altra lunga risata. « Il proverbio del mio vecchio maestro Ripellini è sempre valido nonostante i progressi della scienza! » Porta una mano alla destra dello stomaco, premendo, e fa una smorfia dolorosa. « Ahi, ahi... ho paura che... scusi se mi siedo... questione di pochi secondi... sono fitte passeggere... Ma non si preoccupi, per carità... Càpitano soltanto al pomeriggio, al mattino mai, assolutamente mai... »

Rimane a chiacchierare amabilmente, accomiatandosi dice: « A proposito, il nostro direttore, il *boss* qui della clinica, ci teneva a darle il benvenuto, me l'ha detto espressamente. Si scusa di non averlo fatto. Purtroppo stamane... purtroppo ha avuto... Be' non si può dire propriamente un infarto, ma la tranquillità, lei mi insegna, è la prima cosa in tutte le forme cardiache... ».

Come più tardi viene la capo infermiera della notte, noto che continua a passarsi febbrilmente la mano destra sulla guancia. « Un po' di mal di denti? » chiedo per pura cortesia. « Non me ne parli. Le auguro di cuore di non avere mai niente a che fare col trigemino... Da impazzire, le giuro, da impazzire... Meno male che, dovendo fare il turno di notte, non faticherò certo a stare sveglia. » E riesce perfino a sorridere.

Io la guardo perplesso: « Scusi, signorina: qui alla clinica Ophelia, dico, il personale curante, dico, è fatto tutto di malati? ».

Solleva la testa, sbalordita: « Credo bene, signore. Non per niente è la casa di cura più rinomata d'Europa ».

« Non capisco. »

« Come? Lei non sa? Psicoterapia, psicoterapia. Questo è il centro di psicoterapia più avanzato che esista. Mi dica: lei non era mai stato in ospedale? »

« Veramente no. »

« Per questo, forse, non capisce. Cos'è il brutto dell'ospedale? La malattia forse? No. Il brutto dell'ospedale è di vedere tutti gli altri, che malati non sono. Quando viene la sera, noi condannati al letto, e i medici, le infermiere, gli assistenti eccetera via come fringuelli per la città, chi a casa, chi da amici, chi al ristorante, chi al cinema, chi a teatro, chi all'amore; e questo deprime terribilmente, mi creda, ci fa sentire minorati, influisce sul decorso in modo decisivo. Invece, se uno è moribondo e gli altri sono tutti già morti, si sente un imperatore. E qui, appunto, realizziamo il miracolo. Intanto, niente visite di parenti e di amici, a evitare spiacevoli confronti. E poi, e poi... medici, assistenti, chirurghi, anestesisti, infermiere eccetera, tutti malati seriamente. I pazienti, al paragone, si sentono signori, si sentono sani. Si sentono? Diventano sani. Alle volte guariscono senza bisogno neanche di una pillola. E magari sono entrati che erano più di là che di qua. »

Il cane da quadri

Renato Cardazzo un giorno mi disse: « Alle volte, quando al mattino arrivo alla mia galleria, trovo il cortile ingombro di quadri, disposti tutto intorno. Qualche pittore sciagurato che tenta di sedurmi. Dilettanti, si intende. E io me ne accorgo subito dall'odore ». « Perché, i dilettanti hanno un odore speciale? » « Proprio così. Puzzano. Non loro. I loro quadri. Come se i colori, sentendosi usati malamente, si ribellassero, formando esalazioni sgradite. »

Mi parve una teoria spiritosa ma alquanto opinabile. Confesso che anche alle esposizioni delle più ignobili croste, quella puzza non l'avevo mai avvertita. Però era una ipotesi affascinante. E cominciai una serie di esperimenti. Pensavo: ammettiamo pure che Renato Cardazzo abbia un fiuto eccezionale, però è sempre un uomo, e un cane da caccia, in fatto di sensibilità olfattiva, saprà fare anche di meglio.

Mi procurai quindi un bracco bene addestrato e lo portavo in giro per il quartiere artistico, dove allignano tutte quelle botteghe di spaventosi quadri pompieristici con la marina al tramonto, la baita alpina con le pecorelle, la testa di vecchio, le damine del Settecento. Bene, prima ancora di avvistare il bieco luccichìo delle cornici esposte a filo del marciapiedi, Walter, tale il nome del cane, drizzava un triangolo di pelo in corrispondenza con la sommità del dorso, emettendo un lieve mugolio. Qualche passo ancora, e lui si fermava, rifiutando di proseguire. Avevo un bel tirarlo per il guinzaglio; come se lo volessi portare al macello.

Feci poi esperimenti in senso inverso. Avvicinando Walter cioè ad opere di discreto o alto livello. Risultati entusiasmanti. Non solo la sensibile creatura dava segni di soddisfazione, con divincolamenti, scodinzolamenti, squittii, e altro, ma, in prossimità di pezzi magistrali, "puntava" come se si fosse trattato di una quaglia. Capace di restarsene là inchiodato per delle ore. Tanto più rigido quando era bello il dipinto.

L'applicazione dell'esercizio ai fini delle cronache d'arte sarebbe, inutile dirlo, vantaggiosissima. Non ci sarebbero mai dubbi. Si scoprirebbero a colpo sicuro i geni nascenti. Ma le gallerie non sono favorevoli alle frequentazioni canine. Senza contare il rischio che, in presenza di quadri orribili, Walter perda il controllo e si avventi. D'altra parte, poiché si tratta di percezione olfattiva e non visiva, fargli vedere delle riproduzioni non serve. Inoltre, mi è parso di capire che i suoi gusti non coincidono affatto con i miei. Il sagace bracco si mostra decisamente favorevole alle opere informali, raramente indulge ai neo-figurativi. (O che per caso abbia ragione?)

Il televisore sapiente

Dal Giappone un amico ricchissimo mi ha portato in regalo una straordinaria novità: un piccolo televisore, di aspetto dimesso, dotato di una virtù prodigiosa: se qualcuno, anche lontanissimo, parla di noi, l'apparecchio ce lo fa vedere e udire. Se di noi nessuno si occupa, lo schermo resta buio.

Devo dire che il primo entusiasmo si è completamente raffreddato quando, nell'intimità della casa, mi sono accinto a fare la prova. La maldicenza, si sa, è uno sport così facile e diffuso (qualcuno lo ritiene una delle poche consolazioni in questa valle di lacrime). Né io certo mi illudevo che pure gli amici, se il discorso mi toccava, rinunciassero a qualche maligna frecciata. Comunque, sono cose che è meglio non sapere. Perché amareggiarci inutilmente?

Ma l'apparecchio era lì, a mia completa disposizione, col suo meraviglioso segreto. E l'orologio segnava le nove e mezzo di sera, l'ora in cui, al termine del pasto, gli amici si lasciano andare a confidenze e cattiverie. Per di più quel giorno era comparso un mio articolo, a cui tenevo molto, ma piuttosto azzardato. Sì, era probabile che in più di un luogo si stesse dicendo peste e corna di me. Ditemi un po' voi, tuttavia, come era possibile resistere. Se non altro, le amare rivelazioni mi sarebbero servite di regola. Così rimuginando, stetti in forse una mezz'ora. Quindi, accesi.

Lo schermo per qualche minuto restò inerte. Poi si udì una voce, con spiccato accento emiliano, ben presto seguita dall'immagine. Vidi due signori sui cinquant'anni, di cui uno con barbetta, che fumavano seduti non si capiva bene se in un salotto privato o nell'angolo di un circolo. Uno teneva sulle ginocchia, come se avesse appena finito di leggerlo, il giornale contenente il mio articolo. E diceva: « Non sono d'accordo. Io l'ho trovato spiritoso. E poi dice cose che tutti pensano e nessuno ha di solito il coraggio di dire ». L'altro tentennò il capo: « Può darsi che tu abbia anche ragione. Però a me, quello stile, sarà moderno fin che vuoi... ». E i due, che prima non avevo mai visto, disparvero, segno che avevano cambiato argomento.

Quasi immediatamente lo schermo si riaccese. Riconobbi il ristorante letterario che anch'io frequento spesso. Era il solito tavolo, al quale sedevano tre colleghi proprio del mio giornale. Mi salì il batticuore. "Come minimo," pensai "adesso questi qui mi squartano vivo." « Vedi? » diceva il più anziano, mio vecchio amico. « Per me, è un esempio tipico di quello che si deve intendere per buon giornalismo moderno. Del resto, chi non ha difetti? Perché sempre parlar male? » « E chi parlava male? » ribatté il più giovane, noto per le sue battute corrosive. « Solo che il lettore medio, il lettore di un quotidiano, a quelle finezze non arriva... » « Sia come sia » commentò il terzo. « Leggere dei pezzi simili, e lo dice un vecchio del mestiere, è sempre una soddisfazione. »

Ora, come mai quei cari amici fossero venuti a sapere che io possedevo il diabolico televisore, così da potersi regolare in conseguenza, rimarrà per me un assoluto mistero.

Velocità della luce

Corre voce che metteranno la ferrovia in Val Rita, siamo in novembre, sulle alte cime da una parte e dall'altra è già nevicato, tra poco anche i tetti saranno bianchi.

Si sente dire che su per la Val Rita salirà la vaporiera. Nei casolari che fumano ai bordi sommi dei boschi, da dove si vede laggiù il paese come un giocattolo, certi vecchi nonni seduti al fuoco scuotono il capo: la ferrovia, la ferrovia, la smania degli uomini pazzi: qualcosa di brutto succederà, chissà cosa faranno gli spiriti della montagna, i capricciosi e dispettosi spiriti, capaci di combinare qualche disastro, di vendicarsi, garantito che non possono soffrire le esplosioni, i tonfi, e poi il fumo, le rotaie dove bellissimi alberi vivevano felici, le martellate, gli attrezzi, i disperati fischi notturni venuti su dalla pianura lontana.

Si vocifera che la ferrata è cosa imminente. Nelle "stue" del paese i cacciatori della Val Rita scuotono il capo: finiti, finiti i bei tempi della caccia grande, il treno spaventerà le bestie selvatiche, i caprioli i cervi i daini le lepri le volpi, branchi e becchi solitari fuggiranno su ai valichi, trasmigrando nelle bandite della Val Berna, della Val Ligontina, intoccabili: la pace, le vecchie cose terminate per sempre.

Si discute, si brontola, si deplora. Però tutto è stato fatto, mentre quelli ancora dicevano di no. Il giorno quattordici di aprile c'è stata l'inaugurazione, su a Costamagna, il capolinea d'arrivo, il celebre posto dei gran signori che vengono d'estate con automobili e *chauffeurs*. All'inaugurazione è intervenuta perfino sua maestà: le bandiere, le fanfare, i discorsi, i fiori, il sole, l'allegria generale della circostanza, il radioso avvenire. E non si può dire che la valle sia molto cambiata, chissà come gli spiriti si sono astenuti dal fare dispetti sia di giorno sia di notte, neppure le bestie selvatiche si sono troppo spaventate, d'estate anzi la galleria delle Cesurette serve da nascondiglio e da nido per marmotte, faine, conigli selvatici e altri. E neanche il treno si fa vedere molto, quasi sempre nascosto dagli alberi; solo quando passa sul ponte di Rio Gerasòn dà spettacolo, e allora i ragazzetti corrono a vedere, mandando lunghi sibili anche loro.

Naturalmente hanno costruito le piccole stazioni e i caselli ferroviari, per i casellanti si sono indetti corsi speciali riservati ai valligiani con licenza elementare. È riuscito primo Fausto da Ronc di Sisto, ventiquattro anni, giovanotto in gamba, elettricista di mestiere, il suo casello è al chilometro ventotto, in corrispondenza con un'audace curva, orgoglio dell'ingegnere progettista. Nel bosco. Una sorgente vicina.

Dal casello si domina, prima e dopo, un bel pezzo di strada ferrata, la quale a valle sparisce laggiù, dietro un costolone di roccia innominato, a monte è inghiottita dal tunnel detto del Traverso. Una vita nel complesso tranquilla, dalle undici di sera alle sei del mattino nessun incomodo, infatti nottetempo la ferrovia riposa. Certo, di quando in quando, l'ispettore: brav'uomo. E le nuvole, che lentamente passano, si modificano, assumono forme strane, ci dicono cose personali, non ci sono più.

Si dice: la velocità della luce, meraviglia della fisica moderna, all'idea il nostro pensiero si smarrisce nella immensità degli spazi universali. Eppure la luce è una povera vecchia tartaruga zoppa e malata al paragone dell'uomo, in confronto alla celerità spaventosa con cui l'uomo viene e scompare.

È nato un bambino delizioso: le trine, i confetti, il battesimo, gli intenerimenti, i bacetti, gli auguri, la felicità, il futuro glorioso; allora ripetiamo ottanta volte "Buon anno!" più svelti che si può, e il vecchio scende nella tomba. Perciò danno il brivido i ragazzi che dicono: noi giovani, noi giovani, come se la loro razza fosse un'altra: prima che finiscano di parlare, già la loro lingua si ingarbuglia nell'opacità della sclerosi.

Non hanno fatto in tempo a dissolversi tra le rupi gli squilli che hanno salutato il re nel famoso giorno dell'inaugurazione. Il picchetto d'onore in alta uniforme non ha fatto in tempo ad eseguire il pied'arm. Né la sposina di Fausto da Ronc ha fatto in tempo a piantare i gerani nelle apposite cassette ai davanzali. Ecco che ormai sono arrivati gli ingegneri, i geometri e le opere per demolire la vecchia decrepita ferrovia, ridicola trappola d'altri tempi. Due mesi fa è passato l'ultimo treno, era febbraio, con la neve. I terribili colpi di mazza quasi non si odono, dato il catastrofico rombo dei camion uno dopo l'altro sull'autostrada vicina come ottusi bisonti impazziti.

Liquidato il personale, per ben servito, il casellante Da Ronc, sessantatré anni, ha ottenuto dalla direzione il privilegio di poter abitare ancora il casello del chilometro ventotto vita natural durante. La moglie morta.

Dei due figli, uno sistemato ad Amburgo, l'altro pure all'estero chissà dove. Solo. Ma, taciturne sopra di lui, le montagne no che non sono cambiate. A proposito: dicono che Fausto sia un po' via con la testa. Alla sera, in coincidenza col fu accelerato delle ventuno e quattordici, il quale non esiste più, egli esce ancora all'aperto con la sua lanterna, e per mezzo del lume fa segnali.

Così il casello del chilometro ventotto sulla linea ferroviaria abbandonata, con le finestre ancora accese, nella notte autunnale di vento — quel mugolìo lungo del bosco, come mano d'argento che perlustri il cuore — e lui che aspetta. Chi passerà stasera sul direttissimo fantasma che illumina la luce azzurra dell'oltretomba?

Ci sarà al finestrino il pallido arciduca suicida per amore, fosforescente? Oppure (le teste dondolanti al quadruplice martello in la minore), gli insigni, i titolati, le fatali, o gli spietati condottieri dei vizi e dei romanzi? O la cerea principessa che i parenti ricchissimi, per tentare di salvarla, vogliono portare a Siracusa, al sole e alle sirene, ma ogni volta sbaglian treno, e così la giovinetta fugge e muore attraverso le steppe e le montagne per migliaia e migliaia di chilometri, mentre il vecchio casellante, fermo dinanzi alle rotaie morte, vede svanire, laggiù in fondo, la vita, le speranze ormai lontane, e dall'altra parte, adagio adagio, avanza il coagulo di buio, la grande cosa nera, solo per lui?

Quattro storie di animali che mi sembrano curiose, ma che purtroppo devo dare con beneficio d'inventario.

Il cane

« Una ventina d'anni fa » mi raccontava il dottor Diego Vesca, vecchio medico di Verbania « avevo un magnifico mastino, di nome Furio, che mi era affezionatissimo. Tanto magnifico che una brutta sera è scomparso e io l'ho cercato dappertutto, ero disperato, per mesi sono andato girando da una parte e dall'altra del lago, però tutto è stato inutile, qualcuno me l'aveva rubato...

« Ma fin qui, lei mi dirà, niente di straordinario. Però stia a sentire. A più di dieci anni di distanza, un mattino, prendo il traghetto per Laveno come faccio almeno due volte alla settimana ancora adesso. Stavo a poppa e il battello si era appena staccato dalla banchina, quando vedo arrivare di tutta corsa, sa chi?, vedo arrivare il mio Furio, tale e quale, il quale si ferma sul ciglio della banchina abbaiando due tre volte, e poi giù in acqua, e si mette a nuotare. Ormai il battello era avviato, impossibile che la povera bestia mi raggiungesse. Allora mi metto a gridare "Ferma! ferma!", corro su a chiamare il comandante che mi conosceva, lo supplico di fermare. Intanto il cane nuotava nuotava, ma ormai era esausto, e io continuavo a chiamare Furio Furio per dargli coraggio ma lo vedevo sempre più lontano. E il comandante è venuto anche lui a poppa e io gli ho indicato il cagnone che nuotava ma lui diceva di non vedere niente e anche gli altri passeggeri tutti dicevano di non vedere niente e cominciavano a guardarmi in un certo modo come se mi prendessero per un matto.

« Finalmente, siccome mi vedeva così agitato, tanto per accontentarmi, il comandante ha fatto tornare indietro il traghetto per qualche centinaia di metri perché io mi persuadessi che non c'era nessun cane che nuotava e infatti quando il traghetto ha cominciato a tornare indietro Furio era scomparso e io non ho detto più niente perché non mi credessero completamente via con la testa.

« Ma fin qui, lei dirà, niente di straordinario. Senonché stia a sentire. Da allora, ogni due tre mesi si può dire, la scena si ripete. Il traghetto si è appena staccato dalla sponda, quando arriva di tutta carriera lui, Furio, che si lancia in acqua e via, dietro il battello. Ma il battello cammina più presto di lui e la povera bestia resta indietro e nuota con la forza della disperazione e mi guarda, mi guarda. Sento i suoi occhi che mi entrano qui » e faceva segno al cuore. « Finché a un certo punto Furio non ce la fa proprio più e vedo il testone sparire sott'acqua. Ogni volta così. Però io non chiamo, sto quieto, non grido di fermare il battello. So che è soltanto un fantasma. Se faccio i conti, oggi dovrebbe avere ventiquattro anni, mai un cane è vissuto tanto. È soltanto un fantasma. » Lacrime gli rigavano le guance.

Le formiche

Quando sono andato a Nuova York per la prima volta, mi ha fatto da guida uno zio, sessantenne, emigrato laggiù da ragazzo, che lavora come montatore al Museo di Storia Naturale. Naturalmente, per prima cosa mi ha portato a vedere i grattacieli, cominciando da quelli di Wall Street. E poi mi ha detto: « Guardali, guardali nipote mio, per l'ultima volta, perché tra qualche anno, tra qualche mese forse, non ce ne sarà più neppure uno. Sai che cos'è la formica del ferro? *Formicula siderofaga?* È una formica piccolissima, quasi microscopica, che si ciba esclusivamente di ferro, o metalli analoghi. Ora, come sia successo precisamente non si sa, perché è una specie che non alligna da queste parti, finora era stata trovata soltanto nel bacino dell'alto Zambesi. Chissà: una foglia portata dal vento. O gli uccelli migratori. O qualche immigrato proveniente dall'Africa. Fatto è che una colonia si è stabilita qui a Manhattan, ha cominciato a rosicchiare, e ne ha portato avanti, del lavoro, in tanti anni. Le voraci bestioline di cui nessuno sa niente tranne noi che siamo del mestiere! Li vedi, i famosi giganti di cemento e di acciaio? Dio solo sa come stiano ancora in piedi. Completamente svuotati dentro, senza più scheletro, le formichine se lo sono coscienziosamente divorato. Attento tu, adesso, a non urtare il muro! » e mi ha afferrato bruscamente per un braccio tirandomi in fuori perché io, scansando un passante, sfioravo il basamento del Woolworth Building. « Vuoi che ti crolli tutto sulla testa? »

« Su queste montagne » mi ha raccontato la guida Gabriele Franceschini, vecchio amico, che vive in località Piereni, bellissimo angolo solitario della Val Canali, Pale di San Martino « ogni tanto qualche aeroplano si ferma. » « Come, si ferma? » dico io. « Ci si sfracella contro, » lui spiega « lo si vede sorvolare la valle, oltrepassare la cresta di solito lassù, in corrispondenza del Sass d'Ortiga, e si continua a sentire il rombo, poi di colpo il rombo cessa. E nessuno sa niente, nessuno dice niente, giornali e tivù non dicono niente, ma dopo qualche giorno ecco arrivano dei tipi con gli occhiali a fare domande, se sappiamo niente di un aereo così e così che dovrebbe essere precipitato da queste parti e qualche volta organizzano anche delle ricerche con un gran viavai di elicotteri.

« Bene, mai si è trovato un rottame grande così. E sì che queste montagne non sono mica l'Imalaia, e neppure il Monte Bianco, arrivano sì e no a tremila metri, eppure mai si è trovato uno stecco, un osso, un resto purchessia.

« Senonché un giorno che con un cliente stavo facendo la parete della Cima del Coro che anche tu conosci, proprio sopra di me ti vedo un'aquila. Aquile, da queste parti, era la prima volta che ne vedevo. Io mi fermo su una cengetta e vedo che quella si avvicina. Dico, non avrà per caso il nido da queste parti, non avrà intenzioni bellicose. Sarà stata a trenta metri non di più. Con le ali che parevano una tenda Moretti. Taf taf. Quasi ferma. E allora mi accorgo che tiene nel becco una cosa. Il pasto per gli aquilotti, mi dico. Invece lei apre il becco e lascia cadere. E la cosa batte sulla roccia a tre metri da me, una cosa luccicante, e rimbalza giù per una tirata di corda fino a un piccolo ballatoio. Incuriosito, scendo a vedere. È una collanina d'oro con una medaglia. E dietro la medaglia un nome, Dorothy, e una data che non ricordo. E neanche un mese dopo, dalle stesse parti, ma stavolta non ero in parete ma sul sentiero, succede lo stesso. Ancora l'aquila che scende e poi mi molla giù un pacchetto ma non era un pacchetto, era un berrettino da hostess, tutto sbiadito e dalla sigla risultava che era una hostess di una linea svizzera. E poi una terza volta ancora l'aquila, che mi ha buttato giù un portafogli con tessere e una ventina di dollari, di un certo Joseph Abeniacar, greco, commerciante. Pazzo io? Non me lo dirmelo! (era una sua vecchia facezia). Vieni in casa che ti faccio vedere. »

Entriamo in casa. Lui apre un cassetto. C'è la collanina, il berretto della hostess, il portafogli con le tessere e i venti dollari. Mi guarda e ride: « Perché non l'ho detto a nessuno? A te, e a nessun altro. Dove vuoi che quei disgraziati dormano meglio che lassù? ».

Certo, la collana, il berretto e il portafogli li ho visti. Ma non potrebbe essere uno scherzo? Gabriele è sempre stato incline alla letteratura.

Il moscone

« Guarda, tutti mi considerano una infelice, costretta fin da bambina a passare dal letto alla sedia a rotelle e viceversa » mi ha detto, un giorno ch'era in vena di confidenze, la pittrice Marika Schmiedt, vittima della poliomielite, ormai più che quarantenne « eppure credo che poche persone al mondo abbiano avuto intorno a sé tanta bontà. E sai chi più di tutti ha avuto misericordia per questa sciagurata? Non lo crederesti mai.

Un moscone. Proprio uno di quei mosconi neri che in genere danno fastidio e certi dicono che annunciano disgrazie in casa. Solo che era un moscone estremamente educato, senza quelle zampe viscide e appiccicaticce dei soliti mosconi, anzi non mi accorgevo neanche, quando mi si posava sulla pelle. E naturalmente da principio non sapeva parlare ma capiva quello che dicevo io parola per parola. E poi ha cominciato a parlare anche lui con una vocina sottile sottile. Nel pomeriggio usciva, poi verso sera tornava e mi raccontava una quantità di storie incredibili sul mondo di fuori. Cose che nessuno ha sospettato mai. Cose di pazzi. E sapessi che risate si facevano insieme. La gente che cosa diceva? Non diceva niente. Quando veniva gente, lui si nascondeva. E vuoi sapere dove? » sollevò la ciocca dei capelli biondi che le nascondeva l'orecchia sinistra e là nel cavo del grazioso padiglioncino se ne stava un bel moscone nero che decollò immediatamente in direzione della finestra aperta. « Ma non è mica lui, sai? Questo è un altro. Ah, come Rodolfo non ci sarà mai più nessuno. Mi divertiva, mi distraeva, mi raccontava barzellette, mi dava consigli per i quadri, aveva un senso critico che manco un professore di storia dell'arte, te lo giuro. Ma il mondo è crudele... Una sera il mio piccolo amico non ha fatto più ritorno. Aspetta, aspetta. Niente. L'avrà ammazzato qualcheduno. O era incappato in qualche nube di DDT... No, no, aspetta che ti spieghi. Un paio di settimane dopo, ecco finalmente il moscone di ritorno. Rodolfo! Rodolfo mio! io chiamo. Ma non era lui. Era un altro, amico di Rodolfo, a cui Rodolfo aveva parlato tanto di me. Aveva saputo della disgrazia, era venuto a consolarmi, si offriva in sostituzione. Che dovevo fare? L'ho accettato. Ora anche lui, la sera, va in giro a raccogliere i pettegolezzi della città, anche lui cerca di tenermi su di giri. Però non c'è neppure da fare un paragone, posso ·dirlo adesso che lui non è presente. Sai?, viene da una famiglia di mezza tacca, questo qui, non ha finezza di spirito, gli manca il senso dell'humour. Ma che vuoi? Piuttosto di niente... »

L'alienazione

Signor Direttore,
sul giornale da lei diretto, e nel quale lavoro da im-
memorabile tempo, è uscito un articolo firmato col mio
nome. Ma non l'ho scritto io.

Non pretendo, signor Direttore, che si faccia una
inchiesta per accertare le cause e i modi della coinci-
denza, per me tutt'altro che simpatica (non mi azzardo
a fare l'ipotesi di un intenzionale plagio). Mi rendo
conto, infatti, come siano ardue e laboriose, se non im-
possibili, simili ricerche in un giornale di vasto respiro
come il nostro, che esce, nei giorni feriali, con oltre
mille pagine, e che ha un organico di redattori presso-
ché inconoscibile (c'è chi parla, vero?, di centotrenta-
mila tra cronisti, redattori propriamente detti, inviati
speciali, articolisti, critici, grafici, impaginatori, rubri-
chisti, stenografi, correttori, cartografi, disegnatori, ar-
chivisti, ricercatori, fotografi, computeristi, radiotecni-
ci, eccetera).

Penso tuttavia, signor Direttore – benché l'inconve-
niente non sia dipeso certamente da lei – di poter osar
chiedere, per l'avvenire, che sia esercitato un più attento
controllo affinché...

No, questa lettera non la manderò.
Prima di tutto, a pensarci bene, non posso preten-

dere dal direttore una garanzia del genere. I casi di omonimia tra autori di servizi o articoli nel medesimo numero del giornale sono tutt'altro che rari, e forse inevitabili.

È un organismo così mastodontico, il nostro giornale, che, per quanto capace e laborioso, per quanto affiancato da uno stato maggiore formidabile, il direttore non può che impartire delle direttive generali, non può esercitare che una vaga sovrintendenza, come una volta l'imperatore della Cina, data la vastità del reame. Certi numeri speciali festivi, di oltre settemila pagine, non c'è uomo al mondo, pur velocissimo e instancabile, che possa nel giro di una giornata non dico leggerli tutti ma neppure sfogliarli.

Secondariamente, il direttore non si rallegrerebbe affatto che un vecchio redattore come me gli segnali una piccola "gaffe" avvenuta nel suo giornale.

D'altra parte, si tratta veramente di una "gaffe", di un incidente involontario? O non era una cosa precisamente voluta da lui che, nei limiti delle possibilità umane, governa la smisurata compagine di questo mammut con lungimiranza esemplare?

Era un buon articolo, lo devo ammettere onestamente. E vi ho riscontrato uno stile abbastanza simile al mio. Con delle trovate che sarei contento, confesso, di avere escogitate io. L'argomento – il problema delle aree depresse sulla Luna – non rientra nel mio consueto repertorio (io tratto, da oltre mezzo secolo, la critica pubblicitaria). L'omonimia quindi non dovrebbe preoccuparmi né ferirmi. Ma chi garantisce che l'ignoto collega a poco a poco non si trasferisca anche nel mio orticello?

Chi può essere l'intruso? Potrei, percorrendo chilometri di ascensori e corridoi, attraverso il sesquipedale palazzo che è la sede del giornale, raggiungere il capo-servizio che sovrintende al settore delle aree depresse. Si chiama Giorgio Davallà. Lo conosco benissimo, è un vecchio amico e ottimo uomo. Ma prevedo già la scena. "Scusami sai," direbbe "ma l'altro ieri io ero assente. L'articolo non l'ho letto. Questo Buzzati che ha firmato non so chi sia. Deve trattarsi di un collaboratore occasionale. Abbi pazienza. Farò indagini. Ti capisco. Anch'io al tuo posto... Adesso scusami, mi chiamano al telefono da Ankara..."

Per di più, mi domando se questo Dino Buzzati, che non conosco, non sia alle volte lo strumento, forse inconsapevole, di un processo fatale. Non sia l'incarnazione nuova di me stesso, destinato a prendere il mio posto.

C'è, lo so, chi mi considera ormai vecchio (ma si può considerare vecchio, vivaddio, uno che ha appena novantasei anni?). E l'avere chiamato a collaborare questo nuovo Dino Buzzati della malora, probabilmente giovanissimo, potrebbe essere perfino un segno di riguardo. Quasi a garantirmi che la mia bandierina, sia pure tenuta da altre mani, continuerà a sventolare.

Certo, mi piacerebbe conoscerlo. Non penso sia un demoniaco William Wilson, uguale a me anche fisicamente, venuto al mondo per dannarmi. Ho chiesto intorno, ho fatto chiedere, ho dato mance, ho saputo. Questo Dino Buzzati esiste, dicono. Pare sia un ragazzo di ventisette, ventott'anni. Molto per bene. Coltissimo, dicono (e in questo caso non mi assomiglia, purtroppo).

No, preferisco non conoscerlo. Preferisco il mistero. Può darsi che egli sia una particola dell'onda che passa su tutti noi, l'onda del tempo, che a poco a poco ci trasmuta e ci divora.

Da qualche mese, del resto, io avverto un fenomeno nuovo e conturbante. Ho cioè la sensazione che di giorno in giorno, quando vado al giornale, i colleghi, i fattorini, i tipografi, mi salutino meno di una volta; o meglio, mi riconoscano meno di una volta.

Come se a poco a poco io fossi un po' meno me stesso, mi allontanassi lentamente da colui che ero fino a ieri. Come se la mia fisionomia, il mio aspetto, la mia voce, non fossero più tanto miei come una volta. E io adagio adagio stessi per uscire da me stesso, dissolvermi in qualcosa di inconsistente, una larva, un pensiero, un ricordo, un nulla.

Come se quello là, il dannato mio omonimo, a passi felpati stesse avvicinandosi per prendere il mio posto. Portando la stessa mia uniforme, parlando la mia stessa lingua, amando le medesime cose; ma con l'investitura dei vent'anni.

Stamane sono andato al giornale. Per la prima volta i fattorini all'ingresso non mi hanno salutato. Anzi mi hanno chiesto: « Scusi, signore, desidera? ».

« Come, desidero? Sono Buzzati, no? Che scherzi sono questi? »

« Il dottor Buzzati » ha risposto il capo portiere « è nel suo ufficio. Se lei desidera parlargli, firmi qui, la prego, il modulo. »

Ho firmato. Aspetto. Il fattorino va di là con la mia carta. Ricompare dopo un paio di minuti: « Si accomodi, prego ». Apre la porta.

Là, nello studio, dietro allo scrittoio, sono seduto io. Ma non giovane. Anzi. Della mia stessa età. A me totalmente straniero. Odioso. Mi sorride: « In che cosa posso...? ».

Addio.

Progressioni

A un recente congresso letterario venne fatto, per gioco, un esercizio di progressioni: ottenere cioè un risultato narrativo in poche righe sviluppando, appunto in progressione, un motivo a scelta. In una relazione si era sottolineata la tendenza alla prolissità comune a molta produzione moderna e uno dei congressisti, replicando, aveva invitato i colleghi a dimostrare che la sintesi era ancora disponibile fra i loro strumenti di lavoro; e additava la tecnica della progressione come una delle più utili a raggiungere effetti di concentrazione espressiva, quali del resto si possono ritrovare, oltre che in certe classiche poesie di estrema brevità, in parecchi scrittori occidentali, da Shakespeare a Gioacchino Belli, da Lee Masters a Prévert. Senza contare – diceva – ch'essa coincide col senso della vita, la quale in ogni campo si manifesta con una curva che parte da zero e a zero inevitabilmente ritorna. Parecchi accettarono la sfida. Ed ecco alcuni degli esempi proposti:

Appellativi

« Angelo della vita mia! »
  « Ninna nanna bel bambin! »

« Smettila, pasticcione! »

« Dico a lei, somarello del terzo banco! »

« Cretinoide che non sei altro! »

« È questa l'ora di tornare a casa, tesoro? »

« No, la prego, mi lasci, signorino! »

« Su, sveglia, pelandrone! »

« Che diavolo mi combina, sergente? »

« Congratulazioni, dottore! »

« A che cosa pensi, orsacchiotto mio? »

« E ci sono speranze, avvocato? »

« Basta adesso, demonio! »

« Non le sarà sfuggito, egregio collega... »

« Qua un bacetto, commendatorone! »

« Mi gratti la schiena, paparino? »

« Preferisce conciliare, signore? »

« Di qua, prego, onorevole! »

« Adesso devo lasciarti, bel gattone! »

« Se mi permette, signor presidente... »

« Me lo regali, nonno? »

« Come la va, vecchio mio? »

« Lei forse ricorderà, maestro... »

« E a premere qui le duole, eccellenza? »

« Pace a te, fratello in Cristo! »

« Come se ne è andato, poverino! »

Il detersivo

Mi perdoni signora a quest'ora solo un minuto un minutino purtroppo per noi produttori non c'è orario sempre su e giù per le scale no le ripeto signora un minuto solo una piccola dimostrazione omaggio signora si tratta di un nuovo tipo di detersivo veramente rivoluzionario per carità non si incomodi signora un detersivo gigante ah ah anche lei si meraviglia tutte si meravigliano ah ah gigante non per le dimensioni certo signora anzi il contrario basta un pizzico un pizzico le dico ecco qua signora ha qualche panno da lavare? se permette possiamo esperimentare nella cucina o in bagno ecco qua signora vede che bianca? un pizzico ma no ma lei signora è davvero un po' nervosa oh mi permetta signora sì sì sì sta buona deliziosa pupattola sta buona lasciati fare no non urlare per la malora non urlare là là adesso non strilli più bambina su muoviti ti dico cos'hai adesso? Madonna cos'ho fatto!

I *giovani*

Gilardoni Lucio: « ...Sì, del novecentocinque la classe di ferro... noi giovani... la vecchia generazione... il problema di noi giovani... vado a telefonare no? altrimenti quella pittima di mia mamma... le esigenze sacrosante di noi giovani... il Mariani? avrà cinquant'anni, quel vecchio rimbecillito... ».

Benenzi Salvatore: « ...Sì, del venticinque, la classe di ferro... noi giovani... la vecchia generazione... il problema di noi giovani... vado a telefonare no? altrimenti la vecchia... le esigenze sacrosante di noi giovani... il Gilardoni? avrà cinquant'anni come minimo quel babbione rimbecillito... ».

Scicoli Gustavo: « ...Sì, del quarantacinque, la classe di ferro... noi giovani... la vecchia generazione... il problema di noi giovani... vado a telefonare no? altrimenti l'antenata... le esigenze sacrosante di noi giovani... il Benenzi? un decrepito, avrà cinquant'anni facile, completamente rammollito... ».

Polti Silvano: « ...Sì, del sessantacinque, la classe di ferro... ».

Il busso alla porta

Toc toc chi sarà? Il babbo coi regali di Natale?

Toc toc chi sarà? Giorgio? Dio mio, se i miei si accorgono!

Toc toc chi sarà? Deve essere lui, scommetto. Non gli passa con gli anni la voglia di fare scherzi, al mio Giorgio.

Toc toc chi sarà? Tonino che torna a quest'ora? Oh, questi benedetti figlioli!

Toc toc. Il vento deve essere. O gli spiriti? O i ricordi? Chi mai potrebbe venirmi a cercare?

Toc toc toc.

Toc toc.

Toc.

L'ideale

Guarda quello là come corre. È impazzito? Non si ferma più? E sì che non lo insegue nessuno. E allora? Vuoi vedere che corre verso quella nuvola rossa laggiù? Altra spiegazione non c'è. Che imbecille.

Non vi sembra infame quella nuvola rossa? Davvero deprecabile. Però. Non è così orrenda, a considerarla attentamente. Piuttosto bruttina sì, ma in fondo... Dopo tutto abbastanza accettabile. Anche discretamente modellata. Di forme più che dignitose, anzi. Che v'ho da dire? alla lunga non mi dispiace. Osservatela, come naviga maestosa, come fluttua, come si contorce lentamente. Non sembra chiamarci a sé? Non è desiderabile? Non è forse bella? Dite, dite pure che è bellissima. Meravigliosa. Un sogno!

No, ragazzi, lasciatemi. Macché bagagli. Via, via, è spaventosamente tardi. Fuggiva. Dio, dammi forza. Come sei lontana nuvola rossa, nuvoletta cara. Tramp tramp, galoppa galoppa. Tu sei la mia vita, nuvolina, la mia vita sarai. Quando ti arriverò?

L'incubo

È in partenza dal quinto binario il grande espresso intercontinentale Parigi-Berlino-Düsseldorf-Varsavia buru buru buru (le parole si confondono)... Dio mio ci siamo... Hai preso tutto, caro?... Tutte quelle valige? Ma quanto pensi di stare via?... Chissà se ci rivedremo più, no no, qualcosa mi dice che... E ti raccomando, appena arrivato... I signori viaggiatori in partenza col "Great Eastern" sono pregati di prendere imbarco i signori viaggiatori in partenza... Dio mio ci siamo... Hai preso tutto, caro?... Tutte quelle valige? Ma quanti mesi pensi di stare via?... Chissà se ci rivedremo più, no no, qualcosa mi dice che... E ti raccomando, appena sei arrivato... Ultimo avviso: è in partenza il volo 268 della Air France per Istanbul-Caraci-Calcutta-Bangkok-Hong Kong-Tokio, i signori viaggiatori sono pregati di avviarsi all'uscita nove, grazie... Dio mio ci siamo... Hai preso tutto, caro?... Tutte quelle valige? Ma quanti anni pensi di stare via?... Chissà se ci rivedremo più, no no, qualcosa mi dice che... Signori in carrozza!... Ma che cosa fai, caro?... Perché? Come? Non parti più?... Allora era soltanto un brutto sogno?

Una ragazza

Camminava, giovanetta e sola, con battito protervo di tacchi. Giovinezza! Nemmeno si volse. Aprì la porta direzionale, sono qui per quella inserzione, disse, ecco i diplomi. Ingegnere, c'è qui la firma. No grazie stasera mi è impossibile davvero, purtroppo neanche domani sera, grazie davvero, accese una sigaretta. Sì grazie ingegnere, benché io di solito non beva, no assolutamente alle dieci, dieci e mezzo al più tardi, devo essere a casa. Che splendore, che formidabile, che luce, sapessi quanto lo desideravo, sei proprio un tesoro. Pronto pronto, ma sì certo ti avrei telefonato prima di partire. Fece appena in tempo, prima che lui entrasse, a nascondere la lettera. All'angolo di via Babilonia lo scorse che le faceva dei gran cenni tutto emozionato ma lei fece finta di niente e premette l'acceleratore. Suonò per la cameriera: ti prego, Adelina, portami giù le valige, ti raccomando va piano con la cappelliera che c'è dentro il televisorino, e se telefona quello scocciatore...

Caccia al tesoro

(La scena rappresenta una immensa arena gremita di folla. Sul terreno, deserto, sono disseminate irregolarmente centinaia di botole rotonde chiuse con coperchi a maniglia. In una di queste botole sta il tesoro. Squilla una tromba. Entra il primo cercatore.)

Il pubblico: (che sa dov'è il tesoro, guida con le sue voci il cercatore che si aggira incerto)... freddino!... freddissimo!... polo nord!... freddo!... tiepidino!... calduccio!... freddino!... tepido!... calduccio!... tepido!... caldo!... caldissimo!... fornace!... fuoco!... fuochissimo!... (con urlo assordante) Ti bruci!...

Il cercatore: (si ferma, solleva il coperchio della botola dinanzi a sé. Ne esce uno sbuffo di fumo, quindi un diavolo che afferra il cercatore e lo trascina giù all'inferno).

Il pubblico: (esultante) La baia! La baia!
(Squilla la tromba. Entra il secondo cercatore)..

La vendetta

Era all'estero, lontano, ricevette tre telegrammi. Aprì il primo telegramma: gli avevano distrutta la casa. Aprì il secondo telegramma: gli avevano uccisa la moglie. Aprì il terzo telegramma: gli avevano trucidati i bambini. Stramazzò. Lentamente si stava rialzando. Senza un soldo, a piedi si incamminò. Il suo passo accelerava. D'ora in ora pedalava più forte. La lancetta del tachimetro oscillava tra i 180 e i 190. Il rombo dell'esercito corazzato ch'egli guidava riempiva le campagna e le valli. In quella limpida giornata di sole la pianura in fiore fu oscurata dall'ombra della immensa flotta di esamotori a reazione carichi di morte da lui pilotata. Vide laggiù il nemico. Fermò la bicicletta, mise giù un piede, si asciugò il sudore della fronte. Un albero faceva ombra, un uccello cantava. Siede sul bordo della via, i piedi stanchi. Guarda dinanzi a sé i prati, i campi, i boschi, le montagne, le misteriose montagne. Vendetta, che inutile cosa.

Una serata difficile

Con una strana premura il vecchio amico Gianni Soterini mi ha invitato a pranzo nella sua villa di Bograte, la quale sorge, una ventina di chilometri fuori città, nel cuore del bosco della Slenta, località collinosa, snobistica e isolata.

Come ci arrivo, poco prima delle otto, subito percepisco, dalle facce, dal tono delle voci, che qualche cosa non va per il suo verso.

Mi accoglie la bella Stefania, moglie di Gianni: « Scusa, sai, se mi vedi così. Proprio stasera zia Gorgona ha avuto una delle sue solite crisi ».

Zia Gorgona, sorella del padre di Gianni, è un grosso personaggio, piuttosto strampalato e lunatico.

« Crisi di che? » domando, volutamente inopportuno.

Stefania, sorvolando: « Ma è bastata una pastiglietta. Adesso dorme come un ghiro ».

In quel mentre, dall'alto della scala, ecco lei, la zia Gorgona, irreprensibile, vestito nero lungo, il collo chiuso in una reticella come si usava cinquant'anni fa; e tutti i suoi brillanti.

Viene incontro sorridendo. « Che piacere, caro. » Mi prende sotto braccio, mi trascina verso la porta del giardino, insensibile ai richiami ("Zia, ti prego!").

« Le avranno detto che io do i numeri, vero? » mi

sussurra appena siamo soli. « Che ho avuto una delle mie crisi, vero (e io non so negare). Bambinate. Si capisce, la crisi c'è. Ma di paura... Se ne sarà accorto, immagino. »

« Paura di che? »

« Paolomaria e Foffino... sì, sì, i figlioli, i ragazzi... Una telefonata ha avvertito che stanotte arriveranno qui con la banda dei loro amici. »

« Telefonata di chi? »

« Anonima, si intende. »

« Ma, dico, anche se arrivano... »

« Ha aggiunto, la telefonata, che i due piccini vengono a far fuori papà e mamma... » e qui una gustosa risata.

Stefania chiamava. « Su, a tavola. Che cosa state complottando? »

A tavola c'è anche il vecchio padre Emigera, confessore di famiglia da tre generazioni. Lui e io soltanto, ospiti.

« Immagino » comincia Gianni « che zia Gorgona ti abbia già spiegato tutto. »

« Tutto non so, ma... »

« E che ne dici? » interviene la Stefania.

« Una telefonata anonima... » cerco di guadagnare tempo « ... magari è uno stupido scherzo. »

Gianni, serio: « Non credo. Negli ultimi tempi, prima di entrare in collegio, Paolomaria ci guardava in un certo modo... ».

« Anche Foffino, se è per questo » fa la Stefania.

« Ma, dico, perché non cominciate a far sprangare porte e finestre? »

« Peggio, peggio » dice Gianni. « Si irriterebbero ancora di più. »

« Ma al collegio li controlleranno, no? »

« Non farmi ridere. Paolomaria è un tale demonio... Dai Piombi di Venezia evaderebbe. »

« E verrebbero, lui e Foffino, ad ammazzarvi? »

Fece così con la testa, come a dire: ineluttabile.

E la Stefania: « Oggi è così. Oggi i genitori si sopprimono. È la moda ».

« Si sopprimono? Chi si sopprimono? » Era la voce stralunata di padre Emigera, svanito come al solito.

« Noi, noi due, Gianni e io! » scatta la Stefania esasperata. « Arrivano i bambini a farci fuori, capisce, padre? Gianni e io, a farci fuori, a farci fuori... »

« Càlmati, Stefania » interviene la zia Gorgona. « Per carità non fare scene... Dopo tutto, siamo sinceri, questi ragazzi non hanno tutti i torti. »

« Come sarebbe a dire? »

« No che non hanno tutti i torti. Siamo onesti. Che mondo si trovano davanti? Che esempio gli abbiamo dato? Che cosa abbiamo fatto per garantirgli un avvenire felice? Se protestano, contestano, insorgono, come facciamo a condannarli? »

« Ma qui ci vogliono addirittura sopprimere » Gianni osa obiettare.

« Sopprimere, sopprimere! » la zia Gorgona è in forma. « Che pessimista! Intanto bisogna vedere in che modo. Non è detto che siano poi tanto cattivi. Non è detto che vi squartino a pezzetti. Non è detto che vi brucino vivi cospargendovi di petrolio. Io lo conosco, Paolomaria, forse meglio di voi. Paolomaria ha un cuore grande così. Paolomaria è un ragazzo generoso... Giurerei che non vi farà soffrire. »

« Come? »

« Non so, un colpo nella nuca... Oppure zac, un coltellino nel muscolo cardiaco... Ah, questa sì sarebbe bella! » zia Gorgona si scuoteva nelle risate.

Gianni è pallido. Ha cambiato idea. Chiama Ernesto, il cameriere. « Senti, Ernesto, non preoccuparti di noi. Corri a chiudere, ti prego, porte e finestre. Che siano serrate bene. »

« Chiudere? » fa padre Emigera. « Perché chiudere? Fa un caldo, stasera, vero, Stefania, che fa caldo? »

« Fa caldo sì, padre » puntualizza la zia. « Ma qui si chiudono gli ingressi perché è temuto l'arrivo dei pargoletti, vero, che vengono a togliere di mezzo i genitori. »

Fino a questo punto avevo assistito. « Se avete tanta paura, perché rimanete qui? Fuggite, no? Il mondo è grande. I vostri cari fantolini non vi inseguiranno mica al Polo Nord! »

Gianni: « Fuggire? E dove? Questa è la mia casa, questa è la nostra vecchia casa. Fuggire dove? No, no, preferisco affrontare il mio destino ».

« Destino! » era ancora la zia. « Che parola grossa... Sono vostri figlioli, dopo tutto... E io li capisco, poverini... Voi gli avete dato la vita, e loro vengono a togliervela... Il conto in certo senso torna, vero? »

Stefania: « Cosa volete che vi dica? Giudicatemi come volete, giudicatemi alla vecchia, ma io trovo la cosa un pochino esagerata ».

« Hai sentito? » fa Gianni, cambiando voce.

« Cosa? »

« Quei passi sulla ghiaia... Hai sentito? »

« Io no » fa la Stefania.

Padre Emigera guarda l'orologio (si era ormai al caffè). « Sono dolente, amici, ma stasera in parrocchia... una riunione per il programma culturale... Non vorrei essere scortese. »

Si alzò, spazzando via dalla tonaca, con la destra, le briciole di pane.

Mi sono alzato anch'io.

« Tu no, tu no, Buzzati » insorge Stefania supplichevole. « È ancora presto. Non ci farai questo torto. Ancora una mezz'oretta, ti prego... Andiamo a sederci di là al fuoco? »

Zia Gorgona: « E lascialo andare, Stefania. Non è mica poi molto attraente la prospettiva di assistere... scusatemi, ma è più forte di me » non riusciva a reprimere i singulti di riso « di assistere alla vostra esecuzione... ».

Ci fu un attimo di silenzio. E in quel silenzio entrava la notte, i fruscii misteriosi del giardino, della campagna, degli alberi, dei rami, delle foglie, del prato, le piccole voci delle bestiole, gli ovattati zampettii delle volpi, dei conigli selvatici, degli elfi, il lamento dei grilli, il gorgoglio delle lumache, delle piccole bisce, gli impalpabili squittii dei grilli-talpa e dei ragni. E in mezzo a tanta notte, tendendo allo spasimo le orecchie, un lontano trapestio sull'erba e sugli stecchi, leggero leggero, appena appena.

« Hai sentito? » ripete Gianni, pallido come la morte.

« No, Gianni, non ho sentito niente. »

Vigliaccamente mi alzo di nuovo.

« È tardi, Gianni. Perdonami, ma domattina devo partire alle sette e mezzo per Trieste. Mi sembra chiaro, comunque, che tutto è stato uno scherzo di cattivo genere. »

Zia Gorgona fa quasi un balzo sulla sedia.

« Si capisce! Uno scherzo! Come è possibile che tu Gianni e tu Stefania non l'abbiate ancora capito? »

Ed è ancora lei, zia Gorgona, che vuole accompagnarmi fin sulla soglia. (Stremàti, Gianni e Stefania non si muovono di tavola.) E mi dice: « Saranno qui tra poco, me lo sento. Ma non sono cattivi, mi creda, caro amico, risolveranno tutto col minimo dispendio di energia, di fracasso... e di dolore... Un lavoretto di pochi secondi, vedrà, io ho in mente un piccolo colpo alla nuca... ».

Io ho già avviato il motore. Mi sporgo dal finestrino.

« Ma lei, zia Gorgona... Non vorrei che anche lei restasse coinvolta... »

Ride ancora di gusto: « Io? Sicuro che resterò coinvolta. Anzi, io per la prima... Ma vuole che abbandoni mio nipote?... E poi io lo sapevo da molti, molti anni... Abbiamo lavorato tutti quanti, no?, splendidamente, pazientemente abbiamo lavorato tutti perché succedesse questo, può negarlo? (io feci segno di no)... Ma vada, vada svelto, caro amico, a scanso di guai... Sento qui dietro, tra i cespugli, un certo movimento sospetto ».

Si voltò verso il buio fondo della notte. E chiedeva, affettuosa: « Paolomaria... Foffino... Siete qui? ».

Smagliature del tempo

Il tempo, si sa, è irreversibile. Eppure, come la fatale discesa dei fiumi consente qua e là dei rigurgiti, dei gorghi, delle controonde che potrebbero quasi far supporre eccezioni alla legge della gravità, così, nella smisurata trama del tempo, di quando in quando si determinano piccole crepe, intoppi, smagliature, che per brevi istanti ci lasciano sospesi in una dimensione arcana, agli estremi confini dell'esistenza.

Il martire

Lo scorso novembre mi dirigevo in auto da Milano a Erba. Era una sera non tanto nebbiosa quanto cupa e sinistra, cosicché i viandanti erano pochi. Dopo il rondò di Monza, imboccata la superstrada per Inverigo, proprio al culmine della prima lunga curva, il cono di luce dei mezzi-fari investe un giovanotto sul ciglio dell'asfalto: alto, con un lungo giubbone da *hippie*, i vasti capelli biondi aperti a raggiera quasi elettrizzati, egli agita alte le mani come invocando aiuto, un grande terrore segnato sul volto pallidissimo.

Chi è? Che cosa vuole? Perché così spaventato? A quell'ora, in quel posto deserto, c'è da aver paura. Ma la curiosità è più forte. Come gioielliere, poi, io viaggio sempre con una guardia del corpo.

Siccome non è possibile fare dietro front, discendo coi miei due gorilla armati fino ai denti e, provvisti di torce elettriche, torniamo verso il punto dell'incontro, lontano un trecento metri.

Con stupore, nell'avvicinarci, avvistiamo un gruppetto di persone che confabulano al riverbero di due fari accesi.

Sul bordo della strada, il ragazzo biondo che ci era venuto incontro forse meno di due minuti fa, giace supino, la bocca socchiusa, in un lago di sangue, morto. Intorno, quelli della polizia, assistiti da una ventina di curiosi sbucati chissà come dalla orribile notte, stanno facendo i rilevamenti del caso. E, ferme in piedi, quasi a controllare, quattro guardie in una uniforme mai vista.

La cosa è talmente strana che io stimo prudente non denunciare l'incontro di poco prima. Chissà quali noie ne verrebbero. Inosservato, me la filo coi due compagni, risalgo in macchina, riprendo il viaggio verso Erba.

Né io né i miei aiutanti, che sono tutt'altro che cretini, riusciamo a spiegare l'accaduto. Se ne parla per tutto il percorso, andata e ritorno. Tanto che, quando, nel rincasare, sono di nuovo giunto, sull'opposta corsia, alla curva famigerata (tutto è buio e apparentemente deserto) io fermo, discendo di macchina, attraverso la superstrada e vado a curiosare.

Là dove poche ore prima giaceva il giovane assassinato, c'è una piccola croce di marmo e, sotto, una lapide: "Qui - immolando per la libertà - la generosa giovinezza - cadeva vilmente trucidato - Anselmo Tito Gambellotti - 16 novembre 1986".

Tocco con le mani. Croce e lapide. Sono dure e fredde. Non ho bevuto. Ciò che io vedo, lo vedono anche i miei due fidi, come me sbalorditi.

Mi viene in mente che in macchina ho una macchina fotografica col *flash*. Può servire a stabilire un documento. Torno a bordo, scortato naturalmente dai due prodi amici, prendo la macchina, ritorno sul posto. Ma una voce dentro di me: perché una fotografia? Lo sai anche tu che non servirà a niente.

Difatti, al lume delle lampadine, non si riesce più a trovare né croce né lapide. L'erbetta stenta del bordo, e basta. Non un segno. Neppure orme recenti. Mi chiedo: dovranno realmente accadere le cose viste stanotte? O è stato un sogno? L'Anselmo Tito Gambellotti che fra sedici anni dovrà immolare la giovinezza per la causa della libertà (quale libertà?) quanti anni ha oggi? Se riuscissi a rintracciarlo, potrei metterlo sull'avviso? O è stato tutto già scritto?

La targa

Il 22 settembre scorso, all'imbrunire, ero fermo al terzo semaforo di via Melchiorre Gioia, a Milano, quando alla mia sinistra due piccoli colpi di clacson, come per richiamo. Mi volto, al mio fianco una macchina di lusso. Al volante, un signore sui quarant'anni. Mi fa cenno e abbassa il vetro destro. Io apro il mio. E lui, con una sorta di svogliatezza, come si sobbarcasse a una noia inflittagli da una norma civile: « Guardi che lei ha perduto la targa, e ha un fanalino spento ».

Resto male, però non mi stupisco. Il mio scalcinato macinino io lo lascio nottetempo per strada: niente di più facile che qualcuno, manovrando per il posteggio o per la partenza, abbia provocato il doppio guaio.

Là al semaforo, naturalmente, non posso fermarmi a controllare. Lo faccio duecento metri più avanti, appena il traffico me lo consente. Bene: la targa c'è ancora, entrambi i fanalini sono accesi.

Uno scherzo, dunque. Ma il signore che mi ha avvertito non sembrava assolutamente un tipo da scherzi. E poi, a che scopo? Evidentemente aveva visto male.

Via Melchiorre Gioia la percorro quasi ogni giorno. Una settimana più tardi, io sarò fermo al medesimo semaforo e mi sentirò chiamare col clacson, questa volta da destra.

Un camioncino. Il conducente, un giovane in tuta, abbasserà il vetro e mi farà segno. Aprirò anch'io. Mi dirà, con un sorriso gentile, quasi commiserando: « Guardi, signore, che lei non ha più la targa. E c'è un solo fanalino acceso ».

Ringrazierò a denti stretti, chiedendomi come mai quella burla cretina sia di moda nei paraggi. Ma per scrupolo mi fermerò dopo l'incrocio e scenderò a vedere. Esatto: la targa sparita, uno dei due fanalini in pezzi.

La nonna

Avevo trentaquattro anni quando fui invitato per un *week-end* nella villa dell'amico Sordino Eskenhazy, sul lago d'Orta. Era una grande villa di antico stampo, dove d'estate tutta la vasta famiglia Eskenhazy si riuniva.

Appena giunto, fui accompagnato dall'amico Sordino alla mia camera, per rinfrescarmi, come si usa dire. Ne uscii dopo una decina di minuti per raggiungere dabbasso la compagnia.

Nel lungo corridoio, poco illuminato perché una fitta

vegetazione di rampicanti mascherava le finestre, mi veniva incontro una giovane donna, in mano un pacchetto rotondo legato con un nastro azzurro. Per via del suo grembiule verde pensai dapprima a una cameriera. Poi mi venne il dubbio si trattasse di un costume valligiano, come le signore usano spesso in campagna.

Era bruna, di straordinaria bellezza. E doveva rimanermi impressa nella memoria la bocca sensuale, col labbro superiore leggermente rialzato, come a certi bambini, per la tensione giovanile della pelle.

Non si fermò, nell'incontrarmi, ma rallentava il passo, fissandomi – questione di pochi secondi – con uno di quegli sguardi perniciosi che scendono nelle viscere.

Timido come sono, non seppi che sussurrare un "buongiorno". « Buongiorno » fece lei sorridendo e mi passò accanto sfiorandomi, sempre con quello sguardo tremendo.

Discesi in giardino col meraviglioso presentimento che tra poco, in un modo o nell'altro, avrei conosciuto l'adorabile creatura; e che forse la mia vita sarebbe cambiata per sempre.

La famiglia era riunita in giardino. Fui subito presentato alla padrona di casa, la nonna di Sordino, una signora molto *chic* nonostante la tarda età. Mi colpì la sua bocca, già mortificata da una raggiera di rughe, ma contrassegnata da un'antica bellezza; il labbro superiore aveva una lieve piega all'insù, così da scoprire il sorriso.

« Ma noi ci siamo già conosciuti! » furono le sue prime parole, in uno slancio di gioia.

Io, imbarazzato: « Non mi ricordo, signora... ».

« Io sì, ricordo, io sì, come fosse ieri. E sa che cosa devo dirle? Che lei è un miracolo. Un miracolo! Lei ha fatto un patto col diavolo, dica la verità... No, no, sto scherzando. Ha ragione lei, di guardarmi in questo modo. Si immagini, sono passati da allora almeno cinquant'anni... Non poteva essere lei. Lei non era ancora nato. Ma era uno come lei, uno identico, le giuro... Dico: non potrebbe essere stato suo papà? O addirittura suo nonno? »

« Non saprei, signora. Mio padre l'ho perso che ero ancora bambino... E allora noi si abitava in Olanda... »

Lei, come se non avesse sentito: « E vuol saperne una bella? È stato per me una specie di *coup de foudre*, come si diceva allora... Chissà, se lui non fosse partito il giorno dopo... Dio, com'era affascinante... Naturalmente non gli ho fatto capire niente. Figurarsi. A quei tempi. Soltanto una cosa: la sera, senza che lui sapesse, senza dirgli una parola, gli ho fatto trovare in camera una torta. Una torta d'arance. Fatta apposta per lui. Era la mia specialità... ».

Il discorso finì in una risata generale. A me rimase però una sensazione strana, come di insicurezza, di rischio, di sfasamento. E non osai chiedere chi fosse la bellissima giovinetta incontrata in corridoio (perché sapevo che non esisteva più). E quando più tardi risalii alla mia camera, non osai neppure aprire il pacchetto legato con un nastro azzurro che si trovava sul comò (perché sapevo ch'era la torta d'arance, fatta cinquant'anni prima).

Lettera d'amore

Sono finalmente ritornato, tesoro, ed ora aspetto che tu mi raggiunga. Nell'ultima tua lettera, che ho avuto un mese fa, dicevi appunto che non potevi più vivere senza di me. Ti credo, perché uguale è il sentimento mio. Non è come un'attrazione fatale, quasi un castigo?

Di solito, tra uomo e donna, soltanto uno dei due si innamora. L'altro, o l'altra, accetta, o subisce. Nel nostro caso, meravigliosamente, la passione è pari in entrambi. Pazzi tutti e due. Ciò è bellissimo ma fa anche paura. Siamo come due foglie furiosamente sospinte l'una verso l'altra da opposti venti. Che cosa accadrà quando si incontreranno?

Questa lettera impiegherà quarantotto ore a raggiungerti. Da vari mesi, lo so, tu ti tieni pronta a partire, hai le valigie fatte, hai già preso commiato dagli amici. Per arrivare qui ti ci vorranno un paio di giorni. Mettiamo che tu parta sabato. Tra quattro giorni, cioè lunedì, a cominciare dall'alba, io ti aspetto.

Come sarà la nostra vita? In questi anni di lontananza, continuamente ho meditato sulla nostra futura esistenza in comune. Ma non riuscivo mai a rappresentarmi chiaramente le cose. Ogni volta, a sconvolgere il lavoro dell'immaginazione, irrompeva il selvaggio desiderio di te.

Oggi, approfittando di una insolita pausa di calma, sento però il bisogno di prospettarti certe cose. Non che ci sia bisogno di persuaderti. Guai se ci fosse ancora, in te o in me, un'ombra di dubbio. Ma, rileggendo queste pagine, io penso, durante il viaggio, potrai misurare, e assaporare ancora una volta, l'opportunità della tua, e mia, irrevocabile scelta.

Vorrei cioè, prima che sia troppo tardi, considerare le rispettive qualità e difetti, le rispettive situazioni, gusti, abitudini, desideri. I quali realizzano, te ne sei mai resa conto?, una coincidenza fortunata come non mai.

Per cominciare, la posizione sociale. Tu, professoressa di francese alle scuole medie, io produttore di vini. Io, operatore economico, come si usa dire, e tu intellettuale. Difficilmente, per fortuna, potremo intenderci fino in fondo, rimarrà sempre una barriera, una cortina di separazione che la buona volontà, da una parte o dall'altra, non potrà mai superare.

Pensa al problema degli amici, per esempio. I miei amici sono gente civile e brava, però semplice. Non intendo dire proprio ignoranti, c'è tra gli altri un noto avvocato, un dottore in agricoltura, un maggiore in pensione. Ma nessuno ha problemi complicati, in genere amano la buona tavola, e non sono contrari, te lo assicuro, alle storielle un po' grasse. In loro compagnia, mi par già di vederti, farai dei gran sbadigli, dissimulati magari, data la tua raffinata educazione. E ben difficilmente ti ci abituerai. Tu sei una creatura piena di temperamento, la pazienza e la tolleranza del prossimo non sono il tuo forte, anche per questo ho perso la testa per te. Ora senti una cosa, anche se non c'entra: se tu riuscissi a partire col primo treno di sabato, così da poter essere qui entro domenica sera, non sarebbe magnifico?

Anime gemelle, dicevi. E ti do ragione. La affinità tra due persone non significa uguaglianza, o stretta somiglianza. Al contrario: l'esperienza insegna che significa il contrario. Come nel nostro caso. Tu docente di francese, io vinattiere, come nei primi tempi, sia pure scherzando, ti sei divertita a definirmi. Ti dirò che in Argentina non ho intenzione di tornare mai più. Mi è bastata. Ho liquidato le piantagioni ereditate da mio zio a Mendoza e non mi muoverò più dalla mia terra, almeno spero. Soltanto qui potrei essere felice. Io so, nello stesso tempo, che vivere in campagna, anche se continuerai a insegnare facendo la spola con la città vicina, ti metterà addosso la malinconia. E questa, te lo assicuro, è proprio la campagna al cento per cento. Non c'è dubbio che fin dai primi tempi morderai il freno. Ma ecco, in questo istante mi viene in mente la tua bocca, quando la tieni socchiusa come le bambine, quasi aspettando qualche cosa. Dirai che sono banale, – quante volte anzi avrai occasione di ripetermelo – ma nelle tue labbra, così tenere, appena sbocciate, si è rannicchiato il demonio, o chi per esso. È dalla tua bocca, te lo confesso, che ho cominciato a perdere la testa.

La casa. La mia è abbastanza grande e confortevole – proprio di recente ho rimesso a nuovo i tre bagni, – però molto diversa dalla tua. I mobili sono ancora quelli dei nonni, dei bisnonni, dei trisavoli. Cambiarli, ti confesso, mi sembrerebbe un sacrilegio, come rovesciare una tomba. A te invece piace Gropios – è giusto il nome scritto così? scusami se è sbagliato, lo sai che ho fatto appena la terza ginnasiale – a te piacciono i divani, le poltrone, le lampade progettate dagli architetti famosi. Tutto lucido, efficiente, essenziale, ortopedico (non si dice forse così?). In mezzo a tutto questo vecchiume che – lo capisco anche io – non può avere la pretesa di essere di supremo gusto, tu come ti sentirai? Basta pensare all'odore che emanano queste stanze, di umido, di buona polvere, di campagna, di bicocca solitaria, e che io amo tanto, scusami. Figurati, tu ti sentirai ricoprire tutta di muffa. Ti sentirai una straniera. Ti chiuderai in te stessa come un riccio. Vieni, vieni, anima mia.

E il temperamento? Io bonario, espansivo, allegrone, qualche volta eccessivo, me ne rendo conto ma è più forte di me. Tu educata dalle suore francesi di Saint-Étienne, di famiglia aristocratica anche se ridotta economicamente al meno (dirai che sono un cafone a scriverti brutalmente queste cose ma, credimi, è meglio così), abituata a una società di gente colta, raffinata, dove si fanno discorsi elevati d'arte, di letteratura, di politica (e anche i pettegolezzi hanno una certa loro speciale eleganza). Io campagnolo, che ha letto sì Manzoni, Tolstoi e Sienkiewicz, ma riconosce la propria inferiorità culturale. Tu piena di scrupoli, di ritegni, sdegnosa, non vorrei dire altezzosa (però che pelle stupenda hai, appena a toccarti vengono i brividi, te lo ha mai detto nessuno?, che ingenuo sono, chissà quanti te lo avranno detto), tu arricci il delizioso nasino a una parola sbagliata. Da me, chissà quante ne avrai. Non è straordinario tutto questo? Dammi un bacetto, creatura, mettimi il broncio.

Altra cosa. Tu sei abituata alla grande città. Una volta mi hai detto che il rombo delle auto, dei camion, le sirene delle autoambulanze, il cigolio dei tram erano per te come delle droghe, che ti rendevano più facile il lavoro di giorno e in compenso alla sera ti conciliavano il sonno. Tu sei insomma un temperamento metropolitano pieno di elettricità, per così dire. Qui, al contrario, c'è una quiete assoluta; che alle volte fa girare le scatole perfino a me (te lo garantisco). Di notte, poi! Soltanto la voce degli alberi, quando c'è vento, il ticchettio delle gocce sul tetto, quando c'è la pioggia, i lontani latrati dei cani, quando c'è la luna. No, no, tu mai potrai farci l'abitudine. E allora prevedo già i nervi, le rispostacce, l'irritabilità, l'insopportazione. Ci pensi, che bello? Guarda che le pubblicazioni sono già state fatte da un pezzo. Il parroco è disposto a sposarci anche lunedì mattina, basta che tu arrivi in tempo.

Di più. Io amo il calcio, cosa aborrita da te. Io sono un vecchio tifoso della Juventus e la domenica sera, se le cose vanno male, perdo perfino l'appetito. Con gli amici, lo immaginerai, si parla a lungo di queste cose, anche durante la settimana. A te, suppongo, verrà semplicemente la nausea. La sera tu mi guarderai in quel certo modo, come si guarda un verme che striscia per terra. Alla sera finiremo per litigare, prevedo che anche dalla tua cara boccuccia uscirà qualche brutta parola. A proposito: alle nozze, si intende, puoi invitare chi credi, potranno dormire all'albergo delle Terme qui vicino, che ha tutto in ordine. A spese mie, naturalmente. I miei parenti, te lo annuncio fin d'ora, saranno una quarantina come minimo. Vieni qua, coccolina, lascia che ti stringa a me, mi piace da morire quando tu metti il muso.

Certo, nella grande città le abitudini sono diverse. Quando non vai al cinema (a proposito hai visto *Waterloo*?, a me è piaciuto moltissimo), ti trovi con qualche amica, vero?, discutete i problemi della scuola, le programmazioni, fate quel che si dice un lavoro di gruppo, vi sentite cervelli superiori, non è forse così? La sera, mi pare di avertelo già detto, a me piace passarla davanti alla televisione, una spaventosa abitudine, vero? Intendiamoci. Io sono disposto, di tanto in tanto, ad accompagnarti qualche sera in città, tesoro mio. Guarda però che la televisione è peggio di quanto immagini tu (che ti sei sempre rifiutata di vederla perché la vede anche la tua portinaia).

Alla sera, perché nascondertelo?, qualche volta vedrai anche tu la partita. Maledirai, lo immagino. Ti rannicchierai sul divano, nell'angolo, sotto una piccola *abat-jour*, leggendo Teilhard du Chardin (ho sbagliato a scrivere il nome?). Su, amore mio, prendi l'aereo, prendi il razzo interplanetario, il tappeto volante. Non vedo l'ora. Non ne posso più. Vieni, tesoro, te lo giuro, saremo infelici.

Piccoli misteri

La cascata

Nel grande silenzio dei monti, la voce delle cascate, e cascatelle, se lungamente ascoltata con attenzione, può convertirsi in un discorso articolato, di solito incomprensibile, che si ripete si ripete all'infinito. In certi casi si tratta di veri e propri messaggi in chiave.

Avevo vent'anni quando, con due amici alpinisti, fui costretto a un bivacco, nel resto assai gradevole, tra gli ultimi mughi della Valle dei Frati, sotto il Duranno, in Cadore; valle corredata da molte leggende di spiriti, maghi e tesori nascosti. Là vicino scrosciava una piccola cascata.

Disteso sull'erba, nel dormiveglia, mi accorsi che l'acqua ripeteva delle precise parole, chissà di che lingua, che mi fu facile trascrivere. Erano come due versi. All'apparenza non significavano nulla:

ORID OLETÌ AMOGÌ DETONÀM

ELEHCÉ VODOSÌ MOROSÉ TLÉ

Molti anni dopo, essendomi costruita una piccola baita, sulla cimasa del camino feci trascrivere la frase misteriosa in lettere maiuscole (mi intrigavano soprattutto le parole "detonàm" e "morosè"). Senonché, di fronte al camino venne poi appeso uno specchio, nel quale un dì mi capitò di leggere la frase alla rovescia. Mi nacque un sospetto. Studiai. Mutai la divisione delle sillabe e gli accenti. Risultò in dialetto:

EL TESORO MI SO DOVE CHE L'É

MA NO TE(L) DIGO, MAI TE LO DIRÒ

Cascatella dispettosa.

Il poeta

Per sapere se uno scrittore, un pittore, un musicista, è un autentico poeta o no, basta che ci sia grande silenzio e che in quel mentre il soggetto si addormenti. L'esperimento fallisce se per caso il presunto poeta si mette a russare, e mi riferisco al normale russamento che si può definire di primo grado. Perché esiste un altro tipo di russamento, detto di secondo grado, concesso appunto ai soli grandi artisti. Vale a dire che, durante il sonno, dal loro corpo, e non esclusivamente dal naso o dalla gola, scaturiscono dei suoni particolari. Allora il respiro, anziché ingropparsi e ingorgarsi malamente come avviene ai comuni mortali, si scioglie, si libera, in una specie di eterea musica, di ispirata canzone, di solito piuttosto monotona ma deliziosa ad udirsi. È un suono esile, al confine dell'impercettibile, che alcuni non sono neppure in grado di avvertire. Tali musiche variano, è ovvio, da poeta a poeta, ma anche se si tratta di un musicista dodecafonico – qualche caso si è avverato – obbediscono alle regole della armonia classica (e me ne dispiace per lui).

Bis in idem

Dalle parti della Fiera Campionaria, a Milano c'erano dei prati incolti dove, negli anni cinquanta, portavo a correre i miei due cani. Molti ragazzi venivano là a giocare. Un giorno mi rimase impressa, non saprei dire perché, la seguente immagine: su un piccolo rialzo erboso due bambine che mi volgevano la schiena, entrambe con una camicetta bianca, la più grande con gonna azzurra, la seconda con gonna verde, la prima coi capelli bruni a trecce, la seconda con una testa da monello rosso vivo. Erano ferme. A un tratto la più grande alzò il braccio destro lanciando, mi parve, qualcosa in aria. Era un palloncino, più piccolo dei normali, colore giallo, che salì verticalmente e ben presto scomparve. Tre anni dopo, sul medesimo rialzo erboso, vidi due bambine, vestite allo stesso modo, coi capelli del medesimo colore. E quella più grande a un tratto alzò il braccio destro lanciando, parve, una cosa in aria. Era un palloncino giallastro che salì verticalmente, e ben presto disparve.

Chi?

Nel silenzio della casa solitaria, mentre disegnavo, un pomeriggio di inverno, udii alle mie spalle una voce placida e di tono benevolo che chiamò: « Dino », in modo distintissimo. Mi voltai, ma non c'era che Tobi, il barbone nero, il quale, accoccolato sul tappeto, mi stava fissando.

Al volante

Questo invece è un fenomeno abbastanza frequente. In pieno giorno, basta fermarsi sul bordo di un viale molto frequentato e osservare gli automobilisti che passano a grande velocità. Quasi tutte le macchine contengono una persona sola. Comunque, la presenza umana si direbbe limitata a chi guida; se altri sono a bordo, non si distinguono. E le persone al volante, uomini e donne, guardano dinanzi a sé, fissi, qualcuno con qualche tic nervoso che gli increspa le labbra. Ed ecco improvvisa-. mente voi vi accorgerete con stupore che, alla guida di tante macchine diverse, continua a passare la stessa persona, uomo ancor giovane, donna ancor giovane, assolutamente anonima e cristallizzata, con la medesima espressione atona e quasi perduta. Due tre secondi. E poi voi distinguerete ancora il ragazzo, il taxista, l'autista padronale, il commesso viaggiatore e così via. Per un brevissimo spazio di tempo cioè, i nostri simili, immersi nella febbre di andare, di andare, si trasformano in automi tutti rigorosamente uguali, che non appartengono più a questo mondo. È una sensazione abbastanza orribile. A me è capitata molte volte.

Passo notturno

Il 16 aprile 1953, ore due e venti del mattino (lo so perché in quel tempo tenevo un diario). Rincasavo solo, a piedi, nella via Canonica a quell'ora deserta. Odo alle mie spalle un passo che si avvicina, frettoloso, di uomo, a quanto potevo intuire. Un passo che si approssima dietro di noi dà sempre un certo fastidio. A quell'ora poi. Ma non volevo mostrarmi nervoso. Mi voltai solo quando l'ignoto era a non più di quattro cinque metri. Ma non vidi anima viva. Né c'erano anditi o nascondigli dove l'individuo potesse essersi repentinamente rintanato. (Il suono dei passi, inutile aggiungere, si era interrotto di colpo.)

I *due fratelli*

Nella cittadina di mare dove mi portavano a fare le vacanze da ragazzo, erano caratteristici due fratelli, probabilmente gemelli, tanta era la somiglianza, che si vedevano sempre insieme. Mi ricordo ancora il nome, che spiccava su una targa d'ottone all'ingresso della casa dirimpetto alla nostra: Dottor Franco e Dottor Markus Carreon, Notai. Il loro studio era al pianterreno ma, data la penombra interna, soltanto di raro, dal nostro appartamentino d'affitto, riuscivo a intravedere i due, vestiti allo stesso modo, con baffi quasi identici, seduti a due scrivanie gemelle, uno di fronte all'altro. Alle sette di sera li vedevamo uscire e procedere appaiati, a passi lenti ma decisi, senza dirsi mai una parola, verso la loro abitazione, che si diceva fosse a breve distanza. Ma talora comparivano anche in piazza per il passeggio serale, dove, con movimento sincrono, rispondevano ai frequenti saluti alzando i cappelli di panama.

L'estate successiva ci fu una sorpresa: alle sette di sera, come al solito, uscirono dalla casa dirimpetto i due fratelli. Ma anziché procedere decisi, si fermarono sulla soglia in un animato colloquio che pareva li assorbisse grandemente perché a ogni passo, si può dire, erano di nuovo là fermi. Entrambi gesticolavano vivamente, disponendosi anche l'uno di fronte all'altro, come se non avessero alcuna fretta di rincasare, e l'argomento della conversazione fosse di estremo e urgente interesse. Ci vollero parecchi minuti perché i due, passin passino, con una lunga serie di fermate, scomparissero alla vista laggiù in fondo.

Ma lo strano fu che la sera dopo la scena si ripeté tale e quale. Già taciturni, i due notai fratelli erano diventati dei chiacchieroni inesauribili. E gli argomenti non dovevano essere gravi perché ogni tanto scoppiavano in franche risate. Di che stavano discorrendo? Per la distanza non riuscivo ad afferrare una sillaba; si sarebbe detto perfino che essi stessi moderassero il tono delle voci per non farsi udire.

Del singolare cambiamento si parlò in famiglia, ma nessuno riusciva a immaginare una spiegazione. Più tardi si seppe che durante l'inverno il fratello maggiore, dott. Franco, era stato assente un paio di mesi e che la manfrina della conversazione per strada e del lento procedere a passettini e continue soste, era appunto cominciata dopo il suo ritorno.

Bene, una sera, senza volerlo, passai vicino ai fratelli prima che si accorgessero della mia presenza. Stavano discutendo come al solito, fitti fitti, con frequenti risate. Io tesi le orecchie. Ma non avvertii alcun suono. Essi aprivano e chiudevano la bocca, ed eseguivano gesti appropriati; ma non emettevano la minima voce. Era una pura finzione. E quel silenzio mi strinse il cuore perché d'un subito decifrai l'enigma: in realtà essi non avevano nulla da dirsi, come sempre. Facevano così per mascherare l'infermità del fratello maggiore il quale, dopo un grave insulto cardiaco (ecco i due mesi di assenza) ora non poteva più spostarsi che con estrema precauzione, a lenti e brevi passi, intervallati da pause continue.

Napoleone

Ancora un episodio di cani. A Firenze, in una via del centro di cui non conosco il nome, un mattino sereno di maggio, mentre sopravanzo un magnifico boxer che assomiglia, per aspetto e taglia, a un mio carissimo boxer (Napoleone) morto due anni prima, mosso quasi

da un vago dubbio, pronuncio a bassa voce il nome:
« Napoleone ». Di colpo il cane volge il capo fissandomi,
senza emettere voce, senza rizzare il pelo della schiena
come fanno i boxer irritati; e, poiché io cammino più
svelto, tira violentemente il guinzaglio, tenuto da una
giovane signora, per seguirmi. Allora mi fermo e chiedo
se per caso il cane si chiami Napoleone: si chiama Terry.
Anche quando mi allontano, il cane rinnova il tentativo
di seguirmi e stavolta si mette a guaire lamentosamente.

Chi sta scavando?

Forse in tutte le grandi città, ma sicuramente a Milano,
in certe notti privilegiate, quando per coincidenza di
circostanze favorevoli pare che d'un tratto tutto lo sterminato coacervo di case e di strade sia piombato in profondo letargo, al punto da far sospettare che siano al-
l'improvviso morti tutti tranne che noi, allora, se vi
inginocchiate appoggiando la testa al suolo come dicono
facessero i pellirosse per avvertire l'avvicinarsi del nemico, percepirete un caratteristico rumore di scavo. Non
metodico e continuo. Bensì irregolare, costellato di tonfi e di interruzioni, ora denso e rabbioso, ora come sfiduciato e stanco. Ma sempre preciso, indiscutibile.

Qualcuno sta dunque scavando sotto di noi. Non si
tratta certamente di lavori per la metropolitana. A quest'ora, poi! Intendiamoci: non è una novità. Io ho scoperto la faccenda, per caso, una ventina d'anni or sono,
e ho tentato di parlarne in giro, ma sempre ho incontrato un muro di indifferenza, quasi di fastidio, come
se i miei interlocutori vi fossero in qualche modo impli-
cati. Da almeno vent'anni scavano sotto di noi, e il rumore di mese in mese si avvicina, e si fa più distinto.

Ma per ora nessuno, né uomo né animale, è sbucato dal sottosuolo.

Chi scava dunque? Un esercito di talpe giganti? Una armata di gnomi usciti dal centro della Terra? Parecchi anni fa attribuivo tanto lavorio alla grande setta segreta dei Morzi i quali notoriamente si affaticano per conquistare il dominio del mondo. Da alcune indiscrezioni captate in ambienti sicuri – purtroppo non posso essere più esplicito – sembra invece che non si tratti dei Morzi. Bensì di una minaccia ancora più terribile e tenebrosa. Qualcosa come il famoso inferno. E noi ci viviamo sopra spensierati.

Interferenza

Molti molti anni fa avevo perso la testa per una ragazza che, poi me ne resi conto, si divertiva a tormentarmi; e perciò non mi sfuggiva, anzi, mi provocava con incredibili astuzie per poi deludermi con maggiore soddisfazione. Una notte, assillato da gelosi pensieri, non seppi resistere, e la chiamai al telefono per la millesima volta. E lei mi rispose, e non sembrava neppure irritata, ciò che mi riempì di meraviglioso sollievo, anzi era di buon umore e mi diceva cose gentili. Ero, così, al settimo cielo, quando tra di noi due intervenne una voce lontana (ciò che non è raro a motivo di fortuiti contatti) che aveva però un tono strano, quasi di estrema disperazione, quasi venisse dall'oltretomba, e sommessamente ripeteva una frase sola: « E lasciala perdere, sì, lasciala perdere, sì, lasciala perdere... ». Io chiesi a lei: « Tu senti niente? ». « No, perché? » « Non senti, sotto, una voce? » « No, io non sento niente. » « Ma non fai mica uno scherzo? » « Che scherzo! Io non sento niente. Sei matto, per caso? » (Lei così abituata alle bugie, in quel momento però non mentiva.) E quella voce continuava, desolata: « E lasciala perdere, sì, lasciala perdere, sì, lasciala perdere... ». Allora io dissi: « No scusa, qui c'è proprio uno che parla sotto, metti giù, che adesso richiamo ». Misi giù la cornetta. Rifeci il numero. Lei non rispose. Richiamai. Niente. Non rispose mai più.

Le foglie

L'ultima, che qui cito, è la più poetica, e forse la più inquietante. Nell'ottobre 1938, al parco di Monza, verso il crepuscolo di una giornata grigia, arrivò una lunga folata di vento, cosa insolita in questa plaga lombarda. Dagli alberi si staccarono migliaia e migliaia di foglie, le quali mulinarono a mezz'aria, a somiglianza dei branchi innumerevoli di storni al principio della primavera. Quand'ecco, la nuvola di foglie, roteando in vortice, assunse una forma precisa e indubitabile, divenne un simulacro umano che si divincolava nell'aria grigia, e alzava le braccia alternativamente al cielo, come invocando. Da escludere potesse trattarsi di una combinazione fortuita. Era proprio un fantasma, ben delineato, che si angustiava per un grande dolore, o paura (suo, o di noi tutti?). Il ricordo mi tornò più volte, dopo che fu scoppiata la guerra.

Sulla cresta dell'onda

Io sono il maestro direttore della banda musicale che esegue i festeggiamenti sulla cresta dell'onda.

Siamo in trentadue sistemati su una specie di zatterone che oscilla sospeso in bilico sul liquido crinale, ma non c'è pericolo che scivoli giù da una parte o dall'altra, perché è stato costruito da Dio.

Noi di solito suoniamo schierati sui quattro bordi della zattera, la faccia in fuori, affinché tutto il mondo ascolti. Nel centro sorge una costruzione di legno che ci serve per abitazione. Sul tetto, un terrazzino, da cui dirigo. Benché mi voltino le spalle, i musicanti seguono i miei gesti con la coda dell'occhio.

Di queste bande ne esistono migliaia, forse decine di migliaia perché l'onda si estende a perdita d'occhio in tutte le contrade della Terra, anche nei paesi più miserabili: anche laggiù infatti esistono uomini un po' meno poveri, donne un po' meno brutte, cacciatori un po' meno sfortunati, e ad essi appunto spetta la cresta dell'onda.

Questo non è il posto della felicità, ammesso che la felicità possa esistere, è semplicemente il posto del successo, del potere, della ricchezza e della gloria.

Dalla sommità dell'onda noi dominiamo i suoi due versanti, quello della salita che è liscio ma ripido soprattutto nell'ultimo tratto, e quello della discesa il quale invece è accidentato e imprevedibile, ora divalla in regolare pendio, ora precipita a picco fino in fondo, ora si rompe frantumandosi in vortici di catastrofiche schiume

Anch'io, da ragazzo, quando studiavo al conservatorio, sognavo di arrivare quassù vittorioso, celebrato come un nuovo Toscanini, anzi ancora più grande. Poi, la vita. Rassegnato ormai alla mediocrità, a quarant'anni mi hanno offerto questo posto. Adesso ne ho sessantatré. E ne ho viste, sapeste. E l'onda va, va, mai si è fermata dal tempo dei primi faraoni, mai si fermerà, e il suo ritmo è terribile, se dallo zatterone fissiamo le acque che fuggono sotto di noi, vengono la vertigine e la paura.

Credevo, prima di accettare l'incarico, si trattasse di un lavoro gradevole e brillante, sempre a contatto con le celebrità e i grandi della Terra.

Al contrario, è un lavoro penoso, perché noi viviamo, è vero, nell'empireo della gloria, ma soltanto come lacchè, e soprattutto perché quanto avviene sotto i nostri occhi dalla mattina alla sera, mentre noi intoniamo le marce trionfali, gli osanna, gli esultate e gli alleluia, ci stringe e tormenta il cuore.

Vediamo laggiù, all'inizio della salita, le sterminate folle amorfe. Per la distanza ci appaiono come un grigio brulichio che si perde all'estremo orizzonte. Ma dalla folla indifferenziata si staccano in continuazione i volonterosi, o gli illusi, o semplicemente i fortunati, che intraprendono l'ascesa.

Giovani, intrepidi, gli occhi raggianti, sembrano galoppare sul filo delle acque che si avventano verso l'alto, guadagnano rapidamente distanza, già noi possiamo distinguerne i volti, arrancano tendendo le mani, gridando, cantando. Però all'improvviso smarriscono lo slancio, incespicano, si fermano, titubano, l'onda avendo, chissà come, cessato di trascinarli.

È una breve crisi, si intende, una sosta necessaria per tirare il fiato, dopo tanta salita, tra poco sarà il balzo finale. Ma le acque continuano a scorrere con cieca velocità sotto di loro, e i piedi, le mani non fanno più presa. Li vediamo proprio sotto di noi che ci fissano smarriti, e qualcuno invoca aiuto, che gli gettiamo una corda, oppure ci lancia delle borse piene di sterline d'oro, che intoniamo per loro una bella marcia, come se veramente fossero arrivati in vetta, per farlo sapere ai parenti e agli amici.

Ma l'una e l'altra cosa sono severamente proibite, e io non voglio perdere il posto. Chiudiamo dunque le orecchie alle disperate invocazioni, ributtiamo giù le borse d'oro.

Ed ecco, proprio quando sembra che manchi soltanto un soffio, gli sciagurati non tengono più, la corrente che fino a poco fa li traeva in alto si trasforma in uno scivolo viscido che li succhia nel botro della sconfitta, poveri ragazzi, il sostegno vien meno, arretrano, giù, giù, accelerazione, precipitano, si contorcono, si deformano, il falchetto trasformato in talpa, la fatina in curva megera, lontanissimi, rotti brandelli, perduti per sempre, riinghiottiti dalla squallida folla.

Eppure, di tanto in tanto, una fatalità afferra uno di quelli, lo tira su per la barriera finale. Lo vediamo così sbucare dal ciglio dell'onda, la faccia tesa in uno strano sorriso. Eccolo, eccola, dinanzi a noi, sulla vetta suprema dei desideri, genio, artista, scienziato, banchiere, statista, condottiero, industriale, sacerdote, attore, diva, miliardaria, regina. Tec tec, il segnale della mia bacchetta in levare. Il primo meraviglioso squillo di tromba.

La gloria? la potenza? le parate per Broadway? l'amore delle bellissime? Sono giovani, tutta la vita dinanzi a loro, che lungo cammino senza termine tra gli applausi, i fiori, le luci, i baci, le grandezze, le nostre belle fanfare. Si guardano intorno trionfatori, si assaporano, si adorano, si credono dèi.

Un guizzo, un movimento impercettibile, un tic. Appena arrivati in cima. Un minuto, meno di un minuto. Noi musicanti non siamo ancora giunti al primo "refrain". La voragine sotto i loro piedi, lo schiumoso baratro, la velocità spaventosa del tempo. Non fanno neppure in tempo a voltarsi, i beniamini della sorte, a chiamare soccorso, a tentare una qualche resistenza. La cresta felice ha la durata di un respiro. Già scendono. Precipitano. Spariti nella buca. Dimenticati. Mai esistiti. Il nulla. Il silenzio.

E allora, in quel momento solenne, io alzo di nuovo la bacchetta. La cresta dell'onda per il momento è rimasta deserta. Sta scendendo la sera. Siamo soli. Coraggio. Una volta tanto, attacchiamo per noi stessi la famosa *Scalata del cielo* di Widmar Johannsen, massima glorificazione in re maggiore. Per noi poveracci, che un giorno abbiamo sperato, ma ci mancarono le forze.

Nembi wagneriani incombono sul dorso livido dell'onda, crudele mostro della vita. Facciamo finta, amici. Cerchiamo di suonare bene. Illudiamoci di essere noi i vincitori.

Troppo tardi. La notte. Al buio non si suona. Nella nostra baracca. Al lume di candela, la cena. Nessuno parla. I pensieri. Ma da fuori, anche in noi si spande il rombo perpetuo dell'onda – la gloria, l'oro, il dominio, il lusso, la caducità, la polvere – frastuono di applausi e di morte.

I vecchi clandestini

Da oltre quindici anni ero amico di Yamashita, il pittore giapponese trasmigrato ancora giovanissimo a Parigi.

Persona estremamente sensibile, di reazioni quasi femminili, educato alla europea e cattolico, Yamashita, soprattutto nei primi tempi della sua esperienza parigina, sembrava più un viziato *play-boy* che un autentico artista quale era. Certo le sue costose dissipazioni, consentitegli dalla ricchezza familiare, lo tenevano per lunghi periodi lontano dalla tavolozza e dai colori. E soltanto più tardi, passata ormai la quarantina, si impegnò seriamente. Ecco perché di Yamashita non si conoscono più di sette-ottocento quadri, destinati sicuramente a raggiungere prezzi folli.

Era cordiale, espansivo, spiritoso, pieno di fantasia, di una generosità e di una lealtà a tutta prova. Del suo lontano paese usava raccontare una quantità di storie meravigliose e bizzarre, senza pretendere che noi gli si prestasse sempre fede. Ma il motivo per cui fin dal primo incontro ne ero rimasto affascinato era la sensazione, vaga, inspiegabile ma acuta, che l'uomo avesse con sé un mistero.

Bene. Lunedì scorso – erano più di due mesi che non lo vedevo – Yamashita mi telefona che ha bisogno di vedermi. Nello stesso pomeriggio vado a trovarlo nel suo magnifico studio.

Mi viene incontro e mi dice: « Perdona se devo comunicarti una cosa nel complesso poco gradevole. Ma tu sei il mio migliore amico, io qui a Parigi non ho parenti, non saprei proprio a chi altri rivolgermi. Per farla corta, si tratta di questo: io sto per morire ».

« Tu stai per morire? Che cos'è successo? Sei malato? Oppure sei matto? »

« Né malato né matto » risponde lui « eppure mi restano pochi giorni, forse poche ore di vita. Un infarto? Un investimento stradale? Un assassinio? Chi lo sa. Comunque, la mia vita è agli sgoccioli. »

« Ma ci sarà pure un motivo per cui te lo sei messo in mente, no? »

« Sicuro che c'è. Prova a guardarmi con questi occhiali. »

Yamashita apre un astuccio di cartone e ne estrae un paio di occhiali a stringinaso, come si usavano al principio del secolo, con montatura di metallo bianco. Me li porge, io me li metto, e rimango impietrito.

Là dove un istante fa stava un bell'uomo nel pieno del vigore e della salute, io ora scorgo un miserando vecchietto tutto rattrappito e corroso, in cui è quasi impossibile riconoscere le sembianze di Yamashita. Eppure non può essere che lui.

Inorridito. Mi tolgo gli occhiali: l'amico è là di fronte a me, ringiovanito istantaneamente di mezzo secolo, e mi guarda con un ironico sorriso.

Tre volte ancora io sollevo le lenti dinanzi agli occhi; e per tre volte ricompare l'atroce rudere umano, più di là che di qua.

« Puoi ridarmeli, per ora » dice Yamashita. « Hai visto abbastanza. E adesso ti spiego. »

Si siede comodamente sul divano, accende una sigaretta e mi fa il seguente racconto:

« Giusto venti anni fa io ero studente a Kyoto. Un giorno, passando da solo per uno dei quartieri più popolari, mi sono fermato, non saprei dire il perché – io, per quanto giapponese, non sono mai stato né miope né presbite – dinanzi a una botteguccia piuttosto squallida di articoli ottici. Nella vetrinetta c'erano macchine fotografiche, cannocchiali, binocoli, lenti, compassi e soprattutto occhiali.

« Tutta roba di qualità scadente, a giudicare anche dai modestissimi prezzi. Senonché, in mezzo a quel povero campionario disposto in disordine e pieno di polvere, ho notato un paio di vecchi occhiali e sul cartellino c'era scritto un milione di yen. Gli occhiali che ti ho dato da provare poco fa.

« Era uno scherzo? Un errore di scrittura? Oppure c'era sotto qualche cosa? Incuriosito, sono entrato. C'era un ometto insignificante che leggeva il giornale. Gli ho chiesto: "Come mai quel paio di occhiali esposto in vetrina costa un milione di yen?". E lui quieto quieto: "Lo so, sono molto a buon mercato, ma vede, signore, non sono nuovi, sono usati; certo, di occhiali per vedere i vecchi non se ne trovano molti in giro". »

« Occhiali per vedere i vecchi? »

« Aspetta. Il bello viene adesso. Altro che un milione di yen valevano quegli occhiali. Ma bisogna fare una premessa.

« Ti sei mai chiesto che cosa significhi vecchiaia? Vecchiaia è l'ultima stagione della vita, vero? quella che viene prima della morte, l'anticamera del trapasso, accompagnata da un più o meno marcato decadimento fisico.

« L'ultima stagione della vita. Dunque l'età, strettamente parlando, non ha importanza. Un soldato di vent'anni che parte all'assalto dove troverà la morte è giovane solo in apparenza; in realtà è già vecchissimo, decrepito, distrutto. Altrettanto vecchio cadente è, al ventottesimo giorno di vita, il neonato che non camperà più di un mese. Tutto il resto è illusoria parvenza. Ed è incredibile come pochi ci pensino.

« Vecchissimo è l'automobilista trentenne che tra un'ora si schianterà contro un albero, vecchissimo il cinquantenne che domani sarà fulminato da un colpo apoplettico, vecchissimo il ragazzino che tra una settimana sarà schiacciato da un camion. E decolla carico di crollanti matusalemmi il quadrigetto che precipiterà nell'oceano. Ma sono tutti vecchi clandestini, invisibili, indecifrabili, inconsapevoli... Criptovecchi. Criptomatusa. Nessuno li sa riconoscere.

« Adagio: qualcuno capace di vederli c'è, così almeno mi ha garantito l'occhialaio di Kyoto. Qualche mago per esempio, ha detto, o anche qualche rarissimo clinico dotato di eccezionale intuito. E poi, per gli uomini comuni, ci sono gli occhiali che hai visto. Con queste lenti tu vedi subito la verità, se uno ha la morte vicina tu lo vedi vecchio bacucco. »

« Ma chi li ha fabbricati? Sono occhiali stregati? »

« Aspetta. Non ho finito. Tu sai come mi siano sempre piaciuti i colpi di testa. Un milione di yen? Per un paio di vecchi occhiali era una cifra pazzesca. Ma io sentivo uno strano richiamo. Come quando il destino ci fa un segno. Così ho detto all'occhialaio: "Se veramente queste lenti funzionano come lei dice, io sono disposto a comperarle; ma come faccio a sapere se funzionano?

dove lo trovo qui un giovane o una giovane che dovrà morire tra poco?". E lui pacifico: "Lei è fortunato, signore. Esca sulla strada, faccia una trentina di passi a destra e troverà un giardino, seduta in giardino vedrà una bellissima fanciulla: poverina, è ammalata di leucemia".

« Io ho preso gli occhiali, sono uscito in strada, tra parentesi mi domandavo come mai l'ometto si fidasse tanto di me, ho fatto una trentina di passi e ho trovato il giardino. Su una sdraio c'era una ragazza bellissima, avrà avuto sì e no diciotto anni. Io inforco gli occhiali e la ragazzina diventa una spaventosa strega sdentata tutta pelle e ossa.

« Un bello choc, puoi immaginare. Come quello che ti ho fatto provare poco fa. Ma anche una inverosimile occasione. Ci pensi? Poter conoscere in anticipo il destino del prossimo; e il destino tuo. Cose che succedono soltanto nelle fiabe. Insomma decido dentro di me di comperarli.

« Poi che cosa sia successo lo sa soltanto il diavolo. Faccio per tornare verso la bottega: venti passi, trenta passi, quaranta passi, rifaccio la strada in un senso e nell'altro. Niente. La bottega dell'occhialaio non riesco più a trovarla. La bottega non c'è più. Come se fosse stata inghiottita dalla terra. Era assurdo, no? Era incredibile, no? Allora domando ai negozianti vicini: in questa strada non c'è un negozio di occhiali? Quelli fanno delle facce strane: "Negozio di occhiali? In questa strada? Mai visto né conosciuto". »

« E tu allora? »

« Niente. Tenersi gli occhiali. Non c'era altro da fare. Del resto noi in Giappone siamo abbastanza abituati a sorprese del genere. »

« E dopo? »

« Dopo... Nei primi tempi mi divertivo a guardare la gente, mettendomi e togliendomi gli occhiali; e ogni tanto facevo delle scoperte; specialmente sulle autostrade: a occhio nudo vedevo al volante delle supersport dei fusti formidabili, con gli occhiali vedevo delle mummie rugose e tremebonde. Ma era un giochetto abbastanza sinistro. Morale, mi sono stufato e gli occhiali sono finiti nella cassetta in banca. Solo ogni tanto andavo giù nel "caveau" con uno specchio, tiravo fuori gli occhiali e mi controllavo, non si sa mai. Da principio ogni mese, poi ogni tre, poi ogni sei, poi ogni anno, ormai avevo preso confidenza in me stesso. Ma questa mattina ho fatto la bella scoperta. Silurato in pieno. Inutile cercare rimedi e scappatoie, inutile ribellarsi, inutile stare chiusi in casa. Lo ammetterai anche tu che non si può campare nelle condizioni in cui mi hai visto poco fa. »

« Ma tu non ti senti niente? Sei stanco? Sei depresso? »

« Neanche per idea. Io, per me, farei i salti mortali. Mai stato bene come adesso. Eppure sono l'uomo più vecchio del mondo. Ed è venuto il momento di salutarti per sempre, amico mio. Prendo congedo. Spicco il volo. Adieu. E non te li do adesso perché sono sicuro che non li accetteresti, ma per testamento ti lascerò i dannati occhiali. E niente abbracci, niente lacrime, niente patemi d'animo. Piuttosto ora dovresti lasciarmi perché ho ancora qualche cosuccia da sistemare. »

Mi ha accompagnato alla porta, ha chiamato l'ascensore, ha aspettato che io entrassi e che la cabina partisse.

Non ero ancora giunto in basso che si è sentito lo sparo.

L'elefantiasi

Viene perfino da ridere pensando quanto a lungo l'umanità ha tremato per la paura di una distruzione atomica; e intanto continuava a produrre, in quantità sempre più imponenti, credendo trattarsi di cosa innocua, ciò che oggi, anno 1987, sta mostruosamente minacciando la sua stessa esistenza.

Chi scrive non è fisico né chimico, perciò non può addentrarsi nei particolari tecnici del tremendo fenomeno, – del resto rimasto in gran parte misterioso agli stessi specialisti – che viene comunemente chiamato l'elefantiasi delle cose o il cancro della materia.

Risalgono al principio del secolo le ricerche per la realizzazione delle cosiddette materie plastiche, le quali presentassero caratteristiche, utili all'uomo, che non si ritrovavano nei materiali offerti dalla natura e dalle tecniche tradizionali.

Uno storico passo avanti su questa via fu l'invenzione dei polimeri, che diedero luogo a un imponente sviluppo industriale, a partire dalla seconda guerra mondiale (1939-1945).

Chimici geniali andarono a gara nel creare nuove sostanze, relativamente di poco costo, che potevano sostituire il ferro, il legno, il cuoio, le stoffe, la ceramica, il vetro, anzi risultavano assai più pratiche e vantaggiose nell'uso.

Caratteristica dei polimeri e analoghe sostanze era la complessità e la grandezza delle loro molecole. Ciascuna delle quali conteneva non già pochissimi atomi, come ad esempio quella dell'acqua o dell'ossido di carbonio, bensì centinaia, migliaia, decine di migliaia di atomi. Molti ricorderanno forse, nelle vecchie esposizioni industriali degli anni quaranta e cinquanta, certi pittoreschi modelli appunto di molecole che sembravano costruzioni per bambini, con centinaia di palline, variamente colorate, che rappresentavano gli atomi, collegate da asticciole a formare fantastiche torri e labirintiche filigrane.

A loro volta tali molecole venivano raggruppate in complicati sistemi. E ne sortivano sostanze dure come il ferro ma nello stesso tempo elastiche come la gomma, malleabili come la creta e leggiere come la piuma.

La varietà delle ingegnose combinazioni non ebbe limite. E parve aprirsi una nuova era fortunata: l'ingegnere, l'architetto, il mobiliere, il chirurgo, i fabbricanti di apparecchi e utensili di ogni genere, i sarti, i calzolai, i profumieri, potevano dire al chimico: mi farebbe comodo una sostanza così e così; e dopo un po' il chimico gliela provvedeva.

Con l'andar del tempo, di sostanze plastiche furono fatte le stoviglie, gli attrezzi domestici e sportivi, i vestiti, le calzature; e poi le carrozzerie delle automobili, i pneumatici, le carlinghe degli aeroplani, gli scafi delle navi; e poi ancora i motori stessi, i ponti, le case, le officine, i grattacieli. Tutto veniva a costare la metà, il terzo, il decimo, il centesimo rispetto a prima.

Sporadici casi, qua e là nel mondo, accadevano, a creare improvvisi dubbi ed inquietudini. Ma si perdevano nell'immensità del prospero panorama complessivo.

Ecco un minimo esempio: nella vetrina di un negozio a Nuova York, nel 1947, venne esposto un elegante tavolino in un pezzo solo di materia plastica colore rosso cremisi. Una mattina, venuti a fare le pulizie, i soliti inservienti, al posto del tavolino, trovarono una specie di palla, poco più grossa di una comune boccia, dello stesso colore del tavolino. Che cosa era successo? Gli scienziati diedero elaborate spiegazioni, non del tutto convincenti. In parole povere, per ignoti motivi si era rotto all'improvviso l'equilibrio delle molecole artificialmente collegate tra di loro in un gioco vertiginoso di rapporti. La materia del tavolino si era quindi fulmineamente rattrappita, riducendosi alle minime dimensioni.

Preoccupazioni di genere diverso si manifestarono negli anni sessanta: che cosa si poteva fare degli arnesi, degli utensili, degli involucri, degli svariatissimi oggetti di plastica ormai logorati o degradati dall'uso, o superati da nuovi prodotti migliori? Non si potevano distruggere, non si potevano bruciare, né trasformare, come si fa con la carta, in un prodotto nuovo. Come è noto, ci furono degli incontri internazionali a vario livello finché, nella conferenza di Lima del 1975, fu varata una convenzione che istituiva negli oceani apposite zone dove i detriti plastici, debitamente zavorrati, dovevano essere colati a fondo. Gli Stati non firmatari, tra i quali l'Italia, preferirono risolvere il problema ammucchiando i detriti a formare colline, anzi montagnole artificiali. Periodiche gare di sci su neve anch'essa plastica si disputano periodicamente sul pendio settentrionale del cosiddetto Monte Falso, tra Ferrara e Malalbergo, che ha già raggiunto un'altezza di 350 metri dalla base e continua a crescere rapidamente.

Nessuno o quasi tuttavia – (al congresso di chimica industriale a Toronto, dieci anni fa, ci fu una relazione allarmistica di uno studioso polacco che fu giudicato un visionario) – nessuno o quasi prevedeva l'insorgere di quella degenerazione strutturale, o, più propriamente, autopolimerizzazione, o plasticoma, che, da sei mesi a questa parte, va diffondendo il panico nel mondo.

Tanto è maggiore l'incubo perché finora non si è capita né la causa né la meccanica del fenomeno. Tra le varie ipotesi è quella che la Terra, nel suo viaggio attraverso il cosmo, sia entrata in una zona dove agiscono influssi per ora sconosciuti, i quali avrebbero dato il via al flagello. Uscito che fosse il nostro pianeta dall'area funesta, la malattia, per così dire, si arresterebbe. E questa è l'unica speranza che ci rimane.

È difficile stabilire con precisione l'inizio del dramma. Quasi contemporaneamente, in località lontanissime tra di loro, si ebbero le prime enigmatiche avvisaglie. Dei numerosi prodromi, ne cito quattro che ebbero, nella stampa, per radio, e nella TV, una vasta eco.

Il 12 febbraio scorso, sull'autostrada del Sole, in pieno giorno, tra Sasso Marconi e Pian del Voglio, un'auto di marca Byas, famosa, notate bene, per la robustezza a tutta prova della carrozzeria in plastica, si gonfiò istantaneamente mentre procedeva a oltre 110 chilometri all'ora, così da ostruire tutte e tre le corsie, e tamponò un camion che procedeva nella stessa direzione. Quattro morti. Gli accorsi, anziché un'automobile, trovarono una enorme e orribile massa tutta contorta, che qualcuno paragonò a un mastodontico mollusco e che, tra le fiamme della benzina incendiata, si contorceva lentamente dilatandosi ed ispessendosi sempre più.

Il giorno successivo, in un cinematografo di Georgeville (Louisiana) la pellicola – fatta di "verene", un polimero di recente produzione – intasò all'improvviso la macchina di proiezione, assumendo a vista d'occhio lo spessore di una flaccida trave, invadendo interamente la cabina, dove l'operatore rimase stritolato, e quindi traboccando fuori, nella sala e nella via.

Nella stessa settimana il piroscafo passeggeri giapponese *Hainichi Maru*, al largo dell'Hokkaido, moltiplicò in pochi istanti le proprie dimensioni, al punto che le murate si ersero una quarantina di metri sopra il livello dell'acqua. E poiché il peso complessivo non variava, la stabilità venne meno. Il bastimento si ribaltò e delle ottocento persone a bordo neppure la metà fu potuta trarre in salvo.

Il ponte di Barelena, Tanzania del sud, il 27 febbraio si inarcò subitamente e le sue strutture, tutte di plastica, esplosero, diremo così, in incomposte turgescenze che, ammucchiandosi l'una sull'altra, nel giro di poche ore formarono un informe ammasso nerastro che bloccò il sottostante uadi.

Nonostante la documentazione fotografica, comparsa sui quotidiani e sui teleschermi, i più non ci credettero, per lo meno non realizzarono l'eccezionalità e il sinistro significato degli incidenti. Si parlò di "esplosioni", di "frane", di "eruzioni vulcaniche".

Nessun altro episodio allarmante si ebbe nei successivi tre mesi. Dopodiché l'infezione riprese violenta, estendendosi, con una epidemia-lampo, in ogni angolo della Terra.

Occorre riferire ciò che è accaduto recentemente in America, in Asia, in Australia, in Africa? Non basta ciò che è successo qui a Milano?

È stato il 5 giugno scorso che, nella zona Magenta-Sempione, innumerevoli oggetti e apprestamenti di materie plastiche, specialmente quelli fatti di "lurone", hanno cominciato a lievitare e dilatarsi. In questo caso il processo è stato lento. Il manico di un normale coltello da tavola ha impiegato una settimana per assumere un diametro di dieci centimetri.

Dapprima fu soltanto stupore e ilarità, quindi malessere e sgomento, oggi è scatenato terrore.

I competenti tentano di acquietare il pubblico spiegando trattarsi di una singolare reazione chimica per cui gli atomi e le molecole, anziché serrarsi insieme, come nel caso citato del tavolino, si separano repentinamente gli uni dagli altri, cosicché un oggetto della dimensione di una saponetta può ingigantire fino alle proporzioni di una botte, e oltre.

Immaginate che un pupazzo del vostro bambino cresca a dismisura, raggiungendo la corporatura di un elefante. In proporzione si gonfiano la sedia, il televisore, il frigo, l'intelaiatura delle finestre, la cabina dell'ascensore. Le famiglie sono costrette a lasciare le case, invase da quei cosi terrificanti. Una demoniaca forza si direbbe prema dentro di essi, gonfiandoli senza tregua. E non vale spaccarli, non valgono gli acidi corrosivi né i lanciafiamme, né gli esplosivi. I frammenti a loro volta inturgidiscono in forme repellenti a vedersi, formano massa, spingono, scardinano ogni ostacolo. Le pareti delle case crepano e dalle fenditure erompono e colano i letti, i divani, le masserizie, i vestiti.

Soltanto le vecchie case attrezzate con mobili di legno sono ancora abitabili: là dove gli inquilini, messi sull'avviso in tempo, hanno potuto sbarazzarsi di ogni oggetto fatto con i dannati polimeri.

Oltremodo penosa, come è facile immaginare, è la situazione di tutte le persone alle quali parti di visceri o di ossa sono state sostituite con fac-simili di plastica. Solo a Milano se ne contano oltre cinquantamila. Senza preavviso di alcun genere quegli organi artificiali si ingrossano enormemente nel giro di pochi minuti secondi, dilacerando i meschini dall'interno all'esterno. Le vittime si contano già ad oltre seimila.

Ma lo spettacolo più allucinante è offerto dagli edifici costruiti essi stessi con materie plastiche. Il grande Auditorium municipale, circa un chilometro a sud dell'abbazia di Chiaravalle, è ormai diventato un mostro che eleva la sua tumida gobba sull'orizzonte della devastata città. Da un paio di giorni, come una immane bolla di *chewing-gum*, la sua sommità sta dilatandosi a forma di fungo e pencola pericolosamente da un lato, proprio in corrispondenza dell'abbazia, la quale può darsi entro domani rimanga interamente sepolta.

Di giorno in giorno, fatalmente, anche i servizi pubblici vengono meno. Per primi, i telefoni sono stati messi fuori combattimento. Poi è mancata la luce. Ora anche gli acquedotti restano qua e là strozzati dalle abbiette escrescenze. Turbe impazzite vagano intorno, non sapendo dove trovare scampo. Sterminati accampamenti di fuggiaschi si estendono nelle residue campagne.

Di giorno in giorno, di ora in ora, le sirene dei pompieri, delle auto ed eliambulanze si fanno più rare, le urla e le invocazioni più fioche. E la cosa forse più terrificante è il silenzio di tomba in cui l'universale tumore prolifera e invade, annientandolo, il felice paradiso dell'uomo.

Plenilunio

Ancora una volta stasera il plenilunio ha illuminato il giardino e la nostra casa di campagna.

Io ero in salotto con i miei, alla luce elettrica. Si discorreva, si fumava. Ma io sapevo bene ciò che stava accadendo fuori. Era una delle cose più perfette inventate dalla natura e dall'uomo (e dico dall'uomo perché la luce di luna sulle case, monumenti, ruderi, strade, è molto più conturbante che negli ambienti selvaggi, deserti, montagne, savane, greti di fiume).

E non costava una lira. Eppure, io me ne stavo seduto in casa coi miei a discorrere, leggere, fumare. Aspettavo. Avevo una specie di paura. Rimandavo di minuto in minuto.

Poi, simulando una sorta di svogliatezza, per non dare troppa soddisfazione a quella spaventosa faccenda là fuori, ho aperto i grossi battenti della porta di legno, che era già stata chiusa. Sono uscito in giardino. Col gesto di chi mette fuori il naso per vedere che tempo fa. Come se non avessi saputo. E immediatamente, al primo sguardo, quella cosa fortissima, astrusa, estremamente personale, è calata qui dentro, nelle viscere.

Ancora una volta – e lo stesso fenomeno si ripete ogni estate, dal tempo dei tempi – mi sono chiesto: perché? Perché questa bellezza senza rimedio, struggente, trasfigurazione del mondo, poesia allo stato puro? Perché? Da dove viene? Dal silenzio? Dall'immobilità sepolcrale delle cose? Dalla particolare luminescenza che assumono gli oggetti, gli edifici, i paesaggi? Dal fremito impercettibile della luce lunare sul prato, sulle piante, sui muri, sulla campagna intorno? Dalla sterminata pace? Dall'intensità esagerata delle ombre, vive e tenebrose come l'abisso di cui mai vedremo il fondo, dove un giorno precipiteremo? Non basta. Dal senso di mistero, allora? Ma che cosa significa mistero? Non se ne fa un continuo abuso? Dalla presenza, forse, alla base dei cespugli, dove il buio è più nero (e contemporaneamente nelle cavità deserte delle soffitte), la presenza di vecchi spiriti, elfi, gnomi, piccole fate, rospi, negromanti e profeti? Ma gli spiriti, purtroppo, non esistono. O dalla presenza invisibile, quieta, rassegnata, senza amarezza né rampogne, dei nostri morti, di tutti quanti col mio stesso nome vissero in questa casa, e la amarono, e, sprofondati nel nulla durante il giorno, ora al richiamo dell'amica luna, la quale mutata non è mai, riaffiorano dalle pietre e dalla terra, e si distendono, lieve coltre di fosforescente nebbia, sul prato dove anch'essi giocarono bambini?

Devo aggiungere che l'incantesimo, come in tante altre notti del passato, proveniva soprattutto dalla facciata del cosiddetto granaio, già sede di uno spirito bizzarro, e ora disabitato, con la porta centrale chiusa, le quattro finestre con le imposte chiuse, il corrugato cornicione orizzontale, e i dipinti, ormai impalliditi, di gusto romantico, che cercavano di farla assomigliare ad un frammento di castello antico.

Come in tante altre notti del passato, mi sarebbe piaciuto restare là a contemplarla per ore e ore, nello stesso tempo avvertivo uno strano bisogno di fuggire, come ci fosse per me qualcosa di troppo difficile, un rischio, un oscuro tormento.

Però, ad un tratto, proprio la facciata del granaio mi ha precisamente ricordato il volto di mia mamma morta, le care sembianze rattrappite dagli anni, dalla stanchezza e dal male. Entrata sì in una tranquillità totale, nello stesso tempo chiusa in una concentrazione, in uno sforzo, in un impegno sovrumano. Quasi volesse comunicare ancora a noi, figli, in piedi accanto al suo letto, una cosa di importanza suprema. Non già che la morte l'avesse sorpresa anzitempo, così da impedirle di terminare il discorso. La cosa da dirci, lei stessa l'aveva saputa in seguito, appena dopo averci lasciati. Era evidentemente la cosa più grande che lei avesse mai immaginato. Anche noi, figli, avremmo dovuto saperla, dovevamo saperla, era assolutamente necessario. Solo che era troppo tardi, non c'era più un secondo di tempo, la tenda nera era scesa.

Ecco: lo stesso atteggiamento, la stessa espressione, la medesima concentrazione disperata hanno stasera, inondati di luna, la terra, i prati, la casa, le piante, le montagne laggiù, smarrite in un'opalescenza d'argento e di sogno. E soprattutto il granaio. Anche loro vecchissimi e stanchi, anche loro con un segreto gigantesco.

Che finalmente, dopo una intera vita, io sia arrivato a capire?

Questa la casa dove sono nato, questi i prati dove ho imparato a camminare, le piante tra cui bambino ho combattuto le prime battaglie coi pellirosse, le immagini, i momenti, le luci, le voci, da dove sono venuti i primi presentimenti, le prime esaltazioni spirituali. Da queste erbe, cespugli, alberi, fossati, viottoli, muri, stanze, corridoi, scale, libri, mobili, fienili, solai, ho ricevuto la prima poesia. Tra noi un patto che neppure la morte riuscirà a cancellare. Mio padre e mia madre insieme sono questo piccolo prato, il granaio, il filare dei carpini, il profilo delle montagne.

Finalmente ho capito? Nel plenilunio, che trasforma le povere parvenze del giorno in un paradiso in cui sarebbe bello naufragare per sempre, le cose della prima età, rimaste intatte mentre noi si precipitava giù per il pozzo della vita, anche loro cercano di parlarmi.

Ma che cosa vogliono dire? Soltanto rammemorare i lontani giorni felici? Rivelare di questa terra gli enigmi che non sono mai riuscito a sapere? Spiegarmi la stupidità della nostra vita e delle nostre paure? Insegnarmi il rimedio – chissà quanto semplice – per trovare la pace dell'animo?

Sì, sotto la luna, casa, prato, piante, stanno immobili, silenti e tesi in tutto il loro essere, ci guardano, mi guardano, mi chiamano. Sono lì, al limite di parlare, non ci riescono ancora.

Non ci riescono ancora. E non possono fare di più. E neppure io posso fare niente per oltrepassare la frontiera che ci divide.

Basta. Con un lieve brivido rientro in casa, sprango i battenti, ripiombo nella banalità domestica di ogni sera, i soliti mobili, divani, lampade, libri, quadri, interruttori, maniglie, polvere, mosche.

Oh no. Mi rialzo. Ritorno all'aperto. Ecco di nuovo la scena, la bellezza, l'incantesimo, la festa silenziosa senza danze né musiche, fatta di luna, di intimità, di magìa. Fèrmati, fèrmati, dolce lume. Domani mi tocca partire. Forse è l'ultima volta. Aspetta. Ancora un poco. Ti prego.

Ma la notte lentamente precipita, la luna è ormai al colmo, stanca di salire si è già accovacciata nella navicella che la porterà giù, verso il tramonto, già un barlume mi sembra che si ampli dai profili neri d'oriente. I fari di un camion. Il rombo selvaggio del camion. Un'altra macchina. Di colpo la bellezza dilegua, è finita. Il granaio non mi ricorda più nulla. Il giardino, le ombre, le piante non hanno da dirmi più nulla.

Hai chiuso la porta? Sei sicuro di avere spento le luci? Buonanotte. Buonanotte. Passi che si allontanano per il corridoio.

La moglie con le ali

Una notte, il conte Giorgio Venanzi, signorotto di provincia, di 38 anni, agricoltore, accarezzando al buio la schiena della moglie Lucina, di quasi vent'anni più giovane di lui, si accorse che in corrispondenza della scapola sinistra c'era come una minuscola crosta.

« Tesoro, che cos'hai qui? » chiese Giorgio, toccando il punto.

« Non so. Io non sento niente. »

« Eppure c'è qualcosa. Come un foruncolo, ma non è foruncolo. Un cosino duro. »

« Ti ripeto: io non sento niente. »

« Scusa, sai, Lucina, ma accendi la luce, voglio proprio vedere. »

Fatta luce, la bellissima sposa si alzò a sedere sul letto girando la schiena verso la lampada. E il marito ispezionò il punto sospetto.

Non si capiva bene cosa fosse, ma c'era una irregolarità della pelle, che Lucina aveva dovunque straordinariamente morbida e liscia.

« Sai che è curioso? » fece dopo un po' il marito.

« Perché? »

« Be', aspetta che vado a prendere la lente. »

Giorgio Venanzi era meticoloso e ordinato fino alla nausea. Andò di là nello studio, trovò puntualmente lo strumento desiderato, anzi ne trovò due, uno normale di almeno dieci centimetri di diametro, l'altro piccolo ma assai più potente, di quelli chiamati "contafili". Con le le due lenti, Lucina sottoponendosi paziente, il marito riprese l'ispezione.

Taceva. Poi disse: « No, non è un foruncolino ».

Lei: « Allora, che cosa? ».

Lui: « Come una peluria ».

Lei: « Un neo? ».

« No, niente peli, solo una peluria sottilissima. »

« Be', senti, Giorgio, io casco dal sonno. Ne parleremo domattina. La morte di sicuro non è. »

« Non è la morte, certo. Però è strano. »

Spensero la luce.

Senonché al mattino, appena sveglio, Giorgio Venanzi riesaminò la schiena di Lucina e scoprì non solo che l'irregolarità cutanea alla scapola sinistra, anziché attenuarsi o scomparire, si era dilatata, ma che durante il sonno si era sviluppato un fatto esattamente identico e simmetrico, all'apice della scapola destra. Ne ebbe una impressione sgradevole.

« Lucina » quasi gemette « ma lo sai che ti è venuta anche dall'altra parte? »

« Venuta cosa? »

« Quella peluria. Ma sotto la peluria c'è una cosa dura. »

Riprese l'esame col contafili, confermò la presenza di due minuscole aree di morbida candida piuma, pressappoco come un normale bottone automatico. Ebbe un senso di scoraggiamento. Si trovava di fronte a un fenomeno di minime proporzioni, tuttavia insolito, completamente al di fuori delle sue esperienze. Non solo. La fantasia certo non era il forte di Giorgio Venanzi, laureato in agricoltura ma tenutosi sempre lontano, per indifferenza o pigrizia, dagli interessi letterari e artistici: tuttavia questa volta, chissà come, la sua immaginazione si scatenò: il marito insomma ebbe il sospetto che quei due minuscoli piumetti, sulle scapole della moglie, fossero una specie di microscopico embrione di ali.

La cosa, più che bizzarra, era mostruosa; sapeva, più che di miracolo, di stregoneria.

« Senti, Lucina » disse Giorgio deponendo le lenti, dopo avere emesso un lungo sospiro. « Devi giurarmi di dire la verità, proprio tutta la verità. »

La moglie si girò a fissarlo sorpresa. Sposata al Venanzi non per amore ma, come succede ancor oggi in provincia, per docilità ai genitori, nobili anch'essi, che in quel matrimonio vedevano un consolidamento del prestigio familiare, si era assuefatta passivamente a quel bell'uomo, innamorato, vigoroso, educato, tuttavia di mentalità ristretta e antiquata, di povera cultura, di poveri gusti, in casa noioso e dopo il matrimonio affetto da una penosa gelosia.

« Dimmi, Lucina. Chi hai visto in questi ultimi tempi? »

« Visto come? Le solite persone, ho visto. Di casa non esco quasi mai, lo sai bene. La zia Enrica, sono andata a trovare l'altro giorno. Ieri sono andata a far compere qui in piazza. D'altro non mi ricordo. »

« Ma... dico... Non sei stata per caso in qualche fiera... Sai, dove ci sono gli zingari... »

Lei si chiese se d'improvviso al marito, solitamente così quadrato, non stesse dando di volta il cervello.

« Si può sapere che cosa hai in mente? Gli zingari? Perché avrei dovuto vedere degli zingari? »

Giorgio assunse un tono grave e sommesso: « Perché... perché... ho quasi il sospetto che qualcuno ti abbia fatto un brutto scherzo ».

« Scherzo? »

« Una fattura, no? »

« Per questi cosini sulla schiena? »

« Chiamali cosini, tu! »

« E che vuoi che siano? Ce lo dirà il dottor Farasi. »

« No no no, per carità, niente dottori. Il medico per adesso io non lo chiamo. »

« Sei tu a essere preoccupato, caro. Per me, figurati... Ma, ti prego, smettila di toccarmi lì, mi fai solletico. »

Rimuginando entro di sé l'inquietante problema, Giorgio, che teneva stretta a sé Lucina faccia a faccia, continuava con le due mani a palpare le due piccole escrescenze, così come il malato fa con l'enigmatico gonfiore che potrebbe nascondere la peste.

Infine si fece forza, si alzò, uscì di casa, raggiunse i suoi poderi, a una ventina di chilometri, di là telefonò a Lucina che sarebbe tornato solo a sera. Di proposito voleva stare lontano, per non avere la smania di voler controllare continuamente la amata schiena. Non resistette però alla tentazione di chiederle: « Niente di nuovo, tesoro? ».

« No, niente di nuovo. Perché? »

« Dicevo... sai... sulla schiena... »

« Ah, non so » rispose lei « non mi sono più guardata... »

« Bene, comunque lasciati stare. E non chiamare il dottor Farasi, sarebbe perfettamente inutile. »

« Non mi passava neanche per la testa. »

Per tutta la giornata fu sui carboni ardenti. Benché la ragione gli ripetesse che l'idea era insensata, contraria a tutte le regole della natura, degna del più superstizioso selvaggio, una voce opposta, scaturita chissà da dove, insisteva dentro di lui, in tono beffardo: altro che foruncoli o crostina, alla tua bella sposina stanno spuntando le alucce! La contessa Venanzi come la vittoria del monumento ai caduti in piazza, oh sarà un bello spettacolo!

Non è che Giorgio Venanzi fosse personalmente un modello di castità e morigeratezza. Anche dopo essersi sposato, non esitava a insidiare le contadinelle delle sue tenute, che anzi considerava, lui cacciatore, la più ambita delle selvaggine. Ma guai a toccare l'onorabilità, il decoro, il prestigio della sua casata. Anche per questo era ossessiva la sua gelosia per la moglie, ritenuta la signora più affascinante della città anche se così minuta e gracile. Insomma non c'era nulla che gli facesse terrore più dello scandalo. Ora, che cosa sarebbe successo se a Lucina si fossero sviluppate veramente due ali, sia pure in forma rudimentale, come delle "voglie" senza precedenti, che l'avessero resa un fenomeno da baraccone? Perciò non aveva voluto chiamar il medico. Poteva darsi che i due ciuffetti di piuma rientrassero, così come erano sortiti. Ma poteva darsi anche di no. Che cosa lo attende a casa, quando stasera rientrerà?

Ansiosamente, appena rincasato, si appartò con Lucina in camera da letto, le scoprì la schiena, si sentì venir meno.

Con una rapidità di crescita che egli aveva riscontrato soltanto in rare specie del regno vegetale, le due irregolarità avevano assunto l'aspetto di vere e proprie protuberanze piumate. Non solo: ma adesso non occorreva più una fantasia sovreccitata per riconoscere la forma tipica delle ali, esattamente come quelle che gli angeli delle chiese portano sulle spalle.

« Io non ti capisco, Lucina » fece il marito con voce sepolcrale. « Anche tu ti vedi, no, nello specchio. E stai lì sorridente, come una stupidella. Ma lo capisci che è una cosa spaventosa? »

« Spaventosa perché? »

Impaurito dalla prospettiva di uno scandalo, Giorgio si risolse di parlarne alla madre, che abitava in un'altra ala del palazzo.

La vecchia signora si spaventò, vedendosi comparire dinanzi l'unico figlio in quello stato di apprensione; ed ascoltò senza fiatare il suo affannoso racconto. Finalmente disse:

« Hai fatto bene a non chiamare il dottor Farasi. Ma ti ricorderai, spero, che io sono sempre stata contraria a questo tuo matrimonio. »

« Cosa vuoi dire? »

« Voglio dire che nel sangue di quei Ruppertini, nobili o non nobili, c'è qualcosa di sbagliato. E che io avevo avuto buon naso. Ma, dico, quanto lunghe sono queste ali? »

« Metti venti centimetri, anche meno. Ma chi ti dice che non crescano ancora? »

« E sotto il vestito, si notano? »

« Per ora no. Sai, Lucina le tiene ben piegate e aderenti, preme anche a lei di tener nascosta la cosa. Certo che se dovesse mettersi un abito da sera... Ma dimmi tu, piuttosto, mamma: che cosa dobbiamo fare? »

La vecchia signora come sempre fu pronta: « Bisogna parlarne subito a don Francesco ».

« Don Francesco perché? »

« Me lo domandi? Le ali, dico, a tua moglie, chi può avergliele date, le ali? I casi sono due, no? Non ci sono scampi. O Dio o il diavolo. E né io né tu possiamo decidere. »

Don Francesco era una specie di cappellano di famiglia, un tipo alla vecchia, non privo di un certo filosofico umorismo. Come seppe che la contessa madre desiderava parlargli, si affrettò al palazzo, ascoltò attentamente il resoconto di Giorgio, quindi restò a lungo pensoso, la testa reclinata come si fa nelle preghiere, quasi attendesse un'ispirazione dall'alto.

« Scusatemi, cari amici, » disse infine « ma tutto questo sembra scarsamente credibile. »

« Lei ha il dubbio, don Francesco, che io sia un visionario? Magari. Ma di là c'è Lucina. Ora la chiamo, e constatare sarà semplice. »

« È molto turbata, la povera figliola? »

« Neppure per idea. È questo lo strano, don Francesco. Lucina è allegra come al solito. Anzi, si direbbe che si diverte. »

Fu chiamata Lucina, la quale indossava una specie di vestaglia a fiori. Con la massima disinvoltura se la tolse, e apparve vestita di un semplice abitino di cotone con due chiusure lampo verticali sul dietro corrispondenti appunto alle spaccature da cui uscivano le ali. Ormai le appendici avevano assunto proporzioni imponenti: pur ripiegate com'erano, misuravano, dall'alto in basso, almeno un'ottantina di centimetri.

Don Francesco, glielo si poteva leggere in volto, era sbigottito. E tacque.

« Lucina, » disse la suocera amabilmente « forse è meglio che tu adesso torni di là. »

Come la graziosa creatura fu uscita, don Francesco chiese:

« Oltre a voi due, in casa, c'è qualcuno al corrente? »

« No, per fortuna » la contessa rispose. « Con le precauzioni prese da mio figlio, nessuna delle persone di servizio ha sospettato di nulla. Quel vestitino, quella vestaglia, se li è combinati lei. Ah, Lucina è così brava. Ma non si può mica andare avanti per sempre così. Non si può mica pretendere di tenerla segregata peggio che se avesse il colera. Per questo vogliamo il suo consiglio, don Francesco. »

Il vecchio prete si schiarì la voce: « Riconosco » disse « che il caso è estremamente imbarazzante. Un giudizio da parte mia, mi capite, importa una responsabilità forse superiore alle mie forze. Ma prima di tutto, io direi, sembra opportuno stabilire, sia pure in modo approssimato, quale sia l'origine del fenomeno. E confido che Dio ci darà lume ».

« In che maniera? » chiese Giorgio.

« Sua madre, caro figliolo, vi ha accennato poco fa, dimostrando come sempre il suo grande buon senso. Insomma, nel caso voi chiedeste il mio parere di teologo, vi risponderei: se queste ali, bando agli eufemismi, hanno una provenienza diabolica, se sono state cioè create dal maligno allo scopo di turbare le coscienze con una mistificazione di apparente miracolo, allora, non c'è dubbio, secondo me, che non potrebbero essere altro che un illusorio simulacro. Ma se invece, come non possiamo escludere, queste ali fossero un segno di Dio, dimostrazione di una eccezionale benevolenza del Signore verso la contessa Lucina, allora non c'è dubbio che dovrebbero essere delle ali vere, capaci di volare... »

« Ma è una follia, una cosa terribile! » gemette il conte Giorgio, terrificato al pensiero di ciò che sarebbe successo se la seconda ipotesi si fosse avverata: come più nascondere quella specie di vergognosa deformità se Lucina si fosse messa a svolazzare in piazza? E quanti guai ne sarebbero derivati? La pubblicità, la curiosità delle folle, l'inchiesta da parte delle autorità ecclesiastiche, la sua vita, di lui Giorgio Venanzi, completamente sconvolta, distrutta.

« E in questo caso » chiese il marito « in questo caso si dovrebbe secondo lei, don Francesco, parlare di miracolo? In una parola, Lucina sarebbe diventata un angelo, santa? E io, suo legittimo marito... »

« Diamo tempo al tempo, figliolo, non anticipiamo i disegni della provvidenza. Lasciamo passare qualche giorno. Aspettiamo che queste benedette ali si siano completamente sviluppate, che abbiano cessato di crescere. Poi faremo una prova. »

« Dio mio, una prova! E dove? Qui in giardino, che tutti possano vedere? »

« Direi di no, in giardino. Meglio andar fuori, in campagna, col buio, senza testimoni... »

Uscirono dalla cancellata del palazzo alle nove di sera, Giorgio, sua moglie, la madre e don Francesco, con la grossa macchina inglese.

Non erano occorsi più di dieci giorni perché le ali di Lucina raggiungessero dimensioni adulte. Dall'articolazione mediana alle punte, che quasi toccavano terra, erano, per la precisione, centoventidue centimetri. La coltre di penne e piume, non più candide ma di un tenero rosa carnicino, era ormai compatta e solida. (Di notte, nel letto matrimoniale, non era una faccenda semplice; per fortuna Lucina era abituata a dormire a pancia in giù, e si faceva delle matte risate all'imbarazzo e al corruccio del marito.) L'apertura d'ali, misurata come si fa con le aquile, superava i tre metri. Tutto lasciava pensare che le due gigantesche ventole non avrebbero durato fatica a sollevare da terra un corpo esile come quello di Lucina che non arrivava ai cinquanta chili.

Oltrepassarono la periferia, si inoltrarono nella campagna, in quella zona ormai deserta, cercando una radura di prato abbastanza solitaria. Giorgio non era mai convinto. Bastava che qualche finestra accesa di casolare occhieggiasse pur da grande distanza, e lui rimetteva in moto.

Era una bella notte di luna. Si fermarono finalmente in una piccola strada campestre che si addentrava in una riserva di caccia. Scesero. A piedi avanzarono nel bosco, che Giorgio conosceva a menadito, fino a uno slargo circondato da alberi altissimi. C'era un immenso silenzio.

« Su, coraggio, » disse la suocera a Lucina « togliti il mantello. E non perdiamo tempo. In calzamaglia avrai freddo, immagino. »

Ma, benché indossasse la sola calzamaglia, Lucina non aveva affatto freddo. Anzi, sentiva strane vene di calore percorrerle le membra come brividi.

Disse, ridendo: « Ce la farò? ». Quindi, a passi lievi, in scherzosa imitazione delle ballerine classiche, si portò nel mezzo della radura e cominciò ad agitare le ali.

Flot, flot, si udì il soffice risucchio dell'aria. All'improvviso, senza che avessero potuto percepire, nella tremula luce di luna, il momento preciso dello stacco, i tre se la videro dinanzi, ormai librata a un'altezza di sette otto metri. E non faceva sforzo a sostenersi, le bastava un lento remare, e accompagnava il ritmo battendo le mani.

Il marito si copriva gli occhi, inorridito. Lei lassù rideva, non era mai stata così felice e così bella.

« Ragioniamo con calma, figliolo » diceva don Francesco al conte Giorgio. « Alla tua giovanissima moglie, creatura, ne converrai, ammirevole sotto ogni punto di vista, sono cresciute due ali. Abbiamo constatato, tu, tua madre e io, che con queste ali, Lucina è capace di volare, segno che non si tratta di un intervento demoniaco. Sul tema, te lo assicuro, tutti i padri della Chiesa, e sono andato a rileggermeli apposta, sono concordi. È quindi una investitura divina, se non vogliamo parlare di miracolo. E non dico neppure che, dal punto di vista strettamente teologico, Lucina oggi debba considerarsi un angelo. »

« Intanto, se non sbaglio, gli angeli non hanno mai avuto sesso. »

« Ne convengo, figlio mio. Eppure sono persuaso che tua moglie mai avrebbe messo su le ali se l'Onnipotente non la avesse designata per una importante missione. »

« Che missione? »

« Imperscrutabili sono le decisioni dell'Eterno. Comunque, non credo che tu abbia il diritto di tenere segregata quella poveretta come non si farebbe neppure con un lebbroso. »

« E che, don Francesco? Dovrei darla in pasto al mondo? Se lo immagina lei il putiferio che succederebbe? Titoli grossi così sui giornali, assedio di curiosi, interviste, pellegrinaggi, fastidi di ogni genere. Guai! Un contratto cinematografico, garantito, non glielo toglierebbe nessuno. E questo in casa Venanzi! Lo scandalo. Mai e poi mai! »

« E chi ti dice che anche questa pubblicità non rientri nei propositi divini? Che proprio la conoscenza del prodigio non possa avere incalcolabili effetti sulle coscienze? Come una specie di nuovo piccolo messia, di sesso femminile. Ci pensi, per esempio, se la contessa Lucina si mettesse a sorvolare la linea del fuoco nel Vietnam. Ci pensi, figliolo? »

« La supplico, don Francesco, basta! A me sembra di impazzire. Ma che cosa ho fatto per meritare una simile disgrazia? »

« Non chiamarla disgrazia: chissà, potrebbe essere peccato. Ti è stata assegnata, come marito, una dura prova. D'accordo. Ma a un certo punto devi farti una ragione. Dimmi: c'è qualcuno, oltre a tua madre ed io, al corrente della cosa? »

« Ci mancherebbe altro. »

« E le persone di servizio? »

« Niente. Lucina adesso vive in un appartamentino dove non entro che io. »

« E le pulizie? E i pasti? »

« Provvede lei stessa. Guardi, anche metaforicamente parlando, è proprio un angelo. Non si lamenta, non protesta, si è resa conto per prima della delicata situazione. »

« E ai parenti, agli amici, che cosa avete detto? »

« Che è andata a passare un periodo dai suoi parenti in Val d'Aosta. »

« Ma, dico, non penserai di tenerla in clausura vita natural durante. »

« Che ne so, io! » e scuoteva il capo, disperato. « Mi trovi lei una soluzione. »

« Quella che ti ho già detto, figliolo. Liberarla, presentarla al mondo così com'è. Scommetto che anche lei ormai morde il freno. »

« Questo mai, reverendo. Gliel'ho già detto. Ci ho pensato a lungo. È il mio tormento, il mio incubo. Non sarei capace, le giuro, di sopportare una simile vergogna. »

Ma il conte Giorgio si illudeva. Era venuto ottobre. Dagli stagni che circondavano la città cominciavano a levarsi, già verso mezzogiorno, le famose nebbie che per tutta la stagione fredda avvolgono la regione di una coltre impenetrabile. Nei giorni che il marito accudiva ai suoi poderi, e ritornava soltanto a notte fatta, la povera Lucina capì che le si offriva una occasione formidabile. Mite di temperamento, anzi alquanto neghittosa, si era adattata alla ferrea prigionia impostale da Giorgio. Dentro di sé tuttavia l'esasperazione cresceva di giorno in giorno. A meno di vent'anni rimanersene sprangata in casa senza poter vedere un'amica, senza avere rapporti con nessuno, senza neppure affacciarsi alle finestre. Di più: era un supplizio non poter sgranchire quelle stupende ali vibranti di giovinezza e di salute. Più di una volta aveva chiesto a Giorgio di condurla nottetempo, come la prima volta, in aperta campagna, di nascosto da tutti, e di lasciarla svolazzare qualche minuto. Ma l'uomo era irremovibile. Per quell'esperimento notturno, a cui avevano assistito anche la madre e don Francesco, si era dovuto affrontare un grave rischio. Per fortuna nessun estraneo si era accorto di nulla. Ma ritentare sarebbe stata una pazzia: e per un capriccio, poi!

Bene. In un pomeriggio grigio, verso la metà d'ottobre, la nebbia era calata sulla città, paralizzando il traffico. Lucina, indossata una doppia calzamaglia di lana, evitando le stanze dei domestici, scivolò in giardino, intabarrata. Si guardò intorno. Pareva di essere in un mondo di bambagia, assolutamente nessuno la poteva vedere. Si sfilò il mantello che nascose ai piedi di un albero. Si portò all'aperto, agitò le care ali, volò via sopra i tetti.

Queste fughe clandestine, che poterono rinnovarsi sempre più frequenti data la stagione inclemente, le procurarono un meraviglioso conforto. Aveva l'avvertenza di allontanarsi subito dal centro, portandosi in direzione opposta a quella dove erano le campagne del marito. Qui si stendevano per lo più boschi solitari, e lei, in preda a una ebbrezza indicibile, sfiorava le vette degli alberi, si tuffava nella caligine fino a intravedere le ombre di qualche casupola, roteava su se stessa, felice se qualche raro uccello, incontrandola, fuggiva spaventato.

Nella sua innocenza, un po' frivola, la giovane contessa non si chiedeva perché proprio a lei, unica persona al mondo, fossero cresciute le ali. Era andata così, e basta. Il sospetto di superne missioni non la sfiorava neppure. Sapeva solo di sentirsi bene, sicura di sé, dotata di un potere sovrumano che la portava, durante i voli, a un beato delirio.

Come succede, l'assuefazione all'impunità finì per smussare la prudenza. Un pomeriggio, dopo essere uscita dall'alto fumigoso strato di nebbia che copriva ermeticamente la campagna, ed essersi goduto a lungo il dolce sole d'autunno, ebbe la curiosità di esplorare la zona sottostante. Si tuffò a picco nella gelida penombra della bruma e non arrestò la picchiata che a pochi metri dal suolo.

Proprio sotto di lei un giovanotto col fucile stava per raggiungere quello che probabilmente era il casino di caccia di una delle tante riserve. Il cacciatore, udito il battito delle grandi ali, si voltò di scatto e istintivamente puntò la doppietta.

Lucina intuì il pericolo. Anziché risollevarsi, ché non avrebbe fatto in tempo, a costo di rompere il segreto, gridò a tutta voce: « Aspetta, non sparare! ». E, prima che l'uomo avesse potuto riaversi dalla sorpresa, gli si posò dinanzi, a due passi.

Il cacciatore era un certo Massimo Lauretta, uno dei più brillanti "lions" della piccola società provinciale; appena laureato, di ottima e ricca famiglia, bravo sciatore e pilota d'automobili da corsa; dei coniugi Venanzi ottimo amico. Nonostante la consueta disinvoltura, tale fu il suo smarrimento che, lasciato cadere lo schioppo, si inginocchiò a mani giunte, recitando ad alta voce:

« Ave Maria, gratia plena... »

Lucina scoppiò in una risata: « Ma cosa fai, stupidotto? Non vedi che sono la Lucina Venanzi? ».

L'altro barcollando si rialzò: « Tu? Cosa succede? Come hai fatto a...? ».

« Lascia perdere, Massimo... Ma qui fa un freddo cane... »

« Andiamo dentro » fece il giovanotto indicando il casolare. « Ci deve essere il camino acceso. »

« E chi c'è d'altri? »

« Nessuno, tranne il guardacaccia. »

« No, no, è impossibile. »

Restarono qualche istante a guardarsi imbambolati. Poi Lucina:

« Ho freddo, ti ho detto. Abbracciami, almeno. »

E il giovanotto, benché ancora tremante, non se lo fece ripetere due volte.

Quando rincasò alla sera, Giorgio Venanzi trovò la moglie seduta in salotto che cuciva. Senza più traccia di ali.

« Lucina! » gridò. « Tesoro! Come è successo? »

« Cosa? » fece lei senza scomporsi.

« Ma le ali, no? Dove sono andate a finire le ali? »

« Le ali? Sei diventato matto? »

Violentemente interdetto, lui restò senza parola: « Mah... non so... devo aver fatto un brutto sogno ».

Nessuno, del miracolo, o fattaccio, seppe mai nulla, tranne Giorgio, la madre, don Francesco e il giovane Massimo che, essendo un gentiluomo, non ne fece parola con alcuno. Ma anche tra i consapevoli, l'argomento fu considerato tabù.

Solamente don Francesco, qualche mese dopo, trovandosi solo con Lucina, sorridendo le disse: « Dio ti vuol proprio bene, Lucina. Non negherai che come angelo hai avuto la più straordinaria fortuna ».

« Quale fortuna? »

« Quella di incontrare il Diavolo al momento giusto. »

Indice

«Le notti difficili»
di Dino Buzzati
Oscar Scrittori del Novecento
Arnoldo Mondadori Editore

Questo volume è stato stampato
presso Arnoldo Mondadori Editore S.p.A.
Stabilimento Nuova Stampa - Cles (TN)
Stampato in Italia - Printed in Italy